中小学新手教师培训系列教材

U0646143

站稳讲台

中学生物
新手教师教学能力修炼

ZHANWEN JIANGTAI

ZHONGXUE SHENGWU

XINSHOU JIAOSHI JIAOXUE NENGLI XIULIAN

郭宏伟 ◎ 主编

北京师范大学出版集团
BEIJING NORMAL UNIVERSITY PUBLISHING GROUP
北京师范大学出版社

图书在版编目（CIP）数据

站稳讲台：中学生物新手教师教学能力修炼 / 郭宏伟
主编. -- 北京：北京师范大学出版社，2024.8
 中小学新手教师培训系列教材
 ISBN 978-7-303-29734-4

Ⅰ.①站… Ⅱ.①郭… Ⅲ.①生物课－教学研究－
中学－教师培训－教材 Ⅳ.①G633

中国国家版本馆 CIP 数据核字(2024)第 019297 号

图 书 意 见 反 馈　gaozhifk@bnupg.com　010-58805079
营 销 中 心 电 话　010-58802755　010-58800035
北师大出版社教师教育分社微信公众号　京师教师教育

出版发行：北京师范大学出版社　www.bnupg.com
　　　　　北京市西城区新街口外大街 12-3 号
　　　　　邮政编码：100088
印　　刷：鸿博睿特（天津）印刷科技有限公司
经　　销：全国新华书店
开　　本：787 mm×1092 mm　1/16
印　　张：19.25
字　　数：259 千字
版　　次：2024 年 8 月第 1 版
印　　次：2024 年 8 月第 1 次印刷
定　　价：78.00 元

策划编辑：郭　翔　陈红艳　　责任编辑：郭　翔　陈红艳
美术编辑：焦　丽　　　　　　装帧设计：焦　丽
责任校对：段立超　　　　　　责任印制：马　洁

中小学新手教师培训系列教材编委会

总　　　编：肖韵竹　张永凯

副　总　编：汤丰林

编 委 成 员：（按姓氏笔画排序）

王远美　王钦忠　闫耀东　吴　珊

邱　磊　张金秀　陈　丹　谢志东

潘建芬

本 册 主 编：郭宏伟

本册副主编：胡玉华　徐　扬　徐　峥

▶ 总 序

　　强教必先强师。习近平总书记强调，要把加强教师队伍建设作为建设教育强国最重要的基础工作来抓，大力培养造就一支师德高尚、业务精湛、结构合理、充满活力的高素质专业化教师队伍。当前，首都基础教育现代化建设进入快速发展的新阶段。构建高质量基础教育体系，对首都建设首善一流的基础教育教师队伍提出了更加紧迫的要求。在教育强国建设过程中，推进教师教育高质量发展，必须进一步加强战略谋划与顶层设计，基于教师生涯发展与终身学习的视角，对教师职前培养、资格认定与入职教育、在职培训进行系统考量和一体化设计。

　　新任教师(一般指取得正式合格教师资格之后，任教年限为1～3年的教师)的适应期是教师专业发展中的重要阶段，是教师教育不可或缺的重要环节，是决定教师日后专业发展方向与质量的关键期。新任教师培训在职前培养与在职发展之间起到关键的桥梁作用。因此，我国教师政策对新任教师培训予以高度关注。

　　教育部明确指出：新任教师培训是"为新任教师在试用期内适应教育教学工作需要而设置的培训。培训时间应不少于120学时"。近年来，为应对首都基础教育发展对教师队伍建设提出的更高要求，北京市新任教师培训政策不断完善。《中共北京市委 北京市人民政府关于全面深化新时代教师队伍建设改革的实施意见》(2018年)、《北京市教师教育振兴行动计划实施办法(2018—2022年)》、《"十四五"时期北京市中小学干部教师培训工作方案》(2021年)等文件相继提出要实施新任教师规范化培训计划，完善新任教师培训制度(后简称"新教师")。2022年7月，市教委印发《北京市中小学新教师规范化培训指导意见》《北京市幼儿园新入职教师规范化培训指导意见》，进一步强化了全市中小学幼儿园新教师培训制度化、规范化建设。新教师规范化培训政策的出台，旨在通过提高培训的针对性和实效性，确保每位新教师都能在专业发展上有均衡的起点、获得高质量指导。

在北京市新教师培训政策逐渐完善的同时，培训的实践探索亦日益深化。自2015年开始，北京教育学院根据部分区域提出的需求，开始承担新教师培训工作。为进一步提升培训的专业性和科学性，项目组基于问题导向和需求导向，通过调研了解新教师在入职之初面临的困难与问题，有针对性地设计培训项目。北京教育学院相关专业团队对参加"启航杯"教学风采展示的新教师进行调研，研究数据表明，部分新教师的专业准备不足，主要体现在对所教学科的内容等方面准备相对较好，但在课程思政、理解新课程标准、应用信息技术、班级管理、根据学生个体差异进行教学设计与评价等方面需要进一步学习。

基于新教师专业学习需求的多元特点与课程改革要求，参考借鉴研究领域关于新教师在职业生涯发展早期所呈现的特点，北京教育学院注重以精准培训提升项目的实效性与针对性，以切实帮助新教师解决教育教学工作情境中面临的问题。基于近十年的实践探索，北京教育学院组织实施的新教师培训已形成五个方面的特色经验。一是加强项目顶层设计。根据市教委指导意见，学院注重加强项目整体系统设计，通过制定高标准的培训要求确保培训的专业性。二是强化课程内容设计。聚焦新教师专业发展核心素养和教育教学基本能力，中小学新教师培训内容涵盖思想政治、师德与教育法规、教学基本功与教学实践、学生学习与身心发展、班级管理与班主任工作、教育研究与生涯发展等模块，非师范专业毕业教师增加"教育理论与教师教育"模块，从而完善教师教育专业知识结构。三是优化培训模式。项目采用市区校三级联动的方式，确保培训的实践性与系统推进。在三年递进式培训中，第二年和第三年的培训基于市教委印发的《进一步加强中小学校本研修工作指导意见》，主要采用实践取向的校本研修方式进行，贴近新教师的工作情境，着力解决新教师日常工作情境中面临的实际问题。

四是加强资源共享。在项目实施过程中，通识课、必修课等课程资源实现共建共享，并在"北京教师学习网"上发布新教师教学风采展示活动优秀课例，为教师提供更加丰富多元、可选择的数字学习资源，满足教师个性化发展需求。五是坚持研训一体。学院组织相关专业团队定期对新教师专业学习需求和培训效果进行调研，在组织实施培训的同时，同步进行新教师工作现状与专业成长的追踪研究，为全市新教师培训政策的进一步优化与有效实施提供数据支撑与实证依据。

北京教育学院在新教师规范化培训方面取得了显著的成效，有效提升了新教师的专业素养，受到了相关区域学校及教师的肯定，为首都基础教育质量提升做出了积极贡献。北京市新教师规范化培训作为一项制度创新，亦为全国教师教育改革提供了新的思路和模式。

为帮助新教师从站上讲台到站稳讲台、站好讲台，北京教育学院组织相关专业教师，与各区教师培训机构、一线优秀教师等携手合作，共同编写了"中小学新手教师培训系列教材"。本套教材共计 14 册，除 1 册通识类教材之外，其余 13 册则分别为不同学科和不同学段的新教师提供具体的教育教学指导和实践策略。

本套教材的编写出版，是北京教育学院加强内涵建设、推进培训高质量发展的成果体现，反映了学院在新教师培训实践与研究领域的新举措、新发展。本套教材从新教师的视角出发，以培育新教师须具备的思想政治素养、师德修养、专业知识与能力为主线，严格按照教师教育相关专业标准，以新教师专业发展的基本理论、教育教学问题解决为核心板块，结合当下我国教育改革的重要问题，为新教师等群体进行专业学习和实践研究提供新视角与新思路。本套教材基于问题导向，结构清晰，可操作性强，并强调理论与实践相结合。

本套教材在编写过程中，得到北京市各区教师培训机构及广大中小学校、教师的大力支持，他们为教材贡献了丰富多元的具体案例和实践智慧。

本套教材的出版得到北京师范大学出版社的大力支持，郭翔、陈红艳等编辑团队的专业付出，确保了本套教材高质量出版。期望本套教材为优化新教师培训制度和新教师专业发展有效机制、加强高质量教师队伍建设、推进教育强国建设做出积极贡献。

肖韵竹（北京教育学院党委书记）

张永凯（北京教育学院党委副书记、院长）

2024 年 6 月

▶ 前　言

初登讲台的中学生物学教师对于如何设计不同类型的生物课，如何顺利地完成课堂教学，如何应对课堂上发生的意外事件，如何评价和反思自己的教学，都是比较困惑、缺少思路和经验的。很多新教师对教学的认知源于自己做学生时，教自己的老师的教学方式以及自己当学生时对课堂教学的理解。其实，教师是专业性很强的职业，如何进行高质量课堂教学，走好生物学专业教师职业之路，需要一个长时间的磨炼。新教师要走的第一步是要适应教师工作岗位——站稳讲台。本书是一本为初登讲台的中学生物学教师"量身打造"的专业能力提升指南。

本书以《中学教师专业标准（试行）》为依据，参照其中的"专业知识"和"专业能力"两大维度，选取了与学科教学及教师专业发展最为相关的教学设计、教学实施、教学评价、教学反思四个方面来构架这本新教师培训教材。每个方面为一个单元。第一单元"教学设计"：力求帮助新教师理解教学设计是个复杂系统，以及如何进行系统性、整体性的生物学教学设计。第二单元"教学实施"：主要围绕课堂教学的组织管理与调控、教学内容的组织与呈现、生物学实践教学展开。第三单元"教学评价"：重在介绍教学评价的要素、类型和原则，如何进行教学评价以及教学评价的反馈和改善。第四单元"教学反思"：重在指导教师如何进行教学反思、如何说课、观课、议课，助力新教师的专业能力提升和持续发展。

本书具有四个特点：一是针对性。本书针对新教师在教学过程中可能遇到的各种问题和困惑，提供了具体而详细的解答和指导，具有很强的针对性和指导性。二是系统性。本书围绕新教师备课、上课和反思几个关键任务来展开，能系统性地支撑新教师站稳讲台。三是实用性。本书紧贴中学生物学教师的教学实践，提供的案例、策略和建议均来自一线教师的真实经验，新教师可以贴身模仿，具有很强的实用性和可操作性。四是启发性。本书不仅提供了助力新教师站稳讲台的基本技能要领，更有高站位的专业引领和指导，为新教师的持续专业发展指明方向并启发新教师在教学实践中勇于探索、不断创新。

本书在使用上建议：一要系统阅读。建议新教师首先通读全书，对生物学教学有一个整体的认识和把握。然后再根据自己的教学需求和实际情况，有选择地深入阅读相关章节。二要结合实践。在阅读过程中，要注重将所学知识与教学实践相结合。通过模拟教学、课堂观察、教学反思等方式，不断检验和提高自己的教学能力。三要主动反思。使用书中提供的教学反思点进行自我反思和总结。同时，也可以与其他教师进行交流讨论，分享经验和教训，共促专业成长。四要持续学习。本书只是为新教师专业成长之初提供指南，建议新教师保持持续学习的态度，关注生物学教育领域的最新动态和研究成果，不断更新自己的教育理念和教学方法。

本书由北京教育学院生物系教研团队合作编写完成。郭宏伟任主编，胡玉华、徐扬、徐峥任副主编。其中，胡玉华承担本书第一单元的撰写，郭宏伟负责本书第二单元的撰写，徐扬承担第三单元的撰写，徐峥承担第四单元的撰写。书中的教学实践案例来自北京教育学院各个教师培训项目中的教学案例，大部分案例出自参加了新教师培训项目的教师之手。所有案例的出处均在文中注明了来源学校及来源教师。

本书在撰写过程中得到了时任北京教育学院数学与科学教育学院院长顿继安教授、党总支书记王艳艳的大力支持；得到了数学与科学教育学院新教师培训项目团队的合作助力；得到了近几年参加培训的新教师学员们以及北京市优秀教师提供的优质案例，使得书中的内容更加贴近实际，可读可用，在此一并表示感谢！感谢北京教育学院对本丛书的统筹规划；感谢教务处闫耀东老师的组织协调；感谢北京师范大学出版集团郭翔、陈红艳两位编辑的大力支持和帮助，使本书得以顺利出版。

本书在编写过程中引用了大量专家、学者的研究成果，若读者发现引用有未标明出处或出处错误之处，请及时指出，以待改进。书中难免有其他不足之处，敬请同行、学者批评指正。

郭宏伟
2024 年 7 月

第一单元　教学设计 ……………………………………………… 001

第一讲　教学设计概述 …………………………………………… 003

一、什么是教学设计 ………………………………………… 003

二、教学设计的关键要素 …………………………………… 004

三、教学设计的基本原则 …………………………………… 005

第二讲　教学目标的制订 ………………………………………… 006

一、明确课程标准的要求 …………………………………… 006

二、分析教学内容 …………………………………………… 010

三、分析学生情况 …………………………………………… 017

四、确定教学目标 …………………………………………… 021

第三讲　教学策略的选择 ………………………………………… 026

一、教学方法的选择 ………………………………………… 027

二、教学形式的选择 ………………………………………… 031

三、教学资源的选择 ………………………………………… 034

第四讲　教学过程的设计 ………………………………………… 041

一、创设教学情境 …………………………………………… 046

二、确定教学主线/教学流程 ……………………………… 047

三、安排教学活动 …………………………………………… 049

四、构思教学板书 …………………………………………… 054

第二单元　教学实施 ……………………………………………… 070

第五讲　课堂管理与调控 ………………………………………… 072

一、营造课堂教学氛围 ……………………………………… 072

二、组织课堂教学互动 ……………………………………… 083

三、对课堂的倾听与观察 …………………………………… 099

四、课堂教学中的调控 ……………………………………… 108

第六讲　内容组织与呈现 ……………………………………… 119

一、规范语言与清晰讲授 ……………………………………… 119

二、有效提问与恰当理答 ……………………………………… 126

三、注重概括与及时总结 ……………………………………… 132

四、恰当使用信息技术 ………………………………………… 140

第七讲　生物学实践 …………………………………………… 149

一、认识生物学实践 …………………………………………… 150

二、生物学实践的原则 ………………………………………… 158

三、不同类型生物学实践活动的设计与实施 ………………… 161

第三单元　教学评价 …………………………………………… 187

第八讲　教学评价概述 ………………………………………… 189

一、什么是教学评价 …………………………………………… 191

二、教学评价的关键要素 ……………………………………… 192

三、教学评价的类型 …………………………………………… 193

四、教学评价的原则 …………………………………………… 196

第九讲　教学评价的设计 ……………………………………… 198

一、明确预期的学习结果 ……………………………………… 199

二、确定恰当的评价策略 ……………………………………… 210

三、教学评价的具体实施 ……………………………………… 235

第十讲　教学评价的反馈与完善 ……………………………… 242

一、教学评价的反馈 …………………………………………… 244

二、教学评价的完善 …………………………………………… 245

第四单元　教学反思 …………………………………………… 249

第十一讲　说课 ………………………………………………… 250

一、说课的内涵 ………………………………………………… 254

二、说课的内容与准备过程 …………………………………… 258

三、说课的操作要点 …………………………………………… 262

四、案例分析 …………………………………………… 263

第十二讲 观课 ………………………………………… 264

一、观课的内涵与意义 ……………………………… 269

二、观察点的选择 …………………………………… 270

三、课堂观察的工具 ………………………………… 274

四、观察信息的记录 ………………………………… 275

五、分析观察信息 …………………………………… 276

六、案例分析 ………………………………………… 277

第十三讲 反思 ………………………………………… 278

一、教学反思的界定 ………………………………… 279

二、几种常用的教学反思方法 ……………………… 281

三、教学反思的过程——以案例式反思为例 ……… 287

四、案例分析 ………………………………………… 289

第一单元　教学设计

单元学习目标 ……▶

1. 描述出教学设计包括哪几个主要方面。

2. 对给定的教学内容，制订可操作和可测量的教学目标并正确表述行为表现目标。

3. 基于教学目标、教学内容特点以及学生情况合理选择并灵活运用教学方法。

4. 确定教学主线，设计符合学生认知逻辑的教学过程。

单元导读 ……▶

教学设计
- 教学设计概述
  - 什么是教学设计
  - 教学设计的关键要素
  - 教学设计的基本原则
- 教学目标的制订
  - 明确课程标准的要求
  - 分析教学内容
  - 分析学生情况
  - 确定教学目标
- 教学策略的选择
  - 教学方法的选择
  - 教学形式的选择
  - 教学资源的选择
- 教学过程的设计
  - 创设教学情境
  - 确定教学主线/教育流程
  - 安排教学活动
  - 构思教学板书

教师是设计师，该职业的一项基本工作就是精致地设计课程和学习体验活动，以满足特定的教学需求。

设计工作的复杂性往往被低估。许多人认为自己知道很多关于设计的知识。他们没有意识到要想做出独特、精致和完美的设计，还需要知道更多！

——约翰·麦克林

▶第一讲
教学设计概述

"凡事豫（预）则立，不豫（预）则废。"（《礼记·中庸》）这句话告诉我们做任何事情都需要做好计划和准备。为了提高教学的有效性，我们在教学之前要做好教学设计。

一、什么是教学设计

加涅在《教学设计原理》一书中指出，教学设计是运用现代学习与教育心理学、传播学、教学媒体论等相关的理论与技术，来分析教学中的问题与需要，设计解决方法、试行解决方法、评价试行结果，并在评价的基础上改进设计的一个系统过程。它既具有设计的一般性质，又必须遵循教学的基本规律。

我国学者也从教育教学的角度对教学设计给出了一些具体的界定。例如，乌美娜认为，教学设计是运用系统方法分析教学问题和确定教学目标，建立解决教学问题的策略方案、试行解决方案、评价试行结果和对方案进行修改的过程。强调教学设计要以优化教学效果为目的，以学习理论、教学理论和传播学理论为基础。

尽管不同学者阐述角度不同，对教学设计的界定也有一些差别，但共同之处是，他们都认为教学设计是一个系统计划的过程，有一套具体的操作程序，所以现代教学设计又称为系统教学设计。从系统论的观点来看，学科教学是一个系统，是由一定数量的相互联系的组成部分有机结合起来具有某种教学功能的综合体，它包括教师、学生、教学媒体等多种要素。而它本身又是学校总体教育教学工作系统中的一个子系统。

学科教学设计又可以看作整个学科教学系统中的一个子系统。系统论认为：一切子系统的工作都要围绕着系统总目标的实现而展开。因此，教学设计必须在系统论的指导下，运用现代教学论、学习心理学理论研究的最新成果，借助于教学设计者的经验和创造性劳动来实现。

可以这样理解：教学设计是依据教育教学理论，对教学目标、教学内容、教学方法和手段、教学过程中教与学两个方面的活动所进行的分析、策划和安排。

从这个定义可以看出，教学设计实质上是教师对自己课堂教学行为的一种事先筹划，是对学生即将达成的教学目标、表现出学业进步的条件和情境所做出的精心安排，是分析教学问题、设计教学问题的解决方案、优化教学总体成效的过程。

二、教学设计的关键要素

教学设计一般包括以下四个关键要素。第一，分析教学内容，按照学科课程标准对相应内容的要求分析所需要掌握的知识内容与技能方法等，同时分析学生是否具备当前学习内容所需要的知识，具有哪些认知特点和个性特征，从而确定教学的起点；第二，制订教学目标，根据学科课程标准的要求、教学内容和学生的认知需求等确定教学目标，即在学习后教师希望学生能够知道什么、理解什么和能够做什么；第三，设计教学过程，为了有效达成教学目标，选择教学过程中所采用的教学方法、组织策略与媒体技术等，并围绕教学目标和内容要求，设计一系列富有逻辑的学习活动；第四，设计教学评价，设计检测学生达到教学目标程度的评价方案，并根据评价所得到的反馈信息对上述教学设计中的某一个或某几个环节进行修改或调整。教学设计的四个要素之间的逻辑关系，如图1-1所示。

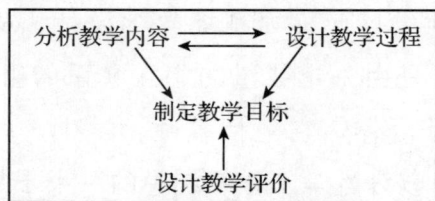

图 1-1　教学设计各要素关系图

三、教学设计的基本原则

尽管不同的设计者会遵循不同的模型，将自己对如何更好地安排教学活动的理解带进设计过程中，但教学设计仍然有一些共通的原则。

（一）结果导向性原则

教学设计必须是以学习目标作为结果导向的，这也意味着预期的学习目标指导着学习活动的设计与选择，评价的设计也需要针对目标的达成。因此，在进行教学设计时，学习结果如何变得可观察与可测量就成为教学设计有效性的核心。在教学设计中，无论是教学目标、教学策略的选择还是教学活动的设计，都要以学生为中心，以学生最终能够做什么和能够参与、探索和体验什么样的活动为焦点思考整体的设计过程。

（二）系统性原则

教学设计中的各个环节共同组成了一个系统。在系统中，每个环节之间都是相互关联的。比如，学情分析是确定教学活动起点的重要依据；教学目标分析导引教学的方向；教学策略为教学目标的达成提供支撑，也为教学过程的设计提供方法。系统化教学设计的另一个特点是教学设计的经验性和可重复性。教师可以在不同的场合使用教学设计，并且根据情境进行改进。教学设计体现为一定的程序性，但并不意味着在设计的时候，教师要按照这样的程序思考这些环节及其关系，而是需要综合考虑这些环节的互动关系。

（三）问题导向性原则

教学设计是以问题为驱动的。围绕要解决的学科核心问题，教师要以学习者的视角展开教学目标、教学策略和教学活动的设计。学科的核心问题一般和学科的大概念紧密相关，这些大概念能够揭示教学的一般方法和原理，从更高的层面统摄具体的知识，使学生能够迁移运用解决其他问题。

在进行教学设计时，首先是制订教学目标，然后选择教学策略、设计教学活动与组织过程。下面对这些关键要素进行分析和讨论。

▶ 第二讲
教学目标的制订

教学目标的制订是教学设计的中心环节，是设计教学策略、检测教学效果、调控教学过程所不可缺少的基础性工作。在教学实践中常常有这样的情况，有的教师认为教学目标可有可无，有时出于教学设计格式的需要，参照课程标准或教学参考书中的教学目的要求列上两三条，在教学过程中却束之高阁；有的教师仅仅根据教材来设计教学目标，而对课程标准、学生基础、学习环境等缺乏必要的分析，甚至不同地区不同学校的教师，就某一节课所设计的教学目标千篇一律；有的教师仅仅是在课堂上把教学目标告诉学生，或写在黑板的显要位置，然而并没有将目标作为设计和开发教学的关键成分，使目标游离于教学之外。① 鉴于此种状况，本讲主要讨论如何科学地制订教学目标。

一、明确课程标准的要求

教学目标是指教学中学生通过教学活动后要达到的预期的学习结果。

制订教学目标必须立足于对生物学课程标准中课程目标的认真分析。生物学课程标准是生物学教学的指导性文件，是生物学教材编写、生物学课堂教学的依据。

✐ | 案例 1-1 |

初中生物学　肺的结构和功能

某初中生物教师在制订"肺的结构和功能"一节课的教学目标时，首先对《义务教育生物学课程标准（2022 年版）》（后简称《初中生物学课标》）中的

---

① 胡玉华主编：《生物新课程教学与教师成长》，95～97 页，北京，中国人民大学出版社，2009。

课程总目标的相关要求做了分析，然后制订了本节课的教学目标。

《初中生物学课标》中有关内容要求如下。

《初中生物学课标》中课程目标的相关要求	《初中生物学课标》中相关学习主题的内容要求
生物学是研究生命现象和生命活动规律的一门科学，而实验是研究生物学的最基本的研究方法和手段。 课程标准的基本理念是期待学生能够主动地参与学习过程并习得生物学知识，提高生物学科核心素养	呼吸系统包括呼吸道和肺，其功能是从大气中摄取代谢所需要的氧气，排出代谢所产生的二氧化碳。 良好的行为习惯有助于维护机体健康

依据《初中生物学课标》确定本节课的教学目标。

目标类型	具体目标
生命观念	1. 通过动手实验和观察肺的宏观及微观结构，描述肺的组成。 2. 通过分析肺的结构特征，概述肺的结构和功能相适应的特点
科学思维与探究实践	1. 通过直观体验、观察、实验、讨论肺部的结构和功能，提高探究能力和推理能力，发展科学思维。 2. 通过制作肺泡模型，提高动手操作和合作能力
态度责任	1. 通过知识在雾霾实例中的具体应用，掌握空气污染环境下自我保护的措施。 2. 通过雾霾实例认识到保护大气环境的重要性，提高环保意识

问题聚焦

Q1：在上面的教学案例中，该教师表述了怎样的教学目标？

Q2：该教师是如何依据课程标准分析教学目标的？

（一）《初中生物课标》对课程目标的定位

《初中生物学课标》指出：义务教育生物学课程以习近平新时代中国特色社会主义思想为指导，贯彻党的教育方针，落实立德树人根本任务，充分发挥学科育人价值。本课程着眼于学生适应未来社会发展和个人生活的需要，立足于坚实的生物学内容基础，发展学生核心素养。

《初中生物学课标》将生物课程总目标按照四个维度展开，如图 1-2 所示。

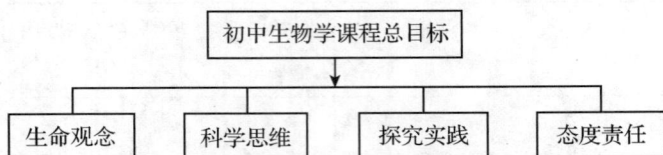

图 1-2　初中生物学课程总目标及四个维度

在进行初中生物学课堂教学目标的设计时，要以《初中生物学课标》中的课程目标和内容标准为理论依据，从促进学生生物学素养的角度，来设计每一节课的教学目标、教学内容和教学过程。

（二）《普通高中生物学课程标准（2017 年版 2020 年修订）》对课程目标的定位

《普通高中生物学课程标准（2017 年版 2020 年修订）》（后简称《高中生物学课标》）指出：学生通过本课程的学习，能认识到生物学在坚持人与自然和谐共处、促进科技发展、社会进步和提高人类生活质量等方面的重要贡献；树立生命观念，能够运用这些观念认识生命现象，探索生命规律；形成科学思维的习惯，能够运用已有的生物学知识、证据和逻辑对生物学议题进行思考或展开论证；掌握科学探究的思路和方法，形成合作精神，善于从实践的层面探讨或尝试解决现实生活问题；具有开展生物学实践活动的意愿和社会责任感，在面对现实世界的挑战时，能充分利用生物学知识主动宣传引导，愿意承担抵制毒品和不良生活习惯等社会责任，为继续学习和走向社会打下认识和实践的基础。

《高中生物学课标》将生物学课程总目标按照四个维度展开，如图 1-3 所示。

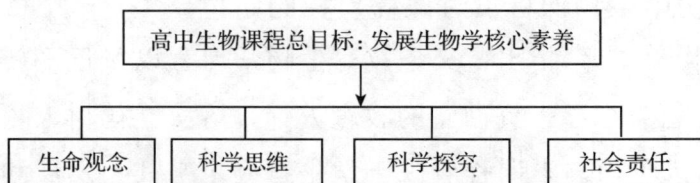

图 1-3　高中生物课程总目标及四个维度

　　课程标准规定了学生在生物学课程中需要学习的内容和学习的要求，明确了教学的方向，为生物学课堂教学目标的确定提供了理论上和实际操作上的依据。

　　对课程标准的研析，有利于教师从宏观的角度确定每一节课不同学习内容的课堂教学目标，明确内容的深度和广度。因此，进行教学设计时，教师必须认真研读课程标准的内容和要求，把握《初中生物学课标》和《高中生物学课标》的精神，必须从课程标准的总目标出发，根据课程标准要求将具体教学内容进一步细化为具体一节课的教学目标。

（三）课程目标与教学目标的关系

　　生物学课程标准总目标体现了国家的教育目标，是宏观层面的目标，而教学目标是将宏观的教育目标微观化、具体化，成为每一节课教学的方向。只有制订出具体的、可操作的教学目标，才能判断课堂教学是否有效、能否实现生物学课程总目标的要求。宏观教育目标具体化的过程可用图 1-4 表示。

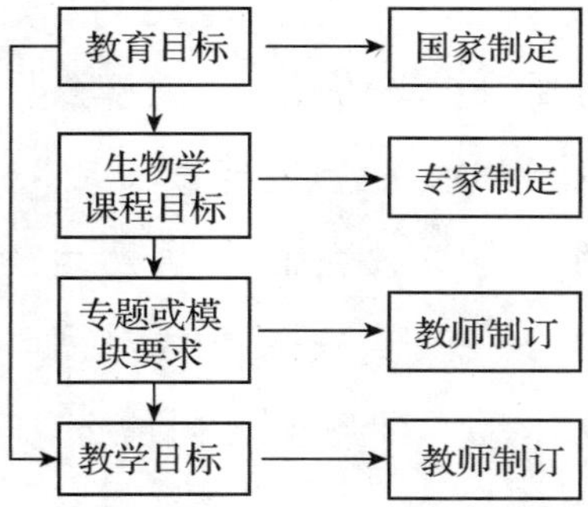

图 1-4　教育目标具体化的过程

（四）案例分析

　　案例 1-1 中，教师首先对《初中生物学课标》中课程总目标的相关要求做了解读，指出课程标准的基本理念是期待学生能够主动地参与学习过程并习得生物学知识，提高生物学核心素养。这样就把本节课大的方向进行了定位——从提升学生核心素养的高度出发来确定本节课的目标，接着列出了《初中生物学课标》中相关专题的具体要求。

　　依据宏观层面的分析，教师制订了"肺的结构和功能"的具体教学目标。

从这个案例可以看出，教学目标的制订要以课程标准为依据。教师要在深入理解和细化课程标准宏观目标和具体要求的基础上，制订切实可行的教学目标。

二、分析教学内容

教学内容就是学生学习的内容，是为实现教学目标而要求学习者系统学习的知识、技能和行为经验的总和。分析教学内容是生物学教学设计的一个重要环节，主要包括对教学内容的知识类型的分析、对教学内容在学科中的地位与作用的分析、教学内容之间的联系等。根据对教学内容的分析，确定教学的重点和难点。

📎 | 案例 1-2 |

高中生物学　分泌蛋白的合成与运输

某高中生物教师对"分泌蛋白的合成与运输"教学内容进行了如下分析：依据《高中生物学课标》的要求，本单元旨在使学生能够理解"细胞各部分结构既分工又合作，共同执行细胞的各项生命活动"这一大概念。因此本节课划分成两部分，一是巩固参与分泌蛋白合成及运输过程的细胞器的结构与功能；二是学习分泌蛋白合成及运输的具体过程，既体现了细胞器结构与功能的相适应性，同时也体现了细胞器之间的分工与合作。

从学生的能力特征来看，高一年级的学生已经具备一定的分析能力，能够从材料中提取、归纳、分析及总结出有效信息；此外，也具备一定的知识迁移能力，对生物学学习有着一定的兴趣，但是对微观世界的认知有限。从学生相关学习经验来看，学生已经学习了各种细胞器的结构与功能，已初步建立了结构与功能相适应的观念，为本节课的学习奠定了基础。本节课还需要学生能够掌握"分泌蛋白的合成及运输过程"的知识，这是学生在以往学习和生活中未涉及的内容。

问题聚焦

Q1：上面的案例中教师分析了教学内容的哪些方面？存在什么样的问题？

Q2：如何分析教学内容？

（一）把握教材内容的知识类型

教学设计中，不同类型的知识，教学目标的侧重点有所不同。教师只有明确所授课题的知识类型，确定好教学目标，才能取得良好的教学效果。

依据布鲁姆的知识维度分类，结合生物学的特点，生物学知识的类型可以划分为事实性知识、方法性知识、概念性知识三大类。认知过程包括了解、理解、应用和分析综合四个层次。[①]

1. 事实性知识

生物学的事实性知识，笼统地说就是生物学事件、生物学事实和生物学现象。这些事实性知识主要是生命活动过程中表现出的生命现象和生命过程。它包括术语知识、形态结构知识、生理功能和生命活动过程的知识。

术语知识是指生物学的专有名词，如脑垂体、白细胞、胖胝体、线粒体、纺锤丝等，是对某一特定生物结构的记述。这类知识在确定教学目标时，最高只能达到了解水平。

单一的形态结构知识，如昆虫身体分为几部分、复眼的结构等，在确定教学目标时，最高也只能达到了解水平。

关于生理功能和生命活动过程的知识，如人体肺部和组织细胞处的气体交换过程、种子萌发的条件和过程等，在确定教学目标时，最高能达到理解、应用甚至分析的水平。

生理功能和生命活动过程的知识在初中生物学中占有很重要的位置，有助于学生认识生命现象、了解生命的本质。因此，正确制订这些知识的教学目标对于提高教学效果是至关重要的。

---

① 胡玉华主编：《生物　学科知识与教学能力》，210页，北京，高等教育出版社，2011。

2. 方法性知识

生物学的方法性知识是指与生物学概念、生物学原理以及生物学实验相关的生物学符号、计算、实验以及其他技能形成的知识内容，是生物学的重要组成部分。

初中和高中生物学中，方法性知识都包括程序性知识、科学过程性知识和实验操作与实验处理知识。

生物程序性知识，如制作洋葱根尖细胞有丝分裂的装片，需要严格按照程序进行：培养根尖→取材解离→漂洗→染色→压片。

科学过程性知识是指在科学研究过程中必须具备的一些最基本的思维方法和操作技能。初中生物学的科学过程性知识主要包括观察、分类、测量、推断、假设、交流、表达、建立模型等。科学过程性知识有利于学生体验科学过程学习科学方法，培养科学探究能力。

生物学实验是指人们依据科学研究的目的，运用有效的仪器和设备，对研究对象加以控制，减少非本质因素的干扰，在特定的环境中或特定的条件下研究自然规律的一种科学活动。在初中阶段，生物学实验操作与实验处理知识，包括生物学实验仪器的正确使用、实验数据的处理、实验报告的撰写等。

3. 概念性知识

概念性知识是指抽象的概念、原理、法则、规律、模型等知识。

抽象的概念，如细胞、原生质、呼吸作用、免疫、生态系统等。能够提炼出抽象概念的核心要素是抽象概念教学的一个重要目标。例如，原生质这个概念包括三个要素：物质性、生命性和结构性。

原理性知识，如细胞的失水与吸水的原理、呼吸作用的原理、绿色植物光合作用的原理等。原理包含的是要点，该类知识的教学目标是能够总结出来这些要点，用这些要点来说明问题。例如，细胞渗透吸水的原理包括两个要点：一是原生质层具有选择透性，相当于半透膜；二是膜两侧存在溶液浓度差，而这个溶液浓度差决定水分子运动的方向。这就是细胞渗透吸水原理的两个要点。

法则，如遗传的中心法则、十分之一法则。法则类知识的教学目标与原理类知识一样，都是总结要点。

规律，如遗传性状的分离规律、遗传性状的自由组合规律等。该类知识的教学目标是不仅能够总结要点，还能够应用、分析。在初中生物学中，规律性知识涉及得不多，我们不在这里赘述。

模型是对于现实世界的事物、现象、过程或系统的简化描述，或部分属性的模仿。

建模即建立系统模型的过程，又称模型化。建模是研究系统的重要手段和前提。凡是用模型描述系统的因果关系或相互关系的过程都属于建模。建模就是一个实际系统模型化的过程，如细胞膜的亚显微结构模型（流动镶嵌模型）、沃森和克里克提出来的 DNA 分子双螺旋结构模型等。

（二）分析教学内容在学科中的地位与作用

根据对知识类型的分析，可以初步确定知识点的教学目标。但是只是根据知识类型确定教学目标还是不够的。确定教学目标还要考虑知识在学科中的地位。例如，对"绿色植物的呼吸作用"的地位和作用可进行如下分析：本节内容位于人教版《生物学》七年级上册第三单元"生物圈中的绿色植物"的第五章第二节。本单元主要包括生物圈中绿色植物的种类、被子植物的一生、绿色植物在生物圈中的作用以及保护植被四个方面的内容。引导学生从生物圈的角度学习有关绿色植物的知识，并特别关注绿色植物在生物圈中的作用及其与人类的关系。[①]

光合作用和呼吸作用是植物的两项重要生命活动。对于植物自身而言，这两项生命活动满足了其生长发育过程中对物质和能量的需求；对于整个生物圈而言，光合作用不仅可以为生物提供有机营养，而且与呼吸作用一起，共同参与了生物圈中的碳—氧平衡。本节内容的学习有利于帮助学生理解课标要求的重要概念"在生物体内，细胞能通过分解糖类等获得能量，

---

① 案例来源：刘畅，北京市回民学校。

同时生成二氧化碳"，同时使他们更加全面地认识绿色植物在生物圈中的作用。

（三）分析教学内容之间的联系

首先要分析这部分教学内容的知识体系；其次要分析这部分教学内容与前后知识的联系，要特别重视分析新学习的内容与学生已学过的内容间有什么联系，在以后的学习中又有哪些运用和发展。这样做，可使新知识的学习建立在学生已有的知识基础之上，使知识的学习循序渐进，层次分明，使学生逐步形成完整、系统的知识结构。

🔗 | **理论书签** |

知识内容之间的关系

约瑟夫·D. 诺瓦克（Joseph D. Novak）于 1984 年提出了心智地图模型。如果从生物学科的视角进行解读，知识内容之间呈现下图所示的关系。

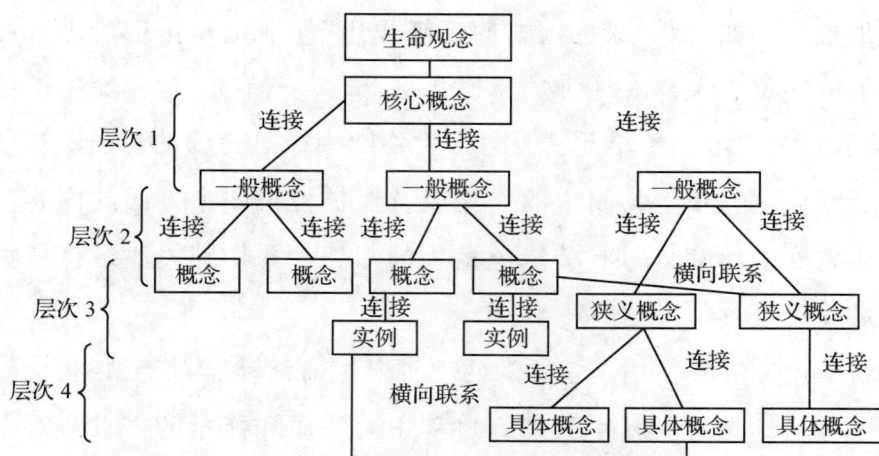

按照该模型，分析初中生物学中"人体泌尿系统"的教学内容，其知识之间呈现如图 1-5 所示的关系。

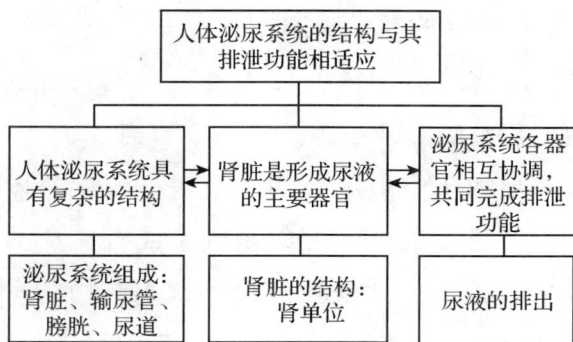

图 1-5 "人体泌尿系统"知识结构图

"人体泌尿系统"教学内容包括泌尿系统的结构、泌尿系统的主要器官构成及其功能等。这些内容之间以"人体泌尿系统的结构与其排泄功能相适应"重要概念为统摄，通过对泌尿系统结构的认识，达到深刻理解其排泄功能的目的。这种以图示化的方式呈现知识之间的逻辑关系能使人一目了然。

在中学生物学教学设计中，常见的另一种分析教学内容之间关系的表达方法是文字描述法。例如，"细胞器之间的协调配合"教学内容之间的关系分析描述为：本节的主要内容是以"分泌蛋白的合成和运输过程"为例，介绍细胞器之间的协调配合。该课时内容起到承前启后的作用。上一课时所学的"细胞器之间的分工"是本节学习的基础，并且在本节进一步深化：从系统的角度，体现细胞在结构和功能上的整体性，体现细胞各部分结构之间的分工与合作、协调与统一。同时，本节内容为后续学习打下基础，"分泌蛋白的合成和运输过程"有助于学生更好地理解细胞排出大分子物质的方式——胞吐。"同位素标记法"是生物学学研究中的一种重要方法，在高中生物学习中有着较广泛的应用，对该方法的介绍有助于学生更好地理解不同生理过程中物质的变化与转移途径。[①]

可见，尽管分析教学内容之间关系的表达方法不同，但是教学内容之间关系的分析主要聚焦于知识内容之间的纵横联系，以便形成具有逻辑内聚力的知识结构。

---

① 案例来源：王鹏飞，北京市第二中学。

（四） 确定教学内容的重点和难点

突出重点、突破难点是课堂教学的关键。要做到这点，重要的是在分析教学内容的基础上正确确定教学重点和教学难点。

所谓教学重点是指教学中最重要的、最基本的中心内容。如果某知识是某知识单元的核心，或是继续学习的基础，或有广泛的应用价值，即可确定它是教学的重点。教学重点是教师安排教学结构的主要线索，是学生必须牢固掌握的部分。

教学难点是指学生不容易理解和接受、掌握和应用难度较大的知识内容，或不容易解决的某些关键点的知识内容。由于学生的年龄、知识水平和生活经验不同，学生的学习难点会有个体差异，不能一概而论。对教学难点的确定，要符合班级大多数学生的实际。

例如，案例 1-2"分泌蛋白的合成与运输"一节课中通过对教学内容的分析，教学重点确定为"学生能够掌握分泌蛋白的合成及运输过程中细胞器的分工"；教学难点是"能简述分泌蛋白的合成及运输过程"。

需要说明的是，在许多情况下，重点与难点是相同的。但有时，难点不见得是重点，有时只有突破了难点才能解决重点。上述案例中"分泌蛋白的合成及运输过程"不是重点，但是只有理解了分泌蛋白在细胞内是如何形成的，又是如何运输细胞的，才能理解细胞内各细胞器之间的分工协作，从而认识到细胞作为一个基本单位是如何完成生命活动的。

（五）案例分析

在案例 1-2"分泌蛋白的合成与运输"教学内容分析中，教师从知识层面分析了本节课所属单元的大概念，即细胞各部分结构既分工又合作，共同执行细胞的各项生命活动。依据这一大概念将本节课划分成两部分：一是巩固参与分泌蛋白合成及运输过程的细胞器的结构与功能；二是学习分泌蛋白合成及运输的具体过程。

这些分析都是强调该内容在学科中的地位和作用，这样的分析很有必要，但不全面。因为没有分析该教学内容的纵横联系，没有明确这部分教学内容与前后知识的联系，以及新学习的内容和学生已学过的内容有什么联系，在以后的学习中又有哪些运用和发展。这些内容的分析有助于明确学生的已有经验和基础，为帮助学生建立知识结构提供依据。

三、分析学生情况

传播学理论认为，要取得有效的信息传递效果，传播者必须了解接受者对信息的态度、文化和社会背景、有关的知识基础和技能。学生是学习活动的主体，是教学活动的核心要素。生物教师在确定教学目标时，必须充分了解学生的学习准备状态，包括学生的知识基础、学生已有的经验、学生学习新知识的认知水平和态度等，以此明确教学起点，制订合理的教学目标。

案例 1-3

高中生物学　细胞分化

某高中生物教师对"细胞分化"一节内容的学生情况做了如下分析：在课前通过调查问卷了解到，学生基于所学知识，已清楚掌握组成细胞膜的化学成分和细胞膜的功能等内容；能初步建构细胞的基本结构概念，认识细胞膜是细胞生物共有的结构，为本节学习细胞膜的流动镶嵌模型奠定基础。同时，学生具备一定的信息提取、分析情境以及解决问题的能力。学生学习兴趣比较高，但感觉生物学内容抽象，较难理解，喜欢通过动画和视频展开学习。所以教师需要由浅入深，从学生生活常见实例展开教学活动。

问题聚焦

Q1：上面的案例中教师分析了学生哪些方面的情况？存在什么样的问题？

Q2：如何分析学生情况？

✏️ | 理论书签 |

怎样分析学生

教学设计的一切活动都是为了学生的学习与发展。因此教师必须了解学生。分析学生的目的是了解学生的学习准备情况（即初始能力）及影响学习的心理因素（即学生特征），为下阶段教学决策提供依据。学生初始能力的确定很简单，在学习结果分析的基础上进行测试或调查分析即可获得相应的数据。学生特征的分析比较复杂，主要包括以下几个方面。

（1）学生的认知成熟度。

认知成熟度指学生的认知发展阶段。一般来说，我们从学生的年龄来推断学生的认知成熟度。瑞士心理学家皮亚杰将智力与思维发展分为感知运动、前运算、具体运算和形式运算四个阶段。感知运动阶段（0～2岁）是智力与思维的萌芽阶段。处于前运算阶段（2～7岁）的儿童头脑中已经有了事物的表象，而且能用词来代表头脑中的表象，可以利用知觉表象进行思维。处于具体运算阶段（7～11岁）的儿童的认知结构中已经有了抽象概念，并且能进行逻辑推理。形式运算阶段（11～15岁）是思维发展的最高阶段。这一阶段的学生已经具备理解并使用相互关联的抽象概念的能力，其思维形式为演绎思维、抽象思维和系统思维等。

（2）学生的动机水平。

对于高动机水平的学生如果提供充分的学生控制，那么将会获得较好的学习效果。而对于低动机水平的学生如果保证适当水平的教师控制，将会获得较好的学习效果。

（3）学生的归因类型。

学生的归因类型直接影响学生的动机水平。有些学生将学业失败归咎于努力不足这种主观因素，这样会导致学生付出更多的努力；而有些学生倾向于将学业失败归咎于不够聪明或题目太难或没有复习等客观因素，这将无助于学生提高学习水平。

（4）学生的焦虑水平。

焦虑是指个体对某种预期会对他的自尊心构成潜在威胁的情境所产生的担忧反应或反应倾向。对于不同焦虑水平的学生应采用不同压力水平的教学。对于低焦虑水平的学生，应采用有较大压力的教学；而对于高焦虑水平的学生，应采用较低压力水平的教学。

（5）学生的学习风格。

学习风格是指对学生感知不同刺激，并对不同刺激做出反应这两个方面产生影响的所有心理特性。学习风格包括学生在信息加工方面的不同方式、对学习环境和条件的不同需求等。

（6）学生文化、宗教背景。

教学内容要符合学生的文化习惯，这样才能更易被学生接受和理解。教学内容中不能存在宗教歧视、民族歧视和种族歧视。

（一）学生的知识基础

学生在进入新的学习单元或命题之时，其原有的学习习惯、学习方法、知识和技能等对将来的学习的成败起着决定性的作用。奥苏伯尔认为，学习就是把新知识和已有知识联系起来，将新知识纳入已有的认知结构中去的过程。加涅也认为，传授新知识之前，首先必须激活学生头脑中相关的已有知识。因此，教学设计中对学生知识基础的分析是十分重要的。

一般来说，学生知识基础的分析包括两个方面：一是对新知识的学习所需要的预备知识的分析；二是对目标能力的分析，即了解学生是否已完全掌握或部分掌握教学所要达到的目标，以及达到的程度如何。[①] 因为班级授课制中，一名教师同时对几十名学生进行教学活动，学生的知识基础水

---

① 胡玉华主编：《生物　学科知识与教学能力》，215～217页，北京，高等教育出版社，2011。

平有时差别较大，了解这些差异对于整体教学设计是十分有益的。

对学生知识基础的分析主要通过调查的方法进行。调查可以有多种途径和方式。传统教学中的"摸底测验"、教师与学生的个别谈话、学习情况调查座谈等，皆可以获得有效的信息。例如，"植物体的结构层次"这部分内容学生的知识基础分析如下。

学生已经初步了解到生物体是一个统一的整体，部分学生已经初步具备结构与功能相适应的生物学观念。但是生物学观念的形成需要更多的体验与认同，在这节课中，还需要学生在活动中通过观察不同植物，找出不同植物间的共性，认识植物体的组成，同时进一步认同生物体是个统一的整体这个观念。学生已经初步具备了使用显微镜和制作临时装片的技能，但是操作次数有限。在本节课中，受条件限制，学生无法使用显微镜，但是可以练习实验取材，巩固实验能力，同时观察植物体不同部位的不同组成。此外，在学生观察到细胞结构的基础上，本节课会加强学生对于观察结果的交流，进一步提高学生探究观察的技能。

了解学生的知识基础，有助于教师在教学设计之时合理制订知识目标、选择适当的教学策略及教学方法。

（二）学生已有的经验和生活体验

学生已有的经验是指学生在日常生活中，通过多种渠道，如电视、报刊、网络以及参观旅游等日常活动中积累的有关生物学的知识。学生的生活体验是在实际生活中接触到的生物现象和生物事件给自己带来的体验性的经验。

教学前，教师需要了解学生对即将学习的新内容已经具备了哪些经验和体验，哪些是正确的，哪些是错误的或者模糊的，这有助于教师制订主次分明的教学目标，设计相应的教学策略和内容。例如，"细胞的吸水和失水"这部分内容学生已有经验和生活体验分析如下。

为了解学生对吸水和失水原理的认识程度，在课前对一些学生进行了访谈，内容包括：能否描述细胞吸水和失水的现象；能否把细胞的失水和吸水与日常生活中的一些常见现象联系起来；能否解释细胞吸水和失水的原因。以提问的形式与学生交流，如把新鲜的黄瓜放入盐水中，黄瓜会发生什么变化？为什么？家里的花卉植物在什么情况下叶会变蔫？怎样能使变蔫的叶子恢复原样？等等。通过分析学生对这些具体问题的回答，了解学生关于"细胞的吸水和失水"的已有经验和生活体验。

（三）学生学习新知识的认知水平和态度

对学生的分析还包括学生学习新知识的认知水平和态度，学生的年龄特点、学习动机、对学习的期望等。

学生的学习态度是指对学习所持有的较稳定的倾向，往往表现为趋向与回避、喜爱与厌恶、接受与排斥、积极与消极、肯定与否定等。每名学生对每门课及每个教学内容的学习态度都有可能不一样，也有可能存在偏见和误解。因此，在教学之前要了解学生的学习态度，并尽可能有针对性地提高他们对学习的认识，端正学习态度。

（四）案例分析

了解学生特征的方法很多，包括观察、采访、填写学习情况调查表和开展态度调查等。了解学生的目的是为教学决策提供条件，而对于那些无助于教学决策的特征可以放弃不理。

案例 1-3 比较全面地从学生的已有知识基础和能力特征进行了分析，但没有指出应该怎样充分利用这些基本情况来开展本节课的教学，使得该学情分析现得不充分、不到位。

需要强调的是，教师对"教什么"和"怎么教"的决策直接影响学生的学习效果，而科学地进行学情分析为这个决策提供了基础和依据。教师在设计教学时，可以依据学情分析，按照"教学起点→教学目标→教学过程→教学评价"这一流程来进行；而反过来，按照"教学评价→教学过程→教学目标→教学起点"这一流程，可以从学生学习的实际获得情况来反思教师的决策是否合理与科学。

四、确定教学目标

教学目标是学生通过教学活动获得的学习结果，它规定了通过具体教学过程学生要学会什么，是教学活动的出发点和归宿。在确定教学目标时要关注以下三个方面。

（一）生物学教学目标是一个多层次的教学目标体系

生物学教学目标可以分成：课程目标、单元或者章的教学目标、课时或节的教学目标等不同的层次。[①] 如图1-6所示。

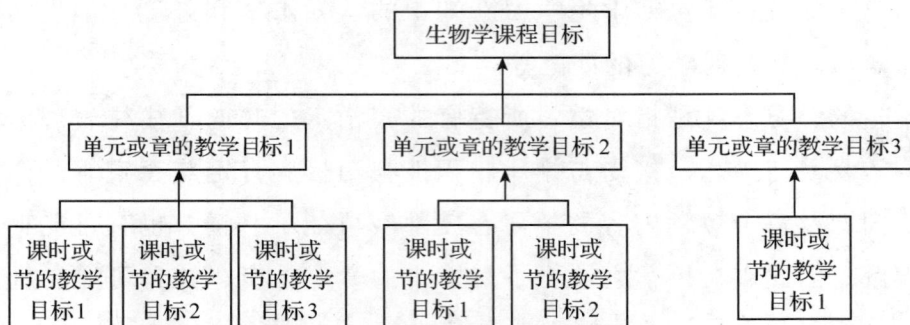

图 1-6　生物学教学目标体系图解

（二）生物学教学目标具有重要的功能

生物学教学目标的功能主要表现在以下三个方面。

1. 指导教学

教学目标既是一切教学工作的出发点，又是一切教学工作的终点。一切教学工作都是为了实现教学目标而做的。详细的教学目标明确了学生学习之后要达到的"目的地"。合理制订教学目标能优化教学效果。达成目标后，还能增强学习者的成功感。

2. 管理控制功能

学校的教学管理也是围绕教学目标的实现进行的，通过考试等各种渠道的信息反馈，纠正教学中出现的偏差。教学活动应以教学目标达成为"度"，可以避免教师的时间、教学设备、教学经费的浪费和学生学习负担过重，也可以防止教学投入过少，不能很好地完成教学计划，实现教学目标的问题出现。

---

① 胡玉华主编：《生物　学科知识与教学能力》，218页，北京，高等教育出版社，2011。

3. 评价功能

教学评价是提高教学质量和教师教学水平的重要一环。教学评价是以教学目标为依据的。

在教学中，教学目标有助于教师选择教学内容，制订教学策略，指导学生进行学习，进行教学测量和评价。教学目标对教学具有"导教、导学、导评价"的功能。

需要明确的是，教学目标虽然对指导教学有重要的作用，但是教学目标的功能也有一定的局限性。例如，有人提出事先明确具体的教学目标有悖于发现法教学；还有人认为适度规范的形式编写的教学目标通常适用于较简单的低层次的学习，有些教学内容和许多心理过程是不能完全通过外显行为表现出来的，特别是一些较高层次的认知能力和情感因素。

（三）生物学教学目标的表述方法

一般来说，教学目标的规范表述，应包括以下四个要素。

1. 行为主体

生物学教学目标的行为主体是学生，而不是以教师为目标的行为主体。"使学生……""让学生……"等方式都是不符合教学目标的表述要求的。规范的教学目标开头应是"学生"，一般情况下行为主体"学生"可以省略，但必须是隐含的行为主体。

2. 具体行为

具体行为是指学生通过学习以后，能够做什么，或者有什么心理感受或体验。一般用行为动词来描述学生所形成的可观察、可测量和可评价的具体行为。课程标准对"课程目标"和"内容标准"的陈述主要采用结果性目标和体验性目标两种方式。

（1）结果性目标表述。

结果性目标指用可观察和可测量的行为陈述的目标。这种目标说明通过教学后，学生能做什么（或说什么）。在表述教学目标时，首先要选择合适的行为动词来说明学习的类型，如"操作""比较""说出""列举"等行为动词；然后在这些动词后面加上动作的对象，就构成了结果性目标。

值得指出的是，结果性目标的表述力求避免使用诸如"知道""理解""掌握""欣赏"等描述内部心理过程的词语。因为不同的人均可以从不同的角度、不同的层面来理解这些词语的意义，这就会给教学目标的具体导向及检测带来困难。在确定教学目标时，除总括性的课程目标和单元目标仍无法完全避开这些动词外，具体化教学目标（即行为目标）应尽量避免使用这些模棱两可的词语。可见，正确选用行为动词是确定行为目标的重要一步。

（2）体验性目标表述。

体验性目标相对于认知和动作技能领域来说更内在些，所以，把它们用可观察性和可测量性的行为术语来进行描述存在一定的难度。具体言行是思想意识的外在表现。因此，我们可以通过观察到的行为间接推断出这些目标，学生的语言和行为可以被假定是这个目标的行为证据，通过间接测量，即通过二级线索推断学生的情感。这是体验性目标确定的一个特点。根据这一特点，确定体验性目标可采用内外结合的表述方式。例如，教学目标是"有好奇心与求知欲"，由于"有好奇心与求知欲"的态度是难以直接评价、判断的，所以，我们必须列举几个方面的具体行为，通过对这些行为的观察，来判断学生是否"有好奇心与求知欲"。例如，可以观察：学生是否能够主动参与教师组织的教学活动？是否愿意与别人交流有关生物学的问题？对周围的事物是否能用生物学的方法审视？

从这个例子我们可以看到，这些行为只是体验性目标是否达成的一种表示，其实，我们并没有直接也无法直接测量它。测量体验性目标需在多种环境下，长时间的，经过多种途径进行。

3. 产生行为的条件

条件是指影响学生产生学习结果的特定的限制或范围，主要说明学生在何种情况下完成指定的学习目标。条件包括环境因素（如空间、光线、温度、气候、室内或室外、安静或噪声），人的因素（如单独进行、小组集体进行、在教师指导下进行等），设备因素（如工具、仪器、图纸、计算器等），信息因素（如资料、教科书、笔记、图表、词典等），时间因素（如速度、时间限制），问题明确性的因素（如提供什么刺激来引导行为的产生）。

4. 评定行为的标准

标准是目标达成的最低表现水平，用以衡量学习表现或学习结果所达到的程度，对行为标准做出具体要求，使教学目标具有可测性的特点。例如，"能准确描述出……""能按照正确的次序排列……"等。例如，"肺的结构与功能"教学目标可以进行如下表述。

➤ 通过标本、模型及实物观察，能准确地描述肺的宏观结构与微观结构，领悟科学观察的方法和生物学实验操作的方法。

➤ 通过探究肺的功能特征，概述肺的结构与呼吸功能相适应的特点，初步建立生物体结构与功能相适应的生命观念。

➤ 通过分组制作肺泡的尺度模型，领悟建构物理模型的意义和体会合作的意义。

➤ 通过对雾霾实例的分析，关注环境污染对人体健康的危害，积极倡导环境保护。

🔗 | 实践操练 |

请按照本讲制订教学目标的要求和方法，选择中学生物学某一课时的特定教学内容进行教学目标的优化改进设计，并与原设计进行比较，说明改进教学方法的过程中都运用了本讲内容中的哪些理论和策略。

在完成上述任务的过程中，请思考以下问题：

1. 在中学生物学教学中，如何正确处理好教育目标、课程目标、专题或模块目标及课时目标之间的关系？

2. 如何依据教学内容和学生情况制订教学目标？

3. 依据课标要求、内容分析和学生情况制订一节生物学课的教学目标，并结合本讲内容的教学情况进行自我评价。

▶ 第三讲
教学策略的选择

　　教学策略是指以一定的教学观念和教学理论为指导，为完成特定的教学目标或教学任务，充分关注学生的学习，对影响教学的各个要素进行系统化的总体评析、研究，并最终策划、形成可以具体操作的整体化实施方案，在此基础上，通过教学过程中的监控和调节，来保证教与学生动、活泼、主动而高效地进行。

　　从上述关于教学策略的概念可以看出，教学策略不等同于教学方法，它的外延比教学方法宽泛，层次比教学方法高。教学策略不仅包括对教学方法的选择，而且包括对教学组织形式、教学媒体的选择等内容，同时在具体的教学方法及其组合上也存在着策略问题。教学策略是教学实施的总体谋划与控制，不是抽象的教学原则，它有具体明确的内容，具有可操作性。生物学教学策略具有以下四个特点。[①]

　　针对性：生物学课堂教学必须依据生物学课程标准的具体内容标准制订教学目标，同时根据学生的实际情况、教学内容的特点，选择恰当的教学方法和不同的教学手段，对教学程序进行合理设计，突出策略的针对性。

　　灵活性：教学策略必须根据教学目标、学生情况、教学内容等灵活地确定教学组织形式，选择教学方法和手段。因此，在课堂教学中，教师随时要对教学过程进行判断分析，要根据实际过程对教学策略进行调整甚至转换。因此，教学策略不可能刻板地、机械地来执行。

　　多样性：人们常说"教学有法，教无定法"，其实教学策略也是这样。可以说，不存在"能够实现各种教学目标的最佳教学策略"。《初中生物学课标》中有十个一级主题和近百个具体内容标准，表明了初中生物学丰富的教

[①]　胡玉华主编：《生物新课程教学与教师成长》，115～120页，北京，中国人民大学出版社，2009。

学内容，因此教学策略也是多种多样的。换句话说，教学策略不是唯一的，而是一个聚合体，为了实现教学目标，可以有不同的教学策略，但效果有好坏差异。

协调性：教学策略是以教学活动的组织、教学方法的确定、教学手段的选择为载体的，没有具体的教学方法、教学手段及教学活动的组织，教学策略就失去了载体，而无法落实。这就预示着教学策略必须依据这些因素进行调整和监控，保证教学有效地进行，更好地达成教学目标。

一、教学方法的选择

从教师和学生两个方面考虑，生物学课堂的教学方法可以分为以下三种：学生自主式教学方法、教师主导式教学方法、师生互动式教学方法。[①]

（一）学生自主式教学方法

自主学习是与传统的接受学习相对应的一种现代学习方式。可以从学习的维度和学习的过程两个维度来理解自主学习。从学习的维度看，自主学习是指学习者主动对学习的各个维度做出选择、控制和调节的一种学习方式。从学习的过程看，自主学习是指学习者自觉自动地确定学习目标、营造学习环境、选择学习方法、监控学习过程、评价学习结果的过程。

在生物学课程中，适合采用学生自主式教学方法的内容有：调查、收集生物圈的相关资料，模拟召开"国际保护生物圈"研讨会；调查"生产中利用植物光合作用和呼吸作用原理的有关措施"；调查班级近视率，并分析原因；调查人类活动破坏生态环境或改善生态环境的实例；收集交流关于"人类基因组计划"的资料；调查当地食用菌的种类及生产情况；调查当地主要传染病；等等。

---

① 胡玉华主编：《生物新课程教学与教师成长》，121～130 页，北京，中国人民大学出版社，2009。

📎 | 案例 1-4 |

初中生物学 调查我们身边（校园）的生物

某初中生物教师在"调查我们身边（校园）的生物"一节课中，采用了如下教学方法：

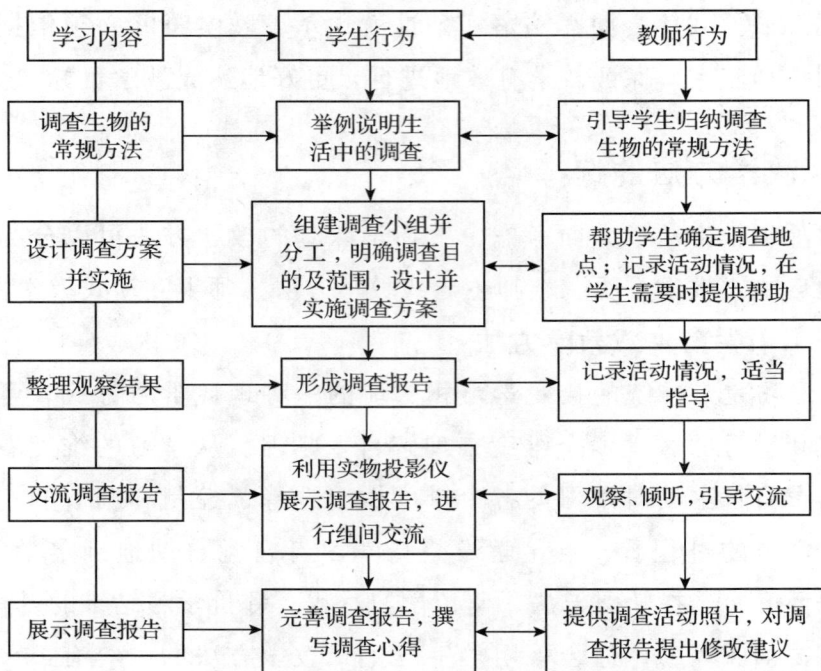

学习内容	学生行为	教师行为
调查生物的常规方法	举例说明生活中的调查	引导学生归纳调查生物的常规方法
设计调查方案并实施	组建调查小组并分工，明确调查目的及范围，设计并实施调查方案	帮助学生确定调查地点；记录活动情况，在学生需要时提供帮助
整理观察结果	形成调查报告	记录活动情况，适当指导
交流调查报告	利用实物投影仪展示调查报告，进行组间交流	观察、倾听，引导交流
展示调查报告	完善调查报告，撰写调查心得	提供调查活动照片，对调查报告提出修改建议

问题聚焦

Q1：如何利用学生自主式教学方法开展生物学教学？

Q2：自主式教学方法有哪些优势？

从上述案例可以看出，在教学方法实施过程中，学生作为学习活动的主体来确定学习目标，并对教学内容进行组织，确定学习的程序。学生不但要自己安排学习内容、控制学习时间，而且对于各种信息资料要自己进行处理，形成有自己特点的认识。

在实施此教学方法中，由于是学生自己确定学习任务及目标，因此有利于学习兴趣的培养；在学生制订学习计划并有步骤地进行落实过程中，对学生学习能力的提高大有益处。从上述案例也可以看出，教师常常作为学习的促进者，在学生需要时提供帮助。这种教学方法对学生已有的知识和能力要求较高，通常在完成专题调查、资料收集等学习内容时，学生需要投入较多的时间和精力。因此，学生自主式教学方法在课堂教学中实施起来有一定难度。

（二）教师主导式教学方法

教师主导式教学方法是指教师给学生提出教学目标，根据课程内容及学生实际情况确定学习内容、选择教学方法及教学手段，通过一定的教学程序指导学生进行学习，达成教学目标。它是在常规教学中运用较为广泛的教学方法。与学生自主式教学方法比，在课堂教学中，教师主导式教学方法效率更高。

在该教学方法实施中，教师在教学目标的制订、教学内容的选择、教学活动的组织中起着主导作用，学生的智力活动及学习能力的锤炼不如自主式教学方法。另外，教师的主观设计与学生的实际需求及兴趣也会存在一定的差距。这就需要教师在主导式教学方法实施中注重学生活动的设计，尤其是有针对性地启发学生思考讨论问题，从而达到提高学生思维能力的目标。

在生物学课程中，很多内容适合采用教师主导式教学方法达成教学目标，如"生态系统""开花和结果""血液循环""动物的行为""基因在亲子代之间的传递""传染病及预防"等。

（三）师生互动式教学方法

师生互动式教学方法是教师给学生制订教学目标，但是学习内容往往根据课程标准要求及学生的实际需求来确定，通常采取的是探究学习并以多媒体辅助教学。由于学生是通过探究完成学习的，所以教学程序不但有教师的指导，更有学生的主动学习，教学目标的达成过程突出了师生的互动。例如，探究馒头在口腔中的变化时，不同小组的学生可以分别探究唾液、舌或牙齿在"馒头在口腔中发生变化"中的作用，设计的方案也有区别。所以在教学过程中，学生的主动、自主、合作更加突出。又如，肾单位结构的学习是学生利用对血液循环、组织的物质交换、物质吸收等知识的理解，推测尿形成的过程，再通过肾单位显微结构图，以及"血浆、尿液的主要成分比较"资料的分析，最终获得肾单位结构及尿液形成的知识。这个过程既体现了学生作为学习主体的自主、探究、合作的学习过程，又体现了教师在提供学习材料、促进思考讨论中，深入理解学生形成知识的过程。

师生互动式教学方法是在生物学课程实施中能够有效落实课程理念的教学方法。与前两种教学方法相比较，该教学方法使教师的主导作用与学生自主探究学习结合起来，在使学生获得生物学知识的同时，让学生通过探究活动感知知识形成的过程，对学生学习情趣、学习能力的培养更加有效。

📎 | 案例 1-5 |

初中生物学　探究馒头在口腔中的变化

某初中生物教师在"探究馒头在口腔中的变化"教学中，采用师生互动式教学方法，进行了如下的活动设计。

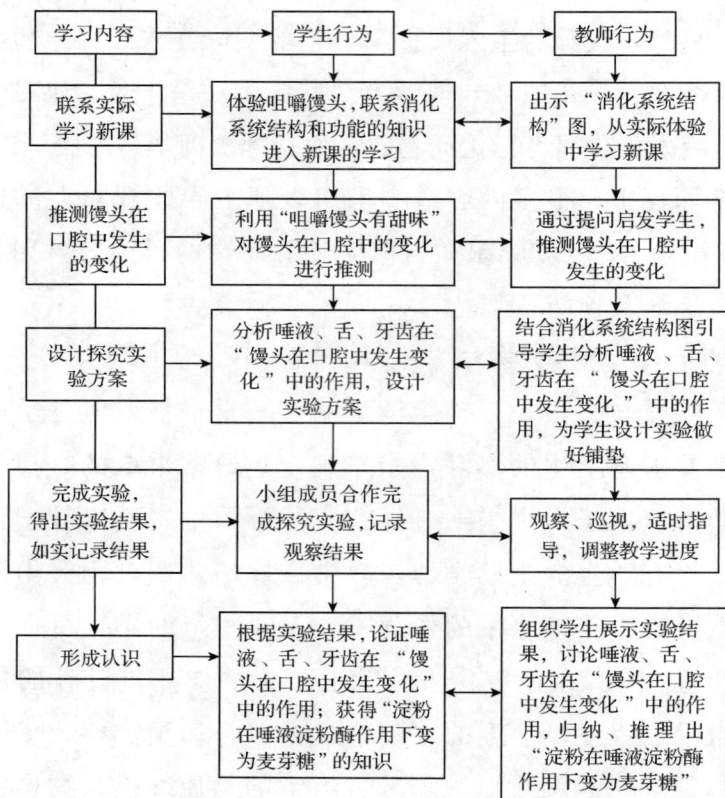

问题聚焦

Q1：如何利用师生互动式教学方法开展生物学教学？

Q2：师生互动式教学方法有哪些优势？

从上述案例可以看出，师生互动式教学方法成功的关键在于教师对学生的了解及对生物学探究活动的设计及实施能力。在初中生物学教学中，"探究种子萌发的环境条件""探究二氧化碳是否为光合作用的必需原料""探究晚育的意义""探究鸟适于飞行的特点""探究酒精或烟草浸出液对水蚤心率的影响"等内容适合采用师生互动式教学方法。

二、教学形式的选择

借助什么教学形式才能更好地实现课程标准的理念，在形式上确实不存在"万能钥匙"，也许有一个"百宝箱"或是"工具箱"是明智的选择。现将在各种资料中被提及较多的形式列在下面，供大家在进行教学设计时参考。

（一）"引导—发现"的教学形式

这是一种以问题解决为中心，注重学生独立活动，着眼于创造性思维能力培养的教学方法，对于认知领域的教育目标较为适用。所谓的发现是指学生通过检索出先前获得的与新课题有关的经验和知识，并在此基础上能构成一个新的组合来解决新的问题，将问题情境转变为问题解决的突然顿悟。提出这个观念的代表人物是杜威、布鲁纳等人，以认知心理学为基础，倡导"问题—假设—推理—验证—结论"的教学过程。

在"问题"阶段，教师提出问题，难易程度适度，使学生明确这个问题的指向性。在"假设"阶段，教师不但在诱发性的问题情境中引导学生通过分析、综合、比较、类推等不断产生假设，并围绕假设进行推理，引导他们将原有的各种片面知识从不同的角度加以改组，从中发现必然的联系，逐步形成比较确切的概念。在"验证"阶段，教师通过进一步提供具体事例，要求学生去辨认，或由学生自己提出事实来说明所获得的概念。在"结论"阶段，教师引导学生回顾学习活动，分析自己思考的过程和方法，使之对学习结果感到满意。

这个教学程序的一大功能在于使学生学会如何学习，如怎样发现问题和加工信息，怎样推理和验证所提出的假设，因而有利于培养学生的探究能力。它比较适用于数学、科学等学科，前提是需要学生具有一定的先行经验储备。

（二）"示范—模仿"的教学形式

这是教学中最基本的教学形式之一，特别适用于动作技能领域的教学。它的基本程序是"定向—参与性练习—自主练习—迁移"。

在"定向"阶段，教师既要向学生阐明所需掌握的行为技能并解释完成技能的操作原理又要向学生演示具体动作，学生则明确要学会的行为技能要求。在"参与性练习"阶段，教师指导学生从分解动作的模仿开始练习，并对每次练习提供反馈信息，给予及时强化，使学生对所学的部分动作由不够精确、不定时而逐渐走向精确、定时，并且使一些不正确的动作得到消除。在"自主练习"阶段，学生可以脱离教师指导自主练习，使技能更加熟练。在"迁移"阶段，学生不需思考就能完成操作步骤，并且能够把该技能运用于其他的情境之中，继而与先前所掌握的技能组合，构成更为综合的能力。

（三）"情境—陶冶"的教学形式

最具代表性的是保加利亚心理学家洛扎诺夫首创的暗示教学法。基本过程是"创设情境—参与各类活动—总结转化"。

在"创设情境"阶段，教师通过语言描述、实物演示、音乐渲染等手段，为学生创设一个生动形象的场景，以激起学生的情绪，或借助现场的有利因素渲染气氛。在"参与各类活动"阶段，教师安排学生加入各种事先设计的谈话活动、操作活动，使他们在特定的氛围中主动积极地从事各种智力操作，在潜移默化中进行学习。在"总结转化"阶段，通过教师启发总结，学生领悟所学内容主题的情感基调，达到情感与理智的统一，并使这些认识和经验转化成为指导其思想、行为的准则。

（四）"传递—接受"的教学形式

这是在我国学校教育实践中普遍采用、广为人知的一种教学形式，主要适用于认知领域的教学。它源于赫尔巴特学派的"五段教学法"，经过苏联凯洛夫等人根据他们对辩证唯物主义原理的理解，重新加以改造后传入我国，其基本过程是"激发学习动机—复习旧课—讲授新课—巩固运用—检查"。

这种程序由教师直接控制教学过程，按照学生认知活动规律加以规划。通过教师的传授，学生对所学习的内容由感知到理解，达到领会。然后，教师再组织学生练习，巩固所学的内容，最后检查或组织学生自我坚持检查学习的结果。

这种程序的特点是能使学生比较迅速有效地在单位时间内掌握较多的知识，比较突出地体现了教学作为一种简约的认识过程的特性，所以它能在实践中长盛不衰。但是由于采用这种方式时，学生在客观上处于接受教师所提供的信息的地位，因此不利于学生充分发挥主动性，以至于多年来一直受到各方面的批评和指责。

其实正如奥苏贝尔指出的，接受学习不一定都是机械被动的，关键是教师传授的内容是否为具有潜在意义的材料，能否与学生原有的认知结构建立联系；教师能否激发学生积极主动地从自己原有的知识体系中提取最有关联的旧知识，去"融合"和"建构"新知识。

🔖 | 理论书签 |

教学形式简介

教学形式是教师和学生为了达到教学目标，由教学原则指导，借助教学手段（工具、媒体、设备）而进行的师生相互作用的活动，它既有教师教的行为，又有学生学的行为，而且两者相辅相成。采用教学形式的直接目的在于引起学生学习的准备，维持他们的兴趣和注意，以学生可以接受的方式呈现教材，强化和调节学生的行为，解决学生的学习障碍。

　　要实现教学形式的优化，除了要依据一定的选择标准，还需要考虑适当的选择程序。苏联教育家巴班斯基等人通过研究，归纳了教师在选择教学方法时的一般决策步骤，供大家在进行教学设计时参考。

　　第一步：决定是选择由学生独立地学习该部分的内容，还是选择在教师指导下学习该部分的内容。

　　第二步：决定选择用"传递—接受"法，还是选择"引导—发现"法。

　　第三步：决定选择归纳的思维方式，还是选择演绎的思维方式。

　　第四步：决定如何将讲述、演示、媒体有效搭配。

　　第五步：决定设计的问题是否能有效地激发学生的学习兴趣。

　　第六步：决定怎样进行检测，以便了解学生的学习效果。

　　第七步：重新审视所选择的方法搭配是否合理，认真考虑用其他方法搭配结合的方案。

三、教学资源的选择

　　教学资源是指构成教学活动的各要素以及实施教学的必要而直接的条件。教师、学生、教材是教学活动的基本要素，三者静态及动态的关系是基本的教学资源。[①] 通过培训，学员能够在教学设计中充分利用各种资源，树立新的教学资源观，使校内外资源融为一体，更好地为教育发展服务。生物学教学资源是生物学课程要素来源以及实施课程的必要而直接的条件。生物学课程资源包括校内课程资源和校外课程资源。校内课程资源，除了生物学教科书以外，还有教师、学生，师生本身不同的学习经历、生活经验、学习方式、教学策略都是非常宝贵的、非常直接的生物学课程资源。校内生物学实验教室和校内各种生物学科技活动也是重要的课程资源。校外课程资源，主要包括校外图书馆、科技馆、博物馆、网络资源、乡土资源、家庭资源等。随着社会的发展，信息技术对教育领域的影响日益增大，教学媒体资源，包括各种生物学教学软件、网络上的生物学教育资源，成

---

　　① 胡玉华主编：《初中生物课堂教学设计》，38 页，北京，同心出版社，2007。

为生物学课程资源的重要组成部分。

（一）教学资源的种类

运用于生物学教学的资源按照存在的形式可分为有形教学资源和无形教学资源。有形教学资源按照在空间上的分布可分为学校资源、社区资源和家庭资源。

学校的教学资源非常多：生物教师，其他具有一定种植、养殖经验或生物学爱好的教师，学校的校医、园丁、厨师，对生物学有特殊爱好的学生等。学校的图书馆、校园中的动植物、生物标本馆等也是可供学生使用的教学资源。

社区是学生的生活环境，也是学生的学习环境，社区中存在丰富的生物学教学资源，主要包括社区图书馆、博物馆、展览馆、动植物标本馆、动物园、植物园、少年宫、科技馆、高等院校、科研机构、良种站、养殖场等，以及周围的自然环境。另外，社区中还有许多可从事生物学教育的人才资源，如高等院校与生物学相关的教师、研究所的研究人员、医生、卫生防疫工作者、园艺工人等。

家庭资源主要包括有一定生物学特长的家长和亲友、家居环境、生物学书籍、音像资料、动植物、养殖器械、家庭文娱活动（如看电影、参观动植物园等）。

无形教学资源是非物化的教学资源，主要指学生的生活经验以及所了解的生物学信息。例如，学生普遍接种过疫苗，学生对身边的植物大都进行过观察，一些学生有过饲养动物或种植物的经历，一些学生体验过野外观察动物行为的甘苦，一些学生参观过动物园、植物园，等等。学生通过和父母及亲属的沟通交流，也可以了解和学习到很多书本上没有的家族中特有的生物学知识。学生通过阅读课外读物、看电视等途径，已经了解了不少生物学信息。这些都是生物学教学的无形资源，是使生物学课程密切联系学生实际、激发学生兴趣、强化学习动机的重要基础。

与有形教学资源不同，学生的生活经验和已掌握的信息存在于学生的头脑中，教师可以通过交谈、问卷调查等方式进行了解，从中寻找教学的切入点。例如，用"照相机"的结构和原理来介绍"眼球"的结构功能。

（二）教学资源的筛选原则和开发途径

有形教学资源虽然很多，但并非都是教学所需，只有那些具有教育价值和课程意义的资源才有开发和利用的价值。所以，在对有形教学资源进行开发和使用时要从学生个体发展的需求出发，考虑社会发展对于大众生物学的基本素质要求。也就是说，考虑学生将来在社会生活中，自己的行为习惯养成、科学卫生保健、参与社会决策等方面必需的生物学信息，不能把学生看作未来的生物学家来做系统生物学知识的灌输。

另外，筛选教学资源时应该遵循优先原则和适应性原则。优先原则是指首要考虑与教学内容密切相关的内容和学生的兴趣。学生对于社会的发展和需求是十分敏感的，大多数学生感兴趣和关注的问题，往往是科学发展的方向。因此，优先原则中研究学生的兴趣是非常必要的。适应性原则是指不仅要考虑学生的共性，更要考虑到学生的特殊性和具体情况。

开发和使用这些资源的途径很多。例如，建议学校丰富图书馆关于生物学方面的资料；在学校建立相关的生物学设施，如生物角、生物走廊、植物园、苗圃等；与社区周边的大学、科研所或社区生物学教育人才建立广泛的联系；充分利用社区的图书馆、博物馆、科技馆等资源，丰富生物学教学的内容；与有一定生物学特长的家长和亲友建立联系，使之积极配合学校进行生物学教学；让学生参与家居环境的布置，如在家庭中养宠物，提高其生物学实践能力；为学生和家长推荐好的生物学书籍、杂志、音像资料和一些活动场所，开拓学生的视野。

教师可以利用各种人士为生物教学增色。教师在使用人士这部分资源时，要充分开发各种可用人士的潜能。这些人可以是学校的园丁、学生的家长，也可以是社区内的生物学教育人士。与这些人合作时，可以通过讲座、课堂、座谈等形式进行。教师应该事前与这些人共同策划组织，共同备课，向请来的专家介绍学生的基本情况，协商讲座的目的、内容、方法和步骤等。此时，教师应该具备相当的与人交往和沟通的能力。

采用"合作学习"的小组分工、头脑风暴等讨论方式最能开发学生的无形资源。采用教学中的"模拟和游戏"的方式可以检查学生的生活经验和已掌握的信息是不是正确的。

教师在开发这些无形教学资源时还应意识到,教师的教学资源(包括自己的能力与知识),与几十甚至上百名学生相比,这些能力与知识可能会超越单个的学生,但与学生能力与知识的总和相比,却远远不足。这就要求教师必须对自我有一个明确的定位——学生学习的帮助者。只有学生满足了自己的学习需要,教师才可能实现自己的价值追求。因此,激发学生的内在学习动机,开发学生及学生群体无形的教学资源,才是开发教学资源的正确途径。如果教师把自己当作一个推着学生学习的人,总有一天教师的教学资源会枯竭;如果教师把自己当作一个引导学生前进的人,那他就会舒适地"驾驭"着课堂轻松前行。

(三)利用各种教学资源的教学设计

有些参与新课程实验的教师仍然仅仅依靠教材和教师用书备课,对身边唾手可得的资源和教学过程中生成的资源视而不见,并时常埋怨缺少资源。这些教师对教学资源的认识可能仅局限于为教学提供外部支持条件,且又多局限于静态的物的因素。教师是重要的教学资源,学习环境是不可忽视的课程资源,学生也是教学资源,不同类型的课程资源之间要保持动态平衡。教学资源不仅需要课前准备,还可以在教学进行过程中动态生成。因此,教师要"抢抓"教学资源。引导学生研究的突破口往往就是那些稍纵即逝的教学资源。那些看似与预定的教学目标无关,但是能引起学生兴趣的稍纵即逝的教学资源,尤其能促进学生的自主学习。生活中不是缺乏教学资源,而是缺乏善于发现教学资源的眼睛。对于那些在早已设计好的教案外和常规课堂内外突然出现的有效教学资源,尤其需要我们积极对待,及时抓取。教学资源时时处处存在。在教育的意义上,教学资源的分布并不存在差异,都有充分开发和利用的可能。

案例 1-6

初中生物学 调查生物的种类——走出课堂的学习

某初中生物教师设计了"调查生物的种类——走出课堂的学习"教学活动，具体内容如下。

1. 调查前的准备

(1)打印调查表，上课时发给学生。

表格上有调查人，调查地点，调查时间，天气状况，生物名称、数量，生活环境及形态特征。有了调查表，学生在调查时就不至于盲目，没有方向。当然也不限制学生的新发现与创新，允许学生按照自己喜欢的方式设计表格，或者做好观察记录然后再设计表格。

(2)请园丁介绍学校及周围的植物。

为了充分利用学校的教学资源，请学校的园丁向同学们介绍校园内种植的植物。教师也要事先熟悉植物的名称、生活习性和特点。

(3)把观察的区域分成八块，并制成生物目录表。

在一节课内，学生如果在很大范围活动，只能是走马观花，很难真正调查好一种生物。所以，可把观察的区域分成八块，尽量使各块的生物种类差距不大。相应地把学生也分成八个组，每个组观察的都不一样，课下各组之间再交流。

2. 调查行动

(1)小组长培训小组长。

第一个班上的八个小组长由教师培训，主要是告诉该组的调查地点、调查的范围，对照目录表，介绍有哪些植物，各叫什么，各有哪些特征，可能出现哪些动物，应注意事项等内容。以后由上一个班的小组长分别培训下一个班的小组长。可以加强学生之间的交流合作，对学生的语言表达与合作都有一定好处。

(2)分组调查生物种类。

各组在小组长的带领下，来到了要调查的区域，互相交流各自认识的生物名称。小组长很自豪地把刚学到的知识告诉大家，并引导大家进一步仔细观察。

（3）师生交流。

教师在每个组停留五分钟，学生如有问题或有什么新发现可向教师提出来，教师除了回答他们的问题还提出一些问题让学生进一步思考、观察。

（4）用调查表做记录。

记录时要注意一个原则：实事求是。要教育学生看到什么就写什么，没看到的坚决不写。

问题聚焦

Q1：什么是教学资源？

Q2：在生物教学中如何合理利用教学资源？

学生因小学自然学过有关生物的知识，基本上能抓住所观察的生物的主要特征，但因没系统的学过生物学，表达得不是很准确。例如，有一名学生开始把地柏的叶写成针状，教师引导他把地柏叶和雪松叶对比找找有何区别，他才知道不是针状。教师进一步告诉他松和柏的区别：柏是鳞状叶，松是针状叶。

模拟和游戏是一种调动学生积极参与教学活动，开发学生头脑中无形教学资源的最有效的手段之一。

游戏在教学过程中是具有吸引力而又有教学效果的学习活动。一般游戏都有趋向目标的心态和具体的规则。这使游戏含有一定的挑战性、娱乐性和竞争性。目前人们倾向开发合作性的游戏，以培养创造性、协作决策等，这类游戏避免引起参与者之间的竞争。严格地讲，游戏和模拟是两个不同的术语，但实际上二者常常混为一体，交叉使用，两者结合就形成了模拟游戏。模拟游戏结合了游戏和模拟的特性，既有仿真程度的高低，也可能引起竞争或不引起竞争。实践证明，在教学中，学生为完成游戏进行的学习，比教师单纯的讲解和简单的观察实验的效果要好，也能更多地调动学生头脑中已具备的知识结构。因此，应用模拟和游戏对于学生头脑中无形资源的开发具有特殊的作用。

模拟是某个真实生活情境或过程的抽象或简化，具有仿真模型和角色扮演等形式。例如，在学习"病毒"的知识时，组织学生模拟"非典"期间的场景，可以以话剧形式，也可以结合短剧、小品、访谈等多种形式来进行角色扮演，让学生在轻松的气氛中认识病毒，了解病毒与人类的关系。再比如，学习"保护生物多样性"时，角色扮演"辩论和协商怎样保护白头叶猴"，让学生代表不同利益及立场的社会角色，讨论野生动物保护问题，使学生有机会认识到解决这类问题仅靠科学技术是不够的。

让学生在课堂上进行角色扮演时，一定要在课前组织参与角色扮演的学生提前排练，要求内容健康、语言文明，表演过程讲礼貌，尽量突出教学内容的重点。表演时，台下学生要做文明观众，保证课堂气氛活跃又有秩序。另外，每次角色扮演都要有新内容、新演员，这样，每名学生都有机会到讲台上展现自我，得到欣赏和鼓励，增强自信心。通过角色扮演，学生不仅对知识加深了了解，而且提高了语言表达、收集资料等多方面的能力。

（四）案例分析

从上述案例可以看出，生物学教学资源是促进生物学课程目标有效达成的重要因素之一。充分选择和利用生物学教学资源，探索生物学教学资源与生物学教学整合的方法，是实施生物学课程改革、提高生物学教学有效性的重要途径。生物学教学资源是承载和传递教学信息的载体，它在生物学教学中的重要性体现在：能有效地促进学生的学习兴趣，形成良好的学习品质；有助于学生生物学技能的培养。在选择和设计教学媒体时应遵循以下指导思想：应有利于教学目标的达成，而不是为使用媒体本身而使用媒体；与教学方法相适应；与学生的认知方式、认知水平相匹配；媒体表现形式要简洁、实用、美观，综合使用多种媒体发挥多感官的功能，体现媒体的高效性和组合性。

生物学是研究生命活动现象和生命活动规律的科学，但在生物学课堂上我们却很少将有生命的动植物展示给学生。只有把学生带出课堂，走进自然，亲自去观察、去听、去闻、去触摸，才能使学生学到真正的生物知识，激发他们爱惜生命，爱护一草一木的自然情感，树立环保意识，同时还能使学生在实践活动中有所创新。

✎ | **实践操练** |

1. 请结合一节生物学课的教学，思考生物学教学策略的特点。

2. 请结合你对生物教学策略的理解，选择某一课时的特定教学内容进行教学方法的优化改进设计，并与原设计进行比较，说明改进教学方法的过程中都运用了本讲内容中的哪些方法和策略。

3. 请结合一节生物学实践课谈谈如何合理利用教学资源。在此基础上，自己设计并实施一次生物学课。结合这次实践做一次教学反思。

▶第四讲
教学过程的设计

教学过程是教师设计教学情境，组织教学活动，与学生进行信息交流，引导学生理解、思考、探索和发现的过程。教学过程还包括教学管理、调节教学进程，确保教学有效性。

教学过程本质上是学生的一种认识过程。因此，教学过程必须受人类认识的普遍规律所支配、制约。但是教学过程又是一种特殊的认识过程，即它是学生的个体认识，与人类总体和学生以外的其他个体的认识相比，在认识的任务和认识的方式上都存在着不同，这样就形成了教学过程的某些特殊性。

✎ | **案例 1-7** |

初中生物学　植物体的结构层次

某初中生物教师设计的"植物体的结构层次"教学过程如下所示。[①]

———————————

① 案例来源：柳皖平，北京市第五中学分校。

教学流程		活动内容	设计意图
创设情境，引入主题	细胞如何构成器官？	【活动分享】分享学生制作和品尝芹菜美食过程中的照片和感受 【导入】今天的生物学课，我们就围绕着芹菜，进一步的学习植物体的结构层次 （学生：聆听） 【复习和回顾】芹菜作为绿色开花植物，它具备根、茎、叶、花、果实、种子六大器官 【引入探究主题】器官直接构成了植物体，而细胞是生命活动的基本单位，它是如何构成器官的呢？这就是我们今天要重点探讨的问题 （学生：思考）	（1）通过制作芹菜美食的课前活动，丰富学生居家生活，呼吁学生关注生活中的生物学知识，并为本节课的教学做铺垫 （2）借助芹菜复习巩固构成植物体的器官，提出本节课重点探究的问题
问题引导，深入理解	活动1：识别构成器官的组织	1. 分享芹菜叶柄的口感 【讲述】芹菜的叶分为叶片和叶柄两部分，大部分同学制作美食的材料都是叶柄 【讨论】叶柄有什么样的口感呢？（学生：利用消息框分享芹菜叶柄的口感） 【过渡】大家的活动报告中，最多的描述是脆，有细丝。有的同学还提到说芹菜买老了，嚼不动。为什么会有这样的口感呢？ 【展示】学生解剖的芹菜叶柄的照片。（学生：观察和聆听） 【分享】学生的感受：瓣开后看到了很多坚韧的细丝，而且细丝的种类好像还不太一样 【过渡】是不是这样呢？今天，老师也准备了芹菜的叶柄，我们一起来由外至内的解剖看看 【实物展示】由外至内的解剖芹菜叶柄。（学生：观察芹菜叶柄的结构） 【提出问题】芹菜叶柄的这些结构可以适应哪些功能呢？ 【启示】这就要回到本质看问题，也就是观察构成它们的细胞具有哪些结构特点，然后分析这些结构特点所能够适应的功能	再次创设情境，从宏观入手，逐步探讨微观结构，增加学生的感性认知，激发学习兴趣

续表

教学流程		活动内容	设计意图
		2. 构成植物体的组织 【展示和说明】展示芹菜叶柄横切图,说明上述结构在显微镜横切图中的位置,并展示放大后的细胞照片及不同部位观察到的细胞照片 【探究活动】 (1)观察构成芹菜叶柄不同部位的细胞结构,找出与之对应的细胞特点 (2)思考:这样的细胞结构可以适应哪种功能呢? (学生活动:将观察结果与文字描述相对应,利用消息框交流和讨论,通过语音连麦方式分享想法) 【讲述】结合学生的回答进行总结 【追问】这种功能的实现是靠一个细胞还是一群细胞实现的呢? (学生活动:通过消息框分享) 【讲述】我们看到的是一群形态、结构和功能相似的细胞,这样的细胞群被称为组织 【提问】芹菜叶柄由哪些组织组成? 它们能够适应哪些功能呢? (学生:思考、聆听、理解) 【总结】具有保护功能的细胞群,叫作保护组织;液泡较大,具有储藏营养物质功能的细胞群,叫作营养组织。细胞壁非常厚,可起到支撑和保护作用的细胞群,叫作机械组织,芹菜叶柄有丰富的机械组织,这也是它能够直立生长的原因;这些像水管一样的细长的细胞群,具有运输功能,称为输导组织 【展示】红墨水浸泡过的芹菜叶(包括叶片和叶柄部分) 【观察】 (1)变红的叶脉 (2)切开叶柄,观察变红的部位	问题串和观察探究相结合,培养学生科研思维和学科能力 (1)通过观察和讨论,加深对细胞的结构和功能相关的概念的理解,让学生利用已有知识做出判断,培养学生运用知识的能力;利用文字描述加以指导,降低观察难度 (2)让学生初步认同结构与功能相适应的生命观念 强调组织的概念,说明植物体的几种组织及功能 丰富学生直观认识

教学流程	活动内容	设计意图
	（学生：观察） 【总结】叶柄中变红的部位刚好就是输导组织，再一次证明了它的运输功能 【过渡】由此可见，芹菜叶柄由保护组织、机械组织、营养组织、输导组织构成 【思考】芹菜叶片是否也是由这些组织构成的呢？（学生：观察、思考并说出想法） 【观察和练习】观察芹菜叶片的横切图，识别构成芹菜叶片的组织 【总结】构成芹菜叶的叶片和叶柄都是由四种组织构成的，也就是说不同的组织按照一定次序排列就构成了器官	反馈练习，完善逻辑框架 提出新问题 逆向思维推断组织的形成过程，培养学生的科学思维
活动2：概述组织的形成过程	【提出问题】构成组织的细胞从何而来呢？（学生：思考） 1. 细胞分化形成组织 【讲述】构成各组织的细胞在形态、结构和功能上具有差异（学生：理解） 【思考】某类细胞在形态、结构和功能上发生了差异性变化是细胞的哪种生命活动过程？（学生：复习和思考，在消息框内进行回答） 【追问】"某类细胞"是指哪类细胞呢？ 2. 分生组织的功能 【资料】年轮——气候档案馆 【思考】 (1)观察树木的年轮图，结合资料说一说为什么年轮线处的深色区域比浅色区域窄呢？这又与细胞的什么生命活动相关呢？ (2)树干变粗与细胞的什么生命活动过程相关？ （学生：阅读资料，回答问题）	(1)通过概念巩固和资料分析概述组织的形成过程，培养信息获取能力及运用已有知识分析问题和解决问题的能力 (2)通过资料分析，将前面所学知识迁移到本课，进行深入理解，并引出分生组织的概念 (3)引出分生组织的分裂能力

续表

教学流程		活动内容	设计意图
		3. 构成分生组织的细胞的结构特点 【出示】根尖和芽尖分生组织的图片 【观察】根尖和芽尖的分生组织 【思考】分生组织适于分裂的结构特点 （学生：观察并说出自己的想法） 4. 形成概念 【思考】组织是如何形成的？	再次培养学生的观察能力，让学生认同结构与功能相适应的生物学观念
		【总结】构成分生组织的细胞通过细胞分化形成其他组织 【追问】分生组织的细胞群从何而来？ 【总结】细胞通过分裂形成的分生组织 （学生：思考并回答）	形成知识体系
形成概念，理解巩固	活动3：描述植物体的结构层次	【出示】出示植物体结构层次相关的关键词 【活动】根据 PPT 上的提示，按照从微观到宏观的顺序，绘制植物体的结构层次图 （学生：在学案或笔记上绘制植物体的结构层次图） 【展示】展示学生绘制的概念图 【总结】按照从微观到宏观的顺序，总结植物体的结构层次	利用思维导图自主梳理植物体的结构层次，提高归纳和概括的能力，形成知识体系
		【课后思考和反馈】 (1)今天我们通过芹菜叶探究了构成器官的组织，其他器官是否也由这些组织构成呢？请大家利用家中的水果或蔬菜进行探究 (2)不同器官的功能是有差异的，构成器官的组织也会有所不同，请大家举例说明原因	通过课后思考题呼吁学生关注生活中的生物学知识，激发探索精神。同时，引导学生认同植物是一个统一整体的生物学观念

问题聚焦

Q1：通过以上案例，你认为什么是"教学过程"？

Q2：如何设计教学过程？

教学要经过一定的教学环节才能完成预定的教学任务，实现预期的教学目标。如果把教学过程看作一个长的链条，则这个链条是由一个一个环节组成的。因为教学过程中所采用的教学形式不同，所以要经历的教学环节也会不同。

一、创设教学情境

创设教学情境既出现在教学过程的开始，又随时出现在讲课的过程之中。教师在课堂上处于不断导思的工作状态之中。导入是上课开始或进入新课题时的一种教学技能，其目的是引起学生对即将学习内容的注意，从而唤起学生的学习动机。心理学表明，人之所以能够积极行动，是因为内心有一种推动力量，这种推动力量就是动机。创设教学情境的技巧就在于教师根据每一节课的内容及上一节课的关系，设法创造一种教与学的情境，引导学生而又不被学生察觉，使其自然介入，并达到介入的最佳状态——期待学习。

创设教学情境的方法多种多样，采用什么方法导入，既要根据学习对象的情况，又要根据具体的教学内容，以及教师要达到的目的而定。

（一）开门见山

开门见山是一种简单的直接切入主题的方法，给高年级学生上课或学生学习积极性强，或学生非常关注的课题用此法导入最为适合。例如，在讲授"生殖和发育"时，可以直接切入主题："我们都很关心自己是怎样来到这个世界的，又是怎样长大的，今天我们就来学习人体的生殖和发育。"

（二）以旧拓新

通常，教师对学生上节课学习过的内容提出问题，引发出新问题。对于教师来说，如何选择复习内容，使其与将要学习的内容有一个紧密的结合点是很重要的。在讲授"生殖和发育"时，前一节课刚刚讲完"植物的生长和发育"，通过温故知新，引出话题是不错的选择。

（三）置疑

根据学生的好奇心，提出带有悬念的问题，进行导入。这样的问题既是学生感兴趣的,又是以往的知识无法解释的,因此容易激发学生的学习兴趣。例如,在讲授"人的生殖和发育"时,学生关注"第一个人来自哪里?"的问题,教师就可以依据这一点设计问题,进行提问。

(四)借助生活中的事例

生活中有不少的现象,学生能感觉到它的存在,而不能理解它的原理。如果能从理论上解释清楚这些现象,则会引起学生的学习兴趣。

对于如何设计情境,不妨从如何评价一个好的情境来审视,见表1-1。

表1-1 好的情境应具有的特点

序号	项目	权重
(1)	能够引起学生的学习积极性	0.2
(2)	引入自然,不生硬,衔接恰当	0.15
(3)	与新知识联系紧密,目的明确	0.15
(4)	确实将学生引入学习情境	0.2
(5)	引入时间把握得当,紧凑不拖沓	0.1
(6)	引入能够面向全体学生	0.1
(7)	语言振奋,感情充沛	0.1

二、确定教学主线/教学流程

生物学教学过程是通过一系列教学活动完成的。在一个单元或一节课中,应该整体设计教学流程,按照最优化的原则合理安排学生的学习进程。教学过程是教师在分析学生学习需求的基础上,按照获得知识的认知逻辑和设计的教学内容呈现过程,目的是帮助学生达成教学目标。教学过程能体现出教师对生物学课程理念的理解程度。可以说,有什么样的教育理念就有什么样的教学程序,而教学程序决定了有什么样的课堂,能实现什么样的教学目标。对于同一节课,不同的教师有不同的处理方法,有不同的教学程序,但是生物学课堂教学的程序一定要符合科学课程的要求,即符合学生的认知规律,具有科学研究的过程,要创造各种条件让学生像科学家那样去"做科学",以发展学生的智力,能够理论与实际相结合,提高学生的生物学科学素养。

以班级授课时,生物学课堂教学仍然遵循加涅对学习过程的分析,将学习阶段与教学事件联系起来,突出学生的学习和教师的教学行为。教学程序如图 1-7 所示。[①]

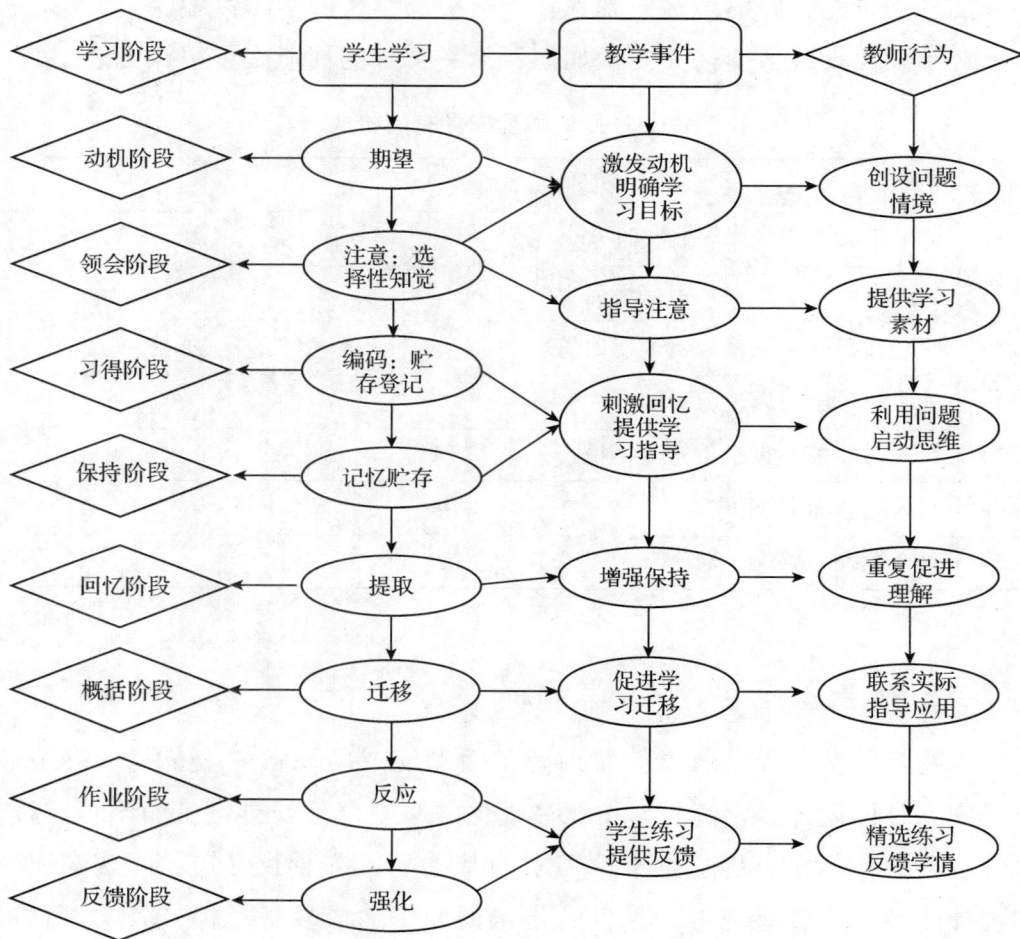

图 1-7 　教学流程的基本阶段

① 　胡玉华主编:《生物　学科知识与教学能力》,231~232 页,北京,高等教育出版社,2011。

　　教师在安排教学流程时，要把培养学生学科核心素养虑进去，也就是通过怎样的教学过程去达成教学目标。因此，将教学目标转化为学生要解决的问题，利用具有逻辑关系的问题引领学生的学习，同时设计相关的学习活动帮助学生解决问题，在问题解决的过程中达成教学目标。

　　中学生物学的教学过程应坚持以问题为纽带，以知识的建构过程和学生的思维发展过程为主线，以师生合作互动、多向信息传递、多种感官协调活动为基本方式，设计出具有驱动性、诱发性、参与性、生成性和具有多重价值的学习活动。

三、安排教学活动

　　生物学教学活动是有具体教学目标指导的有意活动，是由教师和学生共同完成的。通过一定的教学策略和方法将教学内容呈现，这个过程中会运用信息技术的手段促进学生的学习，以利于教学目标的达成。

🖇 | 理论书签 |

传播理论与教学活动

　　人类对传播理论的研究，在 20 世纪 40 年代就迅速发展，建立了传播过程的模型，并用"5W"公式清晰地描述了信息传播过程中的五个基本要素和直线式的传播模式。"5W"是指：

who	谁	教师或其他教学信息源
says what	说什么	教学内容
in which channel	通过什么渠道	教学媒体
to whom	对谁	教学对象
with what effect	产生什么效果	教学效果

谁——→说什么——→通过什么渠道——→对谁——→产生什么效果

传播者——→信息——→媒体——→接受者——→效果

教学活动是一个复杂的动态过程，教学的最终效果不是由某一个部分决定的，而是由组成传播过程的信息源、信息、通道和接受者四部分以及它们之间的关系共同决定的。传播过程中的每一个组成部分又受其自身因素的制约。

如从信息源和信息接收者看，至少有四个因素影响信息传递的效果。①传播技能。传播者的表达、写作技能，接受者的听、读技能都会影响传播效果。②态度，包括传播者和接受者对自我的态度、对所传递内容的态度、彼此间的态度等。③知识水平。传播者对所传递内容是否完全掌握，对传播方法、效果是否熟知，接受者原有的知识水平是否能接受所传递的知识等。④社会及文化背景。不同的社会阶层及文化背景也影响传播方法的选择和对传播内容的认识和理解。

再从信息看，传播效果也会受信息内容、信息要素，以及对信息的处理、结构安排、编码方式等因素影响。

从信息传递的通道看，不同传播媒体的选择以及它们与传递信息的匹配，也会引起人们感官的不同刺激，从而影响传播效果。

教学活动正是在这一论点的基础上把教学传播过程作为一个整体来研究，为了保证教学效果的优化，既注意每一个组成部分（信息源——教师、信息——教学内容、通道——媒体、接受者——学生）及其复杂的制约因素，又对各组成部分间的本质联系给予关注，并运用相同的方法在众多因素的相互联系、相互制约的动态过程中探索真正导致教学传播效果的原因，而最终确定富有成效的设计方案。

就教学的活动安排来讲是有共性的，应该包括备课、讲课、布置作业与修改作业、成绩检查与评定。

备课　教师要在课前钻研生物学课程标准、教科书的教学内容，了解学生学习情况，选择教学媒体，准备实验用具和材料，等等。之后完成教学设计，编写教案。教案内容包括班级、学科名称、授课时间；课题、目的与内容、重点与难点；课的类型与结构安排、各部分时间分配和教学方法、提问安排、作业布置、突出重点和解决难点的方法；教学演示或多媒体设备的准备。

讲课　讲课是实施教学设计的过程。为保证实施效果，教师必须做到：准时进入教室，准时下课，中间不得随意离开课堂。教学过程中，教师一是要按照教学设计方案中规定的时间、内容和方法讲课；二是要注意调动学生的学习积极性，妥善处理课中出现的意外干扰，保证教学顺利进行。教师要注重仪容教态，力求朴素端庄、从容大方、精神饱满。语言力求准确、清晰、简练、生动、通俗、逻辑性强、速度适中、语调抑扬顿挫。教师的板书要让所有的学生看到。课后负责写该班教学日志，注明学生出勤、纪律情况及教学效果。做好课后反思，及时总结教学经验并记录在教案后。

布置作业与修改作业　生物学课程的作业要符合生物学课程标准的内容范围和学习要求，有助于学生理解、记忆、巩固知识，提高技能和生物学科的学习能力。控制作业的数量，既要有一定的练习量，有助于熟能生巧，又要保证练习的质量，增加运用知识解决问题的内容，提高学生解决问题的能力，减轻学生学业负担。教师可以通过全批、全改、部分批改、轮流批改等形式批改作业，了解学生的学习情况，如学习态度、学习方法及难以理解的问题等，及时调整教学内容，达到反馈矫正的目的。使用"成绩册"记录作业情况和学生的学习过程。

成绩检查与评定　成绩检查与评定的目的在于促进学生练习，巩固知识运用，明确努力方向；帮助教师了解自身教学情况，改进教学方法；帮助领导了解教学质量，改进对教学工作的指导。学业成绩检查方法包括平时的作业、课堂练习、学期测验。

在这四个环节中，核心环节是上课。有学者整理出中学生物学上课应具有以下环节：激发学习动机—复习旧课—讲新课—巩固运用—检查。

在这个教学活动中，教师需要考虑的因素很多。下面介绍一节课的导入、展开、结束三个步骤。

（一）导入

新的课程标准强调"教师为主导，学生为主体"的教育观念，那么对于

"主导"应该怎样去理解？"主"有负责任的意思，教师在课堂要负责去"导"，"导"什么？由"导"我们可以联想到"领导""指导""引导""开导"，"导向""导航""导出""导游"，"因势利导"，这些词汇中的每一个词单独存在时，都可以是上课时教师所处的一种工作状态，而所有的词也可以是上课时教师必须体现的工作内容。

导入既出现在教学过程的开始，又随时出现在讲课的过程中，教师在课堂上处于不断"导思"的工作状态之中。

（二）展开

展开部分是一节课用时最多的地方，重点和难点都将在这里出现，教学任务完成与否，关键要看展开效果的好与坏。

教学过程的设计者应具有以下一些基本特点。

教师应该体验丰富。要想教会别人，自己首先要对某个知识点的理解有切身体会，在积累经验的同时，拥有自己对事物的感悟。在设计一堂课时，不妨换位思考一下学生的处境，没有能够引起兴奋的刺激点，学生又怎能老老实实地坐一节课呢？对于一个知识点的介绍，假如教师没有自己的亲身感悟，对学生而言无疑如同隔靴搔痒。

教师应储备大量信息。教师应通览报纸、杂志和各种文件，只有拥有大量的信息资源作为支持，才有可能从中筛选出最优的、最有利于达成教学目标的内容展示给学生。

教师要有一定的鉴别能力，教师对于大量的信息，要有鉴别、鉴赏的能力。擅长把握信息中的规律性的内容，分析事物具有一定的预见性。只有学会对手上的资料去伪存真、去粗取精，才可能保证上课的质量。

教师自身有求知欲强的特点。教师应是一个对事物感兴趣的人，涉猎广泛，而不是仅仅局限于本专业的知识。

教师要富于想象，不因循守旧，不拘泥于某种习惯方法，勇于创新，同时还要有"一个作品如果不能感动自己，又如何感动学生"的情怀。

教师在设计时要保持旺盛精力，对于课程的设计要提前演练，不断修改与完善。

（三）结束

生物学的特点决定了它的每一个知识内容都不是孤立的。尽管按照课程的要求，需要有相对独立的单元、章节及片段，但如果教师能把握好结束的技巧，独立的课程内容就可以起到承上启下的作用。这不仅可以帮助学生明确一节课的知识重点，而且能使学生建立起自然科学的知识系统。好的结束还会使学生在心理上产生一种对旧课的回味和对新课的渴求。

结束的方法简单归纳，包括总结性结束和开放性结束。

总结性结束：这种方法是以巩固学生所学到的知识为目的的结束。教师的技巧体现在对学习内容的概括和对重点知识的强化上，因此要有意把学生的注意力集中到课程的要点上去。总结性结束主要包括：①对本课知识内容要点进行概括性的说明；②通过课堂作业总结所学的知识。

开放性结束：在课程结束时，把学生所学的知识向其他方向延伸，引起学生对所学习的知识或将要学习的知识产生浓厚的兴趣。开放性结束主要包括：①提出需要应用本课知识解决未知事物的思考题或课外实验；②引导学生对与所学知识有联系的下一个单元的知识内容产生兴趣，这需要抓住前后知识内容之间的联系，以及所学知识与学生身边事物的联系。

合理安排教学活动中的各个环节是教学设计的主要工作内容。对课堂上各个环节的掌握、操纵，需要教师带着脚本（教案）上场，这个脚本的出台需要教师具备一定的驾驭课堂各个环节的技巧和能力，这些技巧和能力只有在科学合理地进行课堂教学设计时才能有效地发挥作用。

（四）案例分析

案例 1-7"植物体的结构层次"是初中生物学的教学内容。教师在教学内容分析中指出：本节课安排在"细胞通过分裂产生新细胞"和"动物体的结构层次"之后进行学习，既是知识的自然延续，又降低了学生对于知识的理解难度。基于前一节"动物体的结构层次"的学习，本次教学在内容安排上有所调整，主要集中于器官和组织两个层次，且设计上也与前一节相反，是先按照从宏观到微观的顺序进行讲述，再让学生思考如何从微观到宏观描述植物体的结构层次。

本节课选取芹菜叶作为探究材料，便于学生具备感性认知，利于感受；另外芹菜叶柄中机械组织丰富，易于观察，且在芹菜叶片和叶柄部分均可观察到几类组织，该点优于其他实验材料。

本节课选择了教师引导和学生探究相结合的教学方法进行重难点的突破。在问题串的引领下，教师充分利用各类图文资料，引导学生参与活动进行学习，发挥主导作用。学生则通过观察、概念回顾、资料分析、绘制思维导图等活动完成学习任务，发挥主体作用。

利用芹菜叶，按照"体验发现—宏观感受—微观观察—理性总结"的顺序，让学生在感性认知的基础上，利用已有知识逐步深入构成各组织的细胞的结构和功能，进而总结出构成植物体器官的几类组织及它们所具有的功能。由于学生的观察经验、语言表述和归纳能力有限，本节课选取的组织照片或图片具备典型的结构特点，并配以文字提示，帮助学生有目的地进行观察，降低了观察难度。

按照一定的逻辑思路，在任务驱动和问题串的引领下，利用各类图文资料，鼓励学生运用已有知识解决新问题。在这个过程中，渗透生活中处处存在着生物学知识，将枯燥的知识趣味化，引导学生关注生物学知识在生活中的应用，激发学生探索生命的兴趣。同时，利用提示词帮助学生绘制思维导图，构建整体概念，培养学生总结概括的能力，帮助学生养成学科思维习惯。课上通过提问、消息框讨论、回答问题等互动及学案完成度评价课堂参与程度和课堂教学效果；课下通过课后活动及作业评价学生运用知识解决问题的能力。

综上可以看出，该课教学过程的设计充分地调动了学生的注意力和学习兴趣，有利于学生学科素养的养成。

四、构思教学板书

板书是教师在教学过程中为了实现教学目标而有计划地写在黑板上的文字、符号、图表等。

随着科学技术的发展，许多现代化的教学手段已经走入课堂，但是板书在教学中仍起着不可替代的作用。板书可以直观地向学生传递信息，具有示范和审美的作用。苏联教育家加里宁有一句话：“教育事业不仅是科学事业，而且是艺术事业。”教师特别要重视把板书艺术融入教学艺术中。

板书的形式随着教学目标、教学内容、学生年龄特征及学习特点的不同而不同。选择恰当的板书类型是增强教学效果的重要一环。板书的形式包括总分式、提纲式、线索式、联系式、辐射式、归纳式、网络式、对称式、表格式、阶梯式等。针对不同的教学内容、不同年龄阶段的学生，课堂教学采用的板书常常有所不同。好的板书，不应该只把知识原原本本标示出来，而应启迪学生的思维，锻炼学生独立思考问题的能力。

中学生物学教学中常见的板书形式包括提纲式、表格式、线索式、联系式等。

（一）提纲式板书

提纲式板书是用简明扼要的文字，提纲挈领地反映教学内容、教学过程的板书。这种形式的板书条理清楚、突出要点和关键点，便于学生抓住要领、了解全部教学过程，一般是新知识学习的常用形式。例如，“传染病及其预防”一节课的板书设计如图 1-8 所示。

板书设计：　第一节 传染病及其预防

传染病的概念：由病原体引起的，能在人与人之间以及人与动物之间传播的疾病。
特点：传染性、流行性
流行的三个基本环节：传染源、传播途径、易感人群
预防传染病的一般措施：控制传染源、切断传播途径、保护易感人群

传染病的分类
- 按病原体分：细菌传染病、病毒传染病、寄生虫传染病等
- 按传播途径分：消化道传染病、呼吸道传染病、血液传染病、体表传染病

图 1-8　提纲式板书示例

（二）表格式板书

表格式板书是将教学内容的要点及彼此之间的联系用表格的形式呈现出来。这种形式的板书借助于表格对有关概念、生物的结构、生物的特性等进行归类、对比，从而认识其异同和联系。表格式板书有化繁为简、对照鲜明的特点，因而便于学生对比或联系，加深对事物特点及其属性的认

识。该板书还有利于学生分析能力、概括能力的培养。例如，"微生物的类群"板书设计如表 1-2 所示。

表 1-2 "微生物的类群"板书设计

	原核生物	真核生物
自养需氧型	硝化细菌、固氮蓝藻	衣藻
异养需氧型	根瘤菌、圆褐固氮菌、氨化细菌	变形虫、草履虫 青霉、曲霉
异养厌氧型	反硝化细菌	
异养兼性厌氧型		酵母菌
生产者	硝化细菌、固氮蓝藻	衣藻
消费者	根瘤菌	变形虫
分解者	乳酸菌，圆褐固氮菌、氨化细菌、反硝化细菌	

（三）线索式板书

用线条、箭头、符号等围绕某一个教学主线把思维过程或思考路径清晰地展示出来。这类板书的特点是能清晰、简明地反映事物间的关系，便于学生了解知识的结构和内在联系，掌握比较复杂的内容。例如，"光合作用的过程"一节课的板书设计如图 1-9 所示。

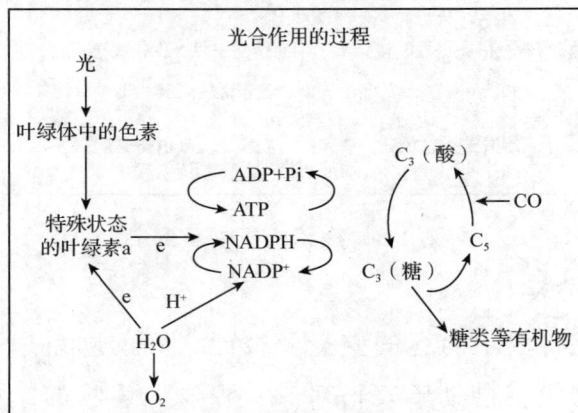

图 1-9 线索式板书示例

（四）联系式板书

联系式板书是借助于一定意义的线条、箭头、符号、文字、图形等将具有内在联系的教学内容及其关系完整地呈现出来的一种板书形式。它的特点是将分散的知识系统化，便于学生理解知识内容之间的内在关系，有助于逻辑思维能力的培养。"动物行为"一节课的板书设计如图1-10所示。

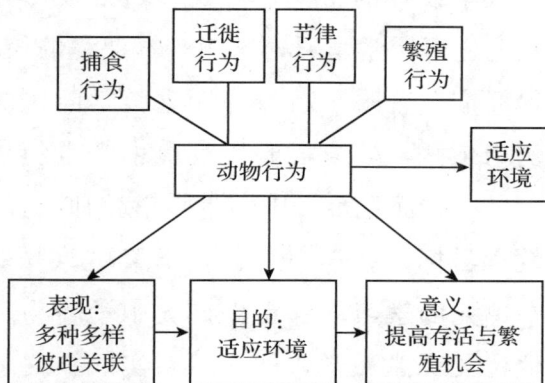

图1-10　联系式板书示例

使用板书时要注意以下几个问题：①对教学内容要充分理解和加工；②板书要有利于学生记忆和思考，特别要突出启发性；③板书的字迹要端正和清楚，在黑板四周留空，保持结构美观；④讲解板书时应站在一边，尽可能让你的视线与学生接触，不要对着黑板讲话；⑤可使用彩色粉笔，使结构化板书更具有艺术性；⑥尽量形成习惯，将黑板分成两部分，一部分是教学内容，另一部分是辅助性板书。

✐ | 实践操练 |

1. 结合本讲内容，请你结合中学生物学某一课时的特定教学内容思考中学生物学教学设计经历了哪些过程。

2. 在上述思考的基础上设计该课时的教学过程，并说明设计过程中都运用了本讲内容中的哪些策略和方法。

3. 在设计教学过程的同时思考，什么是课堂教学主线？课堂教学主线的确定依据有哪些？你是依据什么确定了目前的课堂教学主线的？

4. 你会如何设计本讲的板书？

单元小结 ……▶

教学设计是以教育理论、教学理论和教学技术的研究成果为依据，运用系统方法来分析教学问题、设计教学问题的解决方案、优化教学总体成效的过程。教师进行教学设计的根本任务是通过发现、分析和解决教学问题来帮助学生更有效地进行课堂学习，这正是本课程的核心。

本单元依据课程标准，着眼于新教师课堂教学问题的解决。以大量的生物学课堂教学案例为依托，一方面着力解决中学生物学新教师在课堂教学方面遇到的问题，另一方面立足于中学生物学教师综合素质的提高。

本单元涵盖了教学目标、教学内容、教学策略、教学过程和教学资源等内容。希望通过本单元的学习能够帮助广大中学生物新教师加深对教学设计的理解，更好地优化课堂教学，在学习、实践、反思中提高课堂教学能力。

单元练习 ……▶

1. 下表是"细胞是生命活动的基本单位（单细胞生物）"20 分钟课完整的教学设计，请对此教学设计做出评价。

教学主题	细胞是生物体结构和功能的基本单位（单细胞生物）				
学科	生物学	年级	七年级	时长	20 分钟
设计者	中国人民大学附属中学航天城学校　　杜豫苏				
背景分析	▶课标分析："细胞是生物体结构和功能的基本单位"属于《初中生物学课标》中第一个学习主题"生物体的结构层次"下的内容。该内容的具体描述如下： 1.1　细胞是生物体结构和功能的基本单位 1.1.1　一些生物由单细胞构成，一些生物由多细胞构成 1.1.2　动物细胞、植物细胞都具有细胞膜、细胞质、细胞核等结构 1.1.3　植物细胞具有不同于动物细胞的结构，如叶绿体和细胞壁 1.1.4　细胞不同结构的功能各不相同，共同完成细胞的各项生命活动 1.1.5　细胞核是遗传信息库				

续表

本学期主题旨在帮助学生初步构建、最终形成并深入理解"细胞是生物体结构和功能的基本单位"的重要概念。

➤ 教材分析：

通过分析教材可以看出，本教学主题包含以下五部分内容。具体如下图所示：

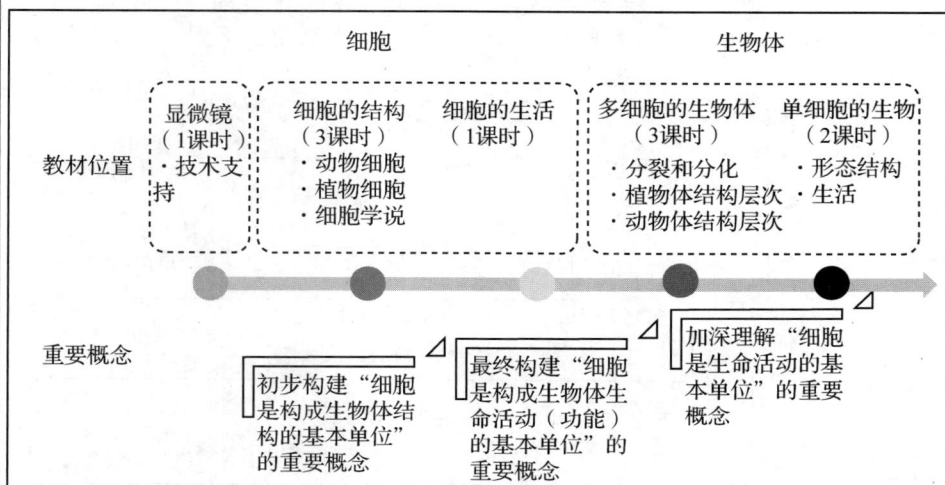

在人教版教材中，"单细胞生物"所处的位置在七年级上册第二单元第二章第四节，是"生物体结构层次"大单元的最后一节。"显微镜"一节是学习本单元内容的知识基础，同时显微镜也是细胞学说建立的技术前提；"细胞的结构"一节从微观结构入手，学生初步构建"细胞是构成生物体结构的基本单位"的重要概念；"细胞的生活"通过细胞结构与功能的对应、与细胞生活相联系，学生构建"细胞是生物体生命活动的基本单位"；接着通过"多细胞生物体"一节的学习，学生会发现多细胞生物体具有一定的结构层次，其生命活动离不开每一个细胞有条不紊的工作；最后通过"单细胞生物"一节的学习，通过学习既是生物又是细胞的典型案例，学生可以更深刻地理解为什么说"细胞是生物体结构和功能的基本单位"，这也是对学生认知生物体结构层次具有多样性和复杂性的补充，因此放到最后一节。通过这样层层递进的设计，学生通过对一般概念、重要概念的理解，最终构建大概念。

本课时的教学内容围绕"单细胞生物"展开，课标要求学生能说明单细胞生物可以独立完成生命活动，属于知识的理解水平。活动建议中"观察某种原生动物（如草履虫）的取食、运动、趋性"，属于体验性目标。想要达成这样的要求，学生需要理解单细胞生物（如草履虫）形态结构特点，并能区分不

背景分析

续表

背景分析	
	同结构的功能，这也是本节的重难点知识。鉴于目前线上教学，学生无法使用显微镜亲自观察草履虫的结构和生命活动，因此在教学中要充分发挥素材的作用，进行云观看，并设置问题串进行思维的引导，使学生逐步学习草履虫的结构和生活。

　　通过单细胞生物的学习可以进一步加深学生对"细胞是生命活动的基本单位"重要概念的理解，而这也是细胞学说的核心观点。围绕这个主题，本课时设计的基于重要概念的教学环节和学生活动见下图。

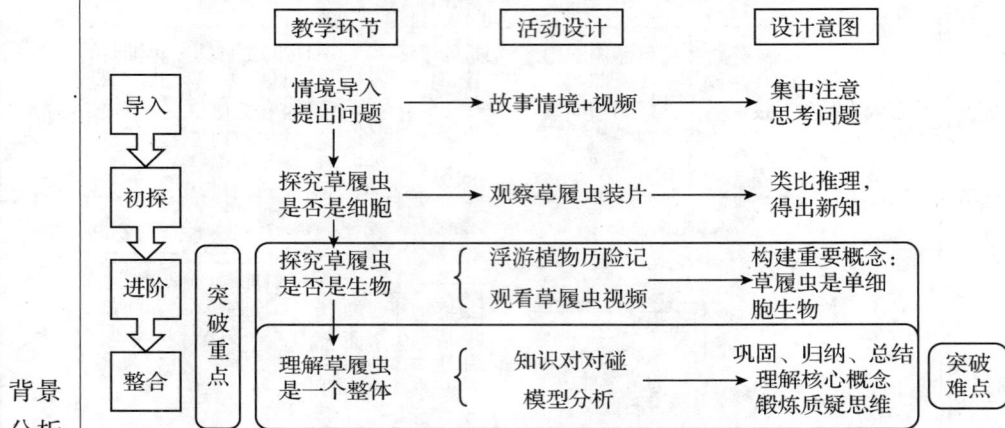

➢ 学情分析：

　　·学生特点：七年级学生具有较强的好奇心和探索欲望，但年纪较小，注意力不容易集中也不容易保持，因此通过设置有趣的情境，让学生以"故事参与者"的身份参与学习，提高学生兴趣；通过问题的引导，学生可以主动的思考并解决问题；结合多媒体、图片等教学素材，抓住学生注意力。

　　·学生已有的认知和经验：通过前面的学习，学生对于"生物"和"细胞"的概念都有了初步的了解，已经构建了"细胞是生物体生命活动的基本单位"的概念，但是理解的层次较浅，需要给予案例，使学生能通过案例深刻地理解概念。通过预习，学生对草履虫的结构有了初步了解，但可能不能真正理解这些结构具有的功能。

　　·学生已有的方法和能力：通过观察、调查和探究基本实验方法的学习，学生已经初步具备了科学探究的能力，形成了科学思维。

　　·发展的能力：本节课重点培养学生的结构与功能观、推理的科学思维。学生以"故事参与者"的身份，根据事实和证据，运用已学知识来思考并解决问题，体现了课程对科学思维的培养。课后布置具有开放性的作业，学生搜集资料解决问题，培养学生的自主学习能力，以及搜索资料和归纳的能力。 |

续表

背景分析	·可能存在的问题：七年级的学生注意力难集中，因此对问题串的选择需要精心设计；学生的抽象思维有限，微观的草履虫结构对学生来说是比较遥远和抽象的概念，理解起来具有一定的难度；线上教学虽然可以充分利用多媒体资源，但是在学生互动和信息跟踪方面会反馈不及时，而且线上教学限制了学生动手操作，无法使用显微镜观察草履虫，因此对于教学多媒体素材的选用也是一个挑战。 ➤ 重难点分析： 重点： 1. 掌握单细胞生物形态结构特点，并能理解结构和功能相统一的概念 2. 描述单细胞生物可以独立完成生命活动 难点：理解并说出单细胞生物如何独立完成生命活动
教学目标	1. 通过分析装片、图片、文字资料，观看草履虫生命活动的视频，可以识别草履虫的形态结构，说出草履虫是如何完成生命活动的 2. 经历区别草履虫是细胞还是生物的过程，锻炼求证推理的科学思维，养成严谨认真的科学态度 3. 通过说出单细胞生物可以独立完成生命活动，阐明细胞是生物体结构和功能的基本单位，认同生物体结构与功能相适应的生物学观点
教学方法与策略	➤ 教学方法： 　　课标指出，教师是学习的组织者、引导者和合作者，学生是学习的主体，倡导学生主动参与课程。结合七年级学生的发展特点，课前学案通过小故事的形式，既吸引了学生，又将基础知识点传达给学生。本课主要用到了以下方法： 　　创新设疑法：课前布置导学案，以"浮游植物历险记"引导大家发现草履虫内部有精细的结构。 　　问答法：通过问题串，引导学生联系旧知，类比推理，根据证据，构建概念。 　　直观教学法：利用草履虫的结构模型和多媒体素材，直观了解草履虫的形态结构和生活特点。 　　引导发现法：引导学生发散思维，通过观察到的现象，思考背后的过程和本质。 ➤ 教学策略： 　　课前：通过导学案预习，对草履虫的结构有初步的了解，并推测结构参与了哪些生命活动。 　　课中：本课以故事情境引入，使学生能身临其境地进入故事中，以主人公

	的角色来探究"鱼缸里的小白点"是细胞还是生物，并通过完整的探究过程，发现单细胞生物可以靠一个细胞来完成生命活动。鉴于线上教学，因此把探究所需要的资料给予学生，学生在资料中寻找证据来解决问题，得出结论，在探究中形成严谨的科学思维。 课后：通过完成作业，巩固知识点；并通过可选作业，进行进一步提升。 评价方式采用全过程多方法结合的方式(过程性评价和结果性评价)。 •布置作业时，将作业分为必选任务和可选任务 必选任务用于巩固当堂知识点，包括基础练习和草履虫模型的制作，评价标准"模型制作量标"提前发给学生，学生根据量标进行操作。 可选任务用于提高学生能力，包括探究实验的设计和资料调研。学生选择其中一个完成。 •针对重难点的策略方法：本节课的教学内容相对抽象，草履虫个体太小，无法直接用肉眼观察；线上教学，无法开展显微镜观察草履虫的实验 因此要充分发挥素材的重要性，课程中选择合适的素材，将抽象的知识具体化；根据学生的思维逻辑，设计问题串，在解决问题的同时引导学生回忆前概念，类比推理，推测出草履虫的性质，层层递进，构建核心概念。 板书设计：
教学方法与策略	

探秘"小白点"

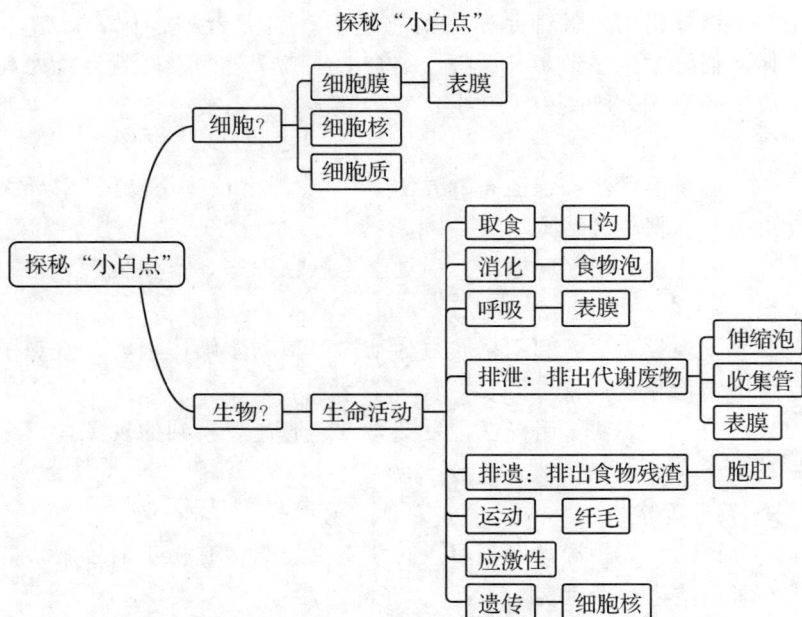

	活动内容		活动意图	时间分配
教学过程	活动1：创设情境，以问题引发学生质疑	创设情境： 关键问题："小白点"是什么？ 教师活动：讲述小故事，给学生展示鱼缸里的"小白点"，引发学生讨论，如何判断"小白点"的属性。 学生活动：在教师的引导下，思考"它"是什么，如何去探究"它"是什么	设置情境，激发兴趣。设置疑问，激发思考	2分钟
	活动2："它"是不是细胞？	关键问题：如何判断草履虫是不是细胞？ 教师活动：通过展示一系列的装片，引导学生观察草履虫的结构，并思考这些结构具有的功能。 学生活动：与旧知联系，判断草履虫是不是细胞。 具体流程如下： 教师：草履虫结构微小，如何观察？ 学生：使用显微镜。 （判断学生是否能根据问题选择合适的工具支持） （展示显微镜下草履虫的形态视频） 教师：观看视频后，你认为它是细胞吗？ 学生：（是或不是，阐述理由） （引发争议，寻找证据） 教师：引导学生思考如何判断一个物体是不是细胞？根据细胞的结构设计实验验证草履虫是否有细胞的结构。 学生：观察装片，联系旧知，得出新知。 （有一个边界使草履虫与外界环境分隔开。这个边界就是细胞膜） （判断出草履虫具有类似细胞膜的结构） 教师：展示石炭酸品红染色后的草履虫永久装片。 学生：草履虫体内有一处被染成了深色。 教师：那我们回忆一下，学习植物细胞和动物细胞的时候，染色最深的区域是什么？	类比推测，得出新知：学生通过观察和类比推理，联系旧知，与动物细胞、植物细胞的结构对比，得到新知：草履虫具备基本的细胞结构，且这些结构具有类似的功能，推出草履虫是细胞	3.5分钟

续表

	活动内容		活动意图	时间分配
教学过程	活动2："它"是不是细胞？	学生：细胞核。 （判断出草履虫具有类似细胞核的结构） 老师：那细胞膜包裹的、细胞核外的结构你能推测出是什么吗？ 学生：细胞质。 （判断出草履虫具有类似细胞质的结构） 展示草履虫、动物细胞、植物细胞的结构。学生对比归纳总结，得出结论：草履虫具有基本的细胞结构，属于细胞		
	活动3：浮游植物历险记	关键问题：师生一起分析导学案。 教师活动：对导学案给予指导和评价，并引导学生跟着浮游植物一起，通过五步关卡，了解结构。 学生活动：上传导学案到微信群，在教师引导下，一起思考导学案的问题，在分享中尝试解决遇到的困难	了解学情，基础问答：通过导学案的回答情况，了解学生预习水平，检验学生预习成果。 通过活动，初步体验结构，学生发现草履虫内部有着精细的结构	3.5分钟
	活动4：观看视频，思考"它"是不是生物？	关键问题：如何判断草履虫是不是生物？ 教师活动：通过展示一系列的视频，引导学生观察草履虫的生活，并思考草履虫是否具有生物的特征，有哪些特征，完成这些特征的结构是什么。 学生活动：认真观看视频，联系预习的导学案，并联系旧知（生物的特征），判断草履虫是不是生物，思考教师的问题。 具体流程如下：	观看视频，直观观察：通过视频，直观观察草履虫的结构和生活。 联系前概念，获取新知识。 根据证据，	6分钟

续表

	活动内容		活动意图	时间分配
教学过程	活动 4：观看视频，思考"它"是不是生物？	（视频 1） 教师：展示视频"草履虫食物泡的形成"，并提出三个问题：①食物是从哪个部位进入草履虫体内的？②食物泡的形成说明草履虫具有哪种生物特征？③你还观察到了什么现象？ 学生：（观看视频后回答问题） 追问：食物泡是如何为草履虫提供营养、提供能量的？ 追问：草履虫中的能量转换器是什么？ 追问：线粒体分解营养物质时需要的氧气从哪里来？ 学生：通过表膜来进行气体交换。 教师：通过这个视频，你发现草履虫能进行哪些生命活动？结构有哪些？ 学生：取食通过口沟，消化通过食物泡，呼吸通过表膜。 （通过观看视频得到多种生命活动的证据） （视频 2） 教师：草履虫消化完的食物残渣和多余的水分在体内会有什么样的命运呢？ 展示视频"草履虫的伸缩泡、收集管和胞肛"，并提出三个问题：①红色的结构代表什么？②通过该视频，你观察到了什么现象？③此外，你还观察到了什么现象？ 学生：（观看视频后回答问题） 追问：草履虫的这些活动对于它的生活有什么意义？ 学生：观察草履虫的结构，并思考这样的结构和活动对草履虫的生活有什么意义。 （视频 3） 展示草履虫分裂生殖的视频。	可以判断出，草履虫属于生物 （达成目标 1、2）	

续表

		活动内容	活动意图	时间分配
教学过程	活动 4：观看视频，思考"它"是不是生物？	教师：（播放视频，并提问）①这个视频说明草履虫具有什么特征？②你认为主要是哪些结构参与了这个过程？ 学生：可以进行繁殖，产生下一代。 学生：细胞核。 通过活动 3 和活动 4，回答关键问题：草履虫是不是生物？ 教师：通过以上的资料，你能回答问题了吗？草履虫是不是生物？ 学生：草履虫具备生物的特征，属于生物		
	活动 5：知识对对碰＋模型分析	关键问题：通过活动巩固草履虫的形态结构和功能。 教师活动：组织活动（知识对对碰＋展示草履虫形态结构模型）。 学生活动：将草履虫的结构与草履虫的生活特征相联系；识别草履虫模型的结构，并说出草履虫是如何进行生命活动。 具体如下： 1. 通过连线，将细胞结构和功能联系。 2. 教师：展示草履虫形态结构模型。 学生：理解草履虫的形态结构特点，并描述草履虫如何完成各项生命活动的。 （判断学生知识掌握的水平） 3. 教师：模型中是否有不合理的地方？ 学生：（认真回顾，并寻找模型中需要改进的地方） （锻炼学生的观察能力和质疑思维）	活动检测、巩固提升： 通过活动，进行知识的巩固，识别草履虫的结构，且能分辨出这些结构参与哪些生命活动。通过寻找模型中不合理的地方，锻炼学生敢于质疑的思维，并引导学生形成严谨的思维	2 分钟

	活动内容		活动意图	时间分配
教学过程	活动 6：总结归纳——草履虫属于单细胞生物，细胞是生命活动的基本单位	关键问题：（总结归纳）草履虫依靠一个细胞完成了完整的生命活动，细胞是生命活动的基本单位。 教师活动：引导学生归纳总结。 学生活动：归纳出草履虫依靠一个细胞完成了完整的生命活动，是一个统一的整体。 具体流程： 通过与草履虫的排泄行为有关的所有连锁结构，引导学生归纳出草履虫是一个统一的整体。 回顾多细胞生物，加深理解"细胞是生物体生命活动的基本单位"的大概念 布置作业： 布置必选作业（必须完成）和自选作业（2选1）。 必选：常规＋模型制作。 自选：探究实验或调研单细胞与人类的关系（2选1）。 参考量标和导学案，课下搜集资料，与教师提前沟通后，下节课分享	归纳总结，抓住核心：体会结构与功能的相统一，理解细胞的每一个结构协调工作，共同维持了生命活动的正常运行。归纳出细胞是生物体生命活动的基本单位通过课后基础作业，巩固知识点；通过模型制作，使学生更好地掌握草履虫的结构；通过探究实验的设计，锻炼学生设计实验的能力和严谨的思维；通过搜集资料和调研，锻炼学生搜集整理、归纳和表达的能力（达成目标3）	2分钟

续表

教学反思	教学前反思： 　　教学设计之初是希望学生能从自主的探究学习和亲身实验中发现问题、解决问题，但由于课时有限、线上教学条件限制等原因，不能满足每个问题都由学生自己探究。因此在本课程中，通过一个故事情境，学生能以主人公的身份身临其境地去思考问题，分步骤去解决问题，体验探究的过程，在问题的逐步解决中锻炼科学思维。也通过对未知"小白点"的归属问题的探究，在结合旧知学习新知的基础上，既能理解单细胞生物的结构和特点，也能更深刻地体会"细胞是生物体结构和功能的基本单位"这一概念。通过课前导学案的预习，学生对草履虫的内部结构有了初步的了解，但会存在迷思概念（排泄、排遗等），因此教学时需要注意对易混淆词语和结构的讲解 教学中反思： 　　在教学过程中，如何能使学生在分析明线的基础上，体会到隐藏的暗线，且注意力可以一直保持在分析核心问题上，是需要思考的问题。线上教学无法及时得到学生的反馈，也看不清学生的眼神与状态。因此教学中充分利用问题串的引导、有意思且主题鲜明的视频、适时的教师入境，以不断抓住学生的注意力，引导学生深入思考。学生回答后需要进行有针对性的评价和有引导性的反馈。 教学后反思： 　　通过1课时的学习，学生可以理解草履虫是单细胞生物，也能描述出草履虫的生命活动，但是经常会混淆草履虫结构和功能的对应。比如，排出食物残渣和排出代谢废物区分不开，运动使用的是纤毛而不是鞭毛，等等。因此课前需要导学案引导，使学生对于草履虫结构有初步的了解，课中针对重难点进行视频观看、模型观看，并通过提问、追问不断强化。学生完成作业后，要及时跟进。模型制作中有知识性问题的要及时地指出并加以修正。草履虫观察实验是课标中要求的体验性目标，如何克服线上教学的困难，通过线上教学提高学生实验技能，是需要深思的一个问题

　　2. 任选所教学段的一个教学内容，独立撰写该内容的教学设计，并进行自我评价。

阅读链接 ┈┈▶

　　1. 陈月茹主编. 课堂教学组织与管理[M]. 济南：山东人民出版社，2010.（该书是关于中小学教学组织与管理的专著，论述了中小学教学组织与管理的基本原理、法则，用案例对课堂教学中的角色定位、环境创设、组织技巧、管理策略等进行了解析。）

2. 朱志平主编. 教学预设与生成关系论[M]. 北京：教育科学出版社，2013.（该书是关于教学预设与生成的专著，结合各学科的教学案例论述了教学预设与生成的理论基础、原则和实践效果评价。）

参考文献 ⋯⋯▶

1. 中华人民共和国教育部制定. 普通高中生物学课程标准（2017 年版2020 年修订）[M]. 北京：人民教育出版社，2020.

2. 胡玉华主编. 初中生物课堂教学设计[M]. 北京：同心出版社，2007.

3. 胡玉华主编. 生物 学科知识与教学能力[M]. 北京：高等教育出版社，2011.

4. 胡玉华主编. 生物新课程教学与教师成长[M]. 北京：中国人民大学出版社，2009.

5. [美]格兰特·威金斯，杰伊·麦克泰. 理解为先模式——单元教学设计指南（一）[M]. 盛群力等译. 福州：福建教育出版社，2018.

第二单元 教学实施

1. 描述教学实施过程中运用的教学管理与调控的内容。

2. 运用教学策略营造生物学课堂教学氛围，组织互动的交流活动，并恰当地使用的媒体技术提升课程教学水平。

3. 针对不同认知层次的学生，组织有效的教学语言，设计恰当的设问；通过倾听和观察对课堂进行诊断，尝试调控课堂教学。

4. 对课堂教学做出准确的概括和及时的总结。

5. 描述实验和实践课程的要点，设计有效可行的实验课程和实践课程。

单元导读 ⋯⋯▶

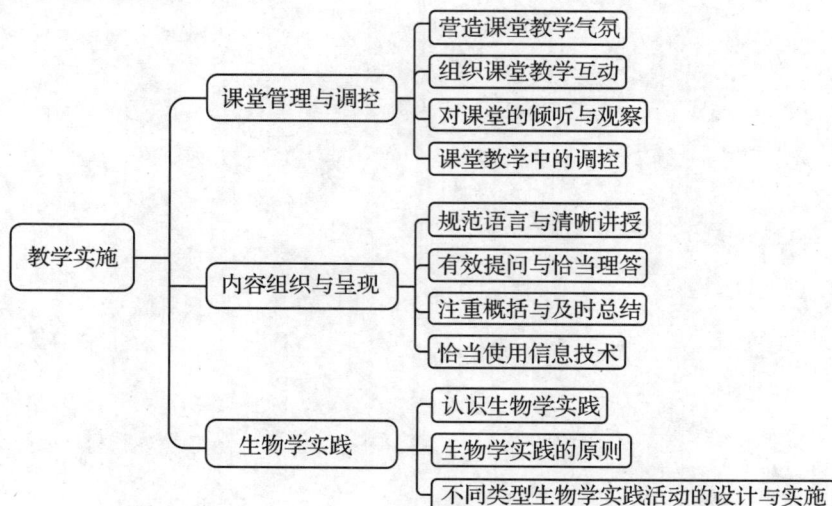

　　有了准备好的文字教学设计，教师就要准备进入课堂，把文字转化为课堂实践，实施教学设计。有人说教师既是编剧又是导演，还是演员。课堂教学实施过程就是教学艺术的展现过程。

　　教学在一开始营造的气氛能为整节课的学习定调子，然后再通过积极的课堂互动继续营造和保持以学生为主体的学习气氛。教师通过观察教学的生成过程，发现学生学习生成过程中产生的问题。通过提问，诊断教学生成的结果并及时调整教学内容，保证学习目标与教学目标保持一致。教学过程中教师利用规范的语言进行讲解，用媒体辅助学生对教学内容充分理解，及时概括和总结教学环节以及整节课的内容。

　　生物学实践是生物学科的必要且重要的内容，由于其内容和方法的特殊性，是在课堂教学实施中比较特殊的教学课程，作为独立的内容单独介绍。

▶ **第五讲**
课堂管理与调控

课堂教学管理是教师每节课程都要进行的工作，是确保课堂教学质量的重要因素。新课程改革理念在教师的课堂管理实践中也应该体现出来。课堂管理不仅要维持和控制课堂状况，而且要注重学生的心理感受和情感体验。

课堂教学管理是以教学的全方位为对象，遵循课堂教学活动的规律，运用现代科学管理的理论原理和方法，对课堂教学活动实施监控，维持促进和调动教师和学生的积极性，使课堂总是持续着有意义的教学活动，有效地实现预定教育目标的一系列教学行为方式。[①]

课堂教学过程中的管理主要包括两个方面：一是课堂进程的管理，二是课堂纪律秩序的调控。课堂进程的管理包括：①教学节奏的处理，即对课堂过程的速度、强度、密度等在时间上以一定的次序交替出现的形式地把握；②课堂环节的管理，即针对教学过程中主要环节呈现形式的把控。这两个方面不是割裂进行的，而是从课程开启的营造教学氛围，到教学互动以及教学过程调控一直贯穿进行着的。课堂教学秩序调控包括：①对学生课堂注意力的调控；②对学生课堂行为的管理；③课堂偶发事件的处理。[②] 课堂教学秩序调控与学生对教学进度的反馈紧密相关。教学节奏快慢和对教学环节的理解直接影响着学生的注意力，由学生的行为反映出来，形成了相应的教学秩序。教师要在教学互动中通过倾听和观察，维持教学秩序，判断学生的学习心理，及时调控并维持正常的教学秩序。

一、营造课堂教学氛围

课程的开端是至关重要的，是形成平等、尊重的师生交流课堂氛围的

---

① 陈月茹主编：《课堂教学组织与管理》，103 页，济南，山东人民出版社，2010。
② 陈月茹主编：《课堂教学组织与管理》，103～105 页，济南，山东人民出版社，2010。

关键。这不仅取决于教师以什么样的教学态度去营造民主和谐的教学环境，而且取决于生物学教学导入环节创设的教学情境。

案例 2-1

初中生物学　食物中的营养物质[①]

上课的铃声过后，学生们分组坐好。整齐的桌面上放着解剖盘，盘内放着盛有食物的盒子、试管和试剂瓶。教师通过多媒体出示一张有一个汉堡、一份薯条和一杯碳酸饮料的西式套餐的图片。教师开始对图片进行解释并提问："同学们，大家熟悉这些食物吧，有很多同学经常把这个套餐作为晚饭。那如果有人每天每顿都吃这样的食物，会不会对他的健康产生影响呢？"(问题 1)学生都回答："会影响健康。"教师继续提问："你认为长期吃这样的食物会影响健康的原因是什么？"(问题 2)学生回答不一，主要围绕在：食物有太多油、营养不充足这两个方面。教师归纳学生回答的内容后再提问："同学们都认同这个套餐的营养结构不合理，那什么样的营养结构是合理的呢？(问题 3)咱们怎样验证这个套餐的营养结构是合理还是不合理呢？"(问题 4)学生回答："查资料，做实验来验证。"教师在肯定了学生的回答后继续阐述："要判断这个套餐是否合理，先要回答这个套餐主要包括什么营养物质？(问题 5)这些营养物质的量是多少？(问题 6)今天老师已经为每组准备好了这样一份套餐，下面我们通过实验测定一下这个套餐的营养物质及其含量。再通过与健康饮食量表做对比，判断一下这个套餐的合理性。"

问题聚焦

Q1：上面的教学片段反映出课堂教学应在什么样的教学氛围中进行？

Q2：上面的教学案例中，教师在课程的导入环节创设了什么样的教学情境？教学情境有哪些要素？

生物学课程一般是通过提出学生生活中真实存在的问题，把这个问题转化成为通过生物学课程中要解决的教学问题，引导学生进入解决问题的

---

① 案例来源：舒文灏，北京市顺义区第五中学。

学习状态当中，创设出解决问题的教学环境。

（一）营造课堂教学氛围

1. 课堂教学氛围

课堂教学氛围是指在课堂教学过程中，师生之间信息传递、情感交流的状态，它反映了课堂教学情境以及师生、学生之间的关系状态。良好的课堂氛围能够调动教师教学的积极性和学生学习的主动性，而且直接影响课堂教学的效率和效果。

2. 课堂教学氛围的类型

课堂教学氛围可以分为民主型、专制型和自由放任型。民主型氛围是指教师的行为能满足学生的要求，能给学生充分自由的表现机会，教师善于采纳学生的合理建议，师生之间和生生之间形成和谐平等民主的关系。在这样的课堂气氛中，教师与学生相互尊重、友好相处，学生能够产生满足感，处于愉快地互动、积极地合作的情感状态中，这极大地促进了师生之间的情感交流和信息传递，能够获得最佳的教学管理效果。[①] 专制型和自由放任型的课堂氛围，前者要求学生无条件服从教师，后者是学生任意妄为，使得师生之间的关系比较紧张，都不能够产生和谐、良好的教学气氛。因此，民主型教学氛围是我们要达到的良好教学状态。

案例 2-1 中，教师以与学生共同讨论"喜爱的食物想吃却不能经常吃到"这个与学生生活息息相关的话题的方式开启了课程，而不是居高临下地告诉学生，要给他们解决饮食的苦恼问题。学生处于放松而愉悦的心理状态，非常渴望通过这节课将要学习的知识去消除这个饮食矛盾，对解决问题有了积极性，全神贯注地投入将要进行的生物学教学活动中。

（二）营造氛围的原则

1. 调动学生学习生物学的兴趣

要想让学生关注生物学，对生物学教学内容感兴趣，课程的开端尤为重要。导入提出的话题一定要吸引学生的注意力，激发起他们的学习动机。这样的学习话题可以使生物学由一门枯燥的学问，转变成与学生生活有关

---

① 陈月茹主编：《课堂教学组织与管理》，157 页，济南，山东人民出版社，2010。

的、用得上的科学知识。学生们乐于接受与自己有关的、有用的知识，而不是被迫地接受规定的知识，如案例 2-1 中学生在上课之初，教师出示的图片和引入的话题，以及随后提出的问题（问题 1 和问题 2）。学生喜欢这类食物，但是又被家长和媒体告知常吃这类食物不利于身体健康。对学生来说，这就是一个"喜爱的食物想吃却不能经常吃到"的矛盾，总是苦恼于不能享受美食的愿望。学生又看到了教师提供的实验材料，判断出这节生物学课程一定会为他们解决生活中的实际问题，注意力完全被吸引到教室内，教室气氛开始活跃起来，为课程学习开启做好了心理准备。

学生也会因为对生物学内容感兴趣，对生物教师产生更多的好感。这样会使得生物学课堂充满友好、和谐的气氛。因此，设置与学生相关的学习情境，提出学生感兴趣的问题，会很容易调动起学生的学习愿望和学习兴趣，有利于形成良好的课堂学习气氛。

2. 形成主动探究生物学的学习习惯

良好的课堂学习氛围可以触动学生的思维，使他们得到一定的启发，让学习变被动接受为主动参与，课堂教学由以教师教授为主体转化为以学生学习为主体，形成学生的学习主体性。学习主体性是指学生在主体意识指导下主动参与教学活动的能动性。主体性主要表现为学习的自主性、创造性和协作性。[1]

学生在长期受各方信息灌输下被动地形成了"好吃的东西一定不健康，健康的食物一定不好吃"的错误认知。虽然学生知道研究生物学可以通过实验的方法，也可以通过查找资料的方式解决问题，但是，他们没有想过关于食物的"好吃"与"健康"可以用生物学知识来解释，通过做生物学实验、查生物学资料来验证这种被灌输的信息的正确性。当生物教师准备了一份"好吃的套餐"时，学生的潜在思维认定了这是一份"好吃"但是"不健康"的食物一定与生物学有关系。当看到桌上的实验材料和学习资料时，学生们判断出这份食物与实验和资料有关，在轻松的心态下将好奇心转化成为学习动机，学习方式也随之改变。学生在知道为什么学习、学习什么和如何

---

[1]　陈月茹主编：《课堂教学组织与管理》，35 页，济南，山东人民出版社，2010。

学习之后，就会感受到学习生物学的乐趣，能够主动进行探究性的学习，逐渐养成主动探究的学习习惯。

3. 引导学生用生物学知识进行思考

生物学的教学内容都是人类已有的经验或已被科学家证实的认知成果，涉及的情境和问题多与学生的生活经验和社会实践联系紧密，有利于在课堂上提出有趣的话题，营造轻松的学习氛围。在放松的情绪中，学生更容易接纳生物学知识，智力活动很容易受到激发。学生在能够充分地发挥其个性的情况下，有更多时间独立思考、更多的表达机会，就能够提高其用所学的生物学知识解决问题的能力，学会用科学的思维方式进行思考。

一旦学生认可学习生物学是有用的，就会更多地使用生物学知识看待生活中的现象、社会中的问题，进而会更加关心生活、面对真实的社会。学生内化生物学知识的同时也在内化个人和社会的角色，这对于学生将来成为勇于承担社会责任、有生物学学科核心素养的人有着极大的作用。

（三）营造氛围的策略

1. 创设问题情境形成课堂教学的氛围

每位教师都希望拥有良好教学状态的课堂，并且在整节课程中一直保持着这种良好的状态。形成良好的教学状态取决于学生是否想学习，也就是是否有学习的动力，即学习动机。学生在学习中的主要动力因素是学习主体对学习内容和学习活动本身的追求，是一种发自主体内心的学习愿望或要求。[①] 如果学生具有对学习的愿望，就会全身心地投入学习中，课堂交流就能够顺利进行，生成融洽的师生关系和生生关系，会形成良好的课堂学习情境。

美国心理学家布鲁纳指出，教学过程是一种提出问题和解决问题持续不断的活动。学生对生物学的学习是在知与不知的矛盾中进行的，形成了学习过程中的"问题情境"。"问题情境"是一种具有特殊意义的教学环境。从心理意义上讲，它充分地反映出学生对学习的主观愿望，能激发学生的学习兴趣，能唤起学生对知识的渴望和追求，让学生在学习中伴随着一种

---

① 李春艳主编：《教师教学技能培养系列教程　中学地理》，89 页，北京，中国轻工业出版社，2019。

积极的情感体验，使他们积极主动地投入学习中去。[①] 导入环节创设的教学情境多为问题情境，使学生从课堂教学一开始即进入解决问题的学习状态中。

从案例 2-1 可以看出，教学导入环节是营造课堂气氛的开端，在这个环节中，教师的作用非常关键。在课堂教学开始之时，教师要关注学生的学习动机，从学习动机入手，选用适合的教学手段和方法创设问题情境，引发学生进入自觉学习的状态。

2. 使用课堂导入技能创设课堂教学的氛围

（1）课堂导入技能。

课堂导入技能是教师在一个新的教学内容或教学活动开始时运用一定的方法和手段，创设一种问题情境，使学习者做好对新教学内容认知的心理准备，引导学习者关注即将开始认知的内容，使他们出现求知欲或产生学习兴趣，从而形成学习动机。[②] 课堂导入技能是每位教师必须掌握的教学基本技能。

教师与学生的交流从导入环节就开始了，直接影响到学生的课堂情绪和学习态度的形成。如何让学生对课堂内容充满期待和兴趣，课堂的开场铺垫尤为重要。正如苏霍姆林斯基认为的，如果教师不想办法使学生产生情绪高昂和智力振奋的内心状态就急于传授知识，那么这种知识只能使人产生冷漠的态度，给不动感情的脑力劳动带来疲劳而已。

（2）课堂导入技能呈现的内容要素。

根据不同的教学对象和课程类型，导入技能的呈现方式也不同。导入的方式多样，可以是讲故事、谈诗词、聊热点、听音乐、提问题，也可以是看图片、看录像、看动画，还可以是做游戏、做模型、做实验、做展示，可以根据学生的学习状态和课堂教学效果选用一两种导入方式。不管采用什么教学方式，导入技能都有确定的内容要素。

利用导入技能营造课堂教学氛围的呈现程序不同，有些学者将导入分

---

① 毕晓白、杨梅玲编著：《大学课堂教学技能》，127 页，北京，清华大学出版社，2015。
② 毕晓白、杨梅玲编著：《大学课堂教学技能》，127 页，北京，清华大学出版社，2015。

为引起注意、激发动机、建立关系和指引方向四个步骤。有些学者在此四步的基础上将其发展为六个步骤：创设问题情境、引出探究问题、点出涉及课程、实施思维定向、明确学习课题和阐明新课任务。[1] 经过北京教育学院教师培训团队的研究和实践，在借鉴了前两种程序的基础上，确定了营造课堂教学氛围的课堂导入包括的四个基本内容要素：呈现教学资料、引出教学问题、形成认知衔接、阐明教学方向。四个基本内容要素呈现的顺序根据教学内容和学生学习目标的需求而定，不用拘泥于内容要素哪个呈现在前，哪个呈现在后。

①呈现教学资料。教学资料出示的作用是明确课程讨论的对象或内容，让学生知道要探究的生物学内容，为进入生物学学习做好心理准备。案例2-1中，教师利用多媒体图片展示食物套餐图片，引出课程讨论有关食物营养与健康的话题。

根据内容，教学资料包括文字、图片、实物、录音和录像等。教学资源的展示方式有多种，文字类型的可以是故事、新闻、诗歌、谚语；图片包括照片、表格等。表述生物的特征、特性和生命现象可以通过文字、图片、实物、录音等描述。生命过程可以通过录像或者动画来表示。

教学资源的内容要选择积极的、有意义的、发生在学生身边的、能引起学生好奇的、让学生感兴趣的材料。苏联教育学家巴班斯基认为，一堂课之所以必须有趣味性并非为了引起笑声或耗费精力，趣味性应该使课堂上掌握所学材料的认识活动积极化。教学资料要考虑到是否触及学生学习的兴奋点，是否具有启发学生积极思考的要素，是否能够把学生从课间的状态拉到这节生物学课中，或者使学生从上一个教学环节进入新的教学内容中。

② 引出教学问题。在学生原有认知结构中找到与新知识既有联系又有区别的内容，提出相关的教学问题，让学生陷入新的认知"困境"，以形成新的认知冲突。[2] 让学生用原有的生物学认知进行思考，认识到认知中的差

---

① 毕晓白、杨梅玲编著：《大学课堂教学技能》，131 页，北京，清华大学出版社，2015。
② 李春艳主编：《教师教学技能培养系列教程 中学地理》，90 页，北京，中国轻工业出版社，2019。

异，通过课堂学习进行补充，以解决新问题。

原有的认知结构包括已有的生活经验和已有的学科知识，大部分是从课堂上学到的，也有从生活中通过各种形式习得的。比如，从媒体中获得，从身边事物的观察过程中得到，或是由特定情境中激发出来。

案例 2-1 中，教师在出示教学资源之后相继提出六个问题。学生已经知道人体所需的营养物质及其作用了，也从家长和媒体处获得了问题 1 和问题 2 的答案，即如果有人每天每顿都吃这样的食物会对他的健康产生影响，是由这个套餐的营养结构不合理造成的。但是，对这个套餐的营养结构不合理的原因，只是知之一二，如"油太多，营养成分不够"。但是学生心里很矛盾，他们喜欢薯条的口感、碳酸饮料的味道，放弃这么好吃的食物真的做不到。要解决学生的认知冲突，必须先确定套餐中的食物到底主要包含什么营养物质(问题 5)以及这些营养物质的量是多少(问题 6)。通过实验回答这两个问题后，才能找到这个套餐的营养结构的不合理之处，补充缺乏的营养物质，最终化解学生的认知冲突：这些食物是不是能吃？该怎么吃食物才能既满足口腹之欲，又满足营养供给，保证身体健康？

③形成认知衔接。通过问题凸显学生的认知冲突，问题的提出和解决应与学生的原有认知水平相连接，为新知识的学习和构建做好铺垫。以原有认知水平为起点，学生感知认知上的缺失，有意识地探求和理解新知识，主动搭建新知识，与已有知识建立关系，将新知识纳入认知水平中。心理学研究表明：人都有填补认知空缺、解决认知失衡的本能。学习者必须积极主动地使新知识与自己已经有的认知结构中有关的旧知识发生相互作用，旧知识才能得到改造，新知识才能获得实际意义。[1]

案例 2-1 中，学生通过学习已获得食物中的营养物质主要包括淀粉、蛋白质、油脂、水、无机盐和维生素的知识，能够推测出这一份套餐中含有这六种营养物质，通过实验分别检测和验证食物中是否有淀粉、蛋白质、油脂等物质的存在。为进一步确定这些营养物质的含量，将原有认知"饮食

---

[1] 毕晓白、杨梅玲编著：《大学课堂教学技能》，132 页，北京，清华大学出版社，2015。

中的营养物质是什么"与"饮食中的营养物质合理组合对健康的作用"的新知识衔接在一起,学生明确了实验与讨论主题的关系,学生的关注点聚焦于要通过做实验进行学习探究,为进行下一步的探究做好了铺垫。

④阐明教学方向。教学目标对教师而言是教授目标,对学生而言是学习目标。通过课堂导入环节,教师要把教学目标转化为学生的学习目标,学生知道了学习目标就能明确学习的方向,自觉地以目标来规范自己的行为,主动地逼近目标。[1] 导入环节的问题设置应指向教学内容,引导学生的思维转向将要开启的学习目标,为达成课堂教学目标服务。

案例 2-1 提出的 6 个问题都明确指向本课程的教学目标,即让学生通过实验计算出膳食中各营养物质的含量(问题 4 和问题 6);尝试比较食物营养成分表,评价食物的营养价值(问题 3 和问题 5);修改自己的饮食结构,制订合理的膳食计划;在生活中养成合理的饮食习惯(问题 2);关注均衡饮食与健康之间的关系(问题 1)。学生给自己最初制订的学习目标是:通过课堂实验,计算出膳食中各营养物质的含量,在新的知识中给自己喜爱的食物找到能名正言顺地吃的理由,这与教学目标有着很大的差异。经过教师的引导,学生修改了自己的学习目标,最终形成的学习目标不断与导入案例中教师设计的问题靠近,与教学目标相契合。

从课堂教学活动的整体结构看,导入只是一个开端,只有四个要素完整才能够真正创设出课堂的问题情境,才能达到迅速集中学生的注意力、营造课堂学习氛围的作用。创设与实际生活有紧密联系的问题情境,设计与学生相关的话题,让学生无意识地进入有意识的生物学的学习当中。

高中生物学课程导入以案例 2-2"细胞中的糖类和脂质"为例,体现文字资料与语言表述相结合的方式。

---

[1] 李春艳主编:《教师教学技能培养系列教程 中学地理》,89 页,北京,中国轻工业出版社,2019。

案例 2-2

高中生物学　细胞中的糖类和脂质[①]

上课后，教师用多媒体展示"同学们军训时期训练的短视频，突然有人晕倒"的画面。

教师：在军训过程中，A 同学没吃早饭就参加训练，没多久就出现头晕、注意力不集中甚至晕厥等症状，为什么会出现这种现象？

学生：可能是因为低血糖。

教师：你分析得正确。那有没有什么办法能快速缓解呢？

学生：及时补充糖分。

教师：由此也能够说明，糖的作用是什么？

学生：可以为我们提供能量。

教师：大家都很棒！糖类是生命活动所需要的主要能源物质。人在患急性肠炎时浑身乏力，往往采取静脉输液治疗，大家知道输送的液体里有什么成分吗？

学生：含有葡萄糖。

教师：输送的液体中能用蔗糖来代替葡萄糖吗？

学生：不确定（面露质疑）。

教师：既然同学们答案不统一，我们就一起走近"糖"，从它的结构中寻找答案。

案例 2-2 包含了导入技能的四个基本内容。教师先出示学生自己训练的视频资源，勾起学生回忆，让学生对讨论的对象有一个明确的认识，然后相继提出问题，同时给学生明确的提示，组合成一个完整的导入教学环节。

"细胞中的糖类和脂质"是人教版高中生物学"分子与细胞"第二章第三节的教学内容，主要介绍细胞中糖类和脂质的种类和功能。本节连同本章

---

① 案例来源：侯莹莹，北京市顺义区牛栏山第一中学。

其他节的内容都是对细胞的物质组成的学习，是学习细胞结构和功能的基础。本节的学习内容紧密联系生活，例如，平衡膳食包含的主要食物、脂肪在人和动物体内的分布、纤维素的作用、胆固醇的作用等，学生都有一定的生活经验。利用学生的军训生活小插曲展开教学，将有助于提高教学内容的熟悉度，并在此基础上帮助学生形成物质与能量观的生命观念，促进学生生物学学科素养的形成。

（四）案例分析

案例 2-1 所示的导入是通过教师提供的实验材料和提问，展开师生对话，进入课程的主题。学生在上课之初看到了实验材料，判断出这节生物学课程一定会做实验，对要做实验的内容产生了好奇。学生在心理上已经为做实验而兴奋，注意力被吸引到教室内，教室气氛开始活跃起来，为课程的学习做好了心理准备。教师出示的图片是学生熟悉的食物，引入了生活中熟悉的话题——食物与人体健康，随后提出的问题正是学生关心的话题。学生喜欢这类食品，但是又被家长和媒体告知常吃这类食物不利于身体健康。对学生来说，这就是一个"喜爱的食物想吃却不能经常吃到"的矛盾，总是苦恼于不能经常享受美食。学生非常希望通过这节课将要学习的知识消除这个矛盾，为自己解决这个苦恼的问题。因此，学生能够全神贯注地投入将要进行的实验和实验结果的对比活动中。

教师注重学生的生活。教师通过一系列的提问，把学生的生活与生物学知识紧密联系到一起，给学生提供充分思考的机会。师生之间情感交流和信息传递的顺畅，使学生能够带着兴趣，继续思考不确定、但又与自身生活密切相关的生物学问题。

案例包含了导入技能的四个基本内容。教学资源是学生在生活中的实际问题，教师和学生共同创设了与教学内容食物营养相关的情境，在学生对营养物质有一定的生活体验和相关知识的背景下，用提问表明了要讨论的话题，明确了这节生物学课要解决的认知问题和学习目标。

二、组织课堂教学互动

课堂是教师和学生之间进行互动交流的过程，设计和组织开展课堂活动是开展教学的重要技能。

📎 | **案例 2-3** |

初中生物学　生物性状的表现[①]

课前教师布置作业：学生按要求提供一张父亲或母亲的照片。学生判断自己长得像家长中的哪位就给他（她）照一张相，同时提供一张自己的自拍照。

在课堂教学中教师用多媒体出示 8 张照片，展示的这些照片是本班学生之前提供的父亲或母亲的照片。

教师：同学们请你们判断一下照片中的人分别是班上哪位同学的家长？（问题 1）

学生们看了照片后都能做出判断，准确地找到了对应的同学。

教师：同学们判断得都很准确，请你们说一下你们做出判断的依据是什么？（问题 2）

学生 A：他们长得像。

教师：他们哪里长得像？（问题 3）

学生 B：看他们的脸形、眼睛、鼻子和嘴，还有皮肤颜色。

教师追问：有谁能举一两个例子说一说这些部位有什么共同的特点？（问题 4）

学生 C：W 同学是圆脸，而且脑门宽、鼻子小、眼睛小，还是单眼皮，和第一张照片中的爸爸长得一样。Z 同学是方脸，大脑门、高鼻子、大眼睛、双眼皮，而且还白，和第二张照片中的妈妈长得特别像。

教师：C 同学找得很准确，说得很清楚，还有条理。他分别描述的是

[①]　案例来源：张庆花，北京一零一中学怀柔学校。

同学和家长的面部器官的形状和特点，如脸的形状、眼睛的形状和大小，是我们从外表能够看到的，这就是我们生物的形态特征。我们描述某种生物的时候都是在说它们的形态特征。例如，动物毛发的样子，宠物狗的毛，有直毛也有卷曲的毛。再如，葡萄的颜色，有紫色的葡萄，也有绿色的葡萄。这些都属于生物的形态特征。

学生：老师，您说的葡萄，它是酸是甜我们看不到，但是也应该是生物的特点吧，这应该叫什么呀？

教师：这位同学提了一个好问题。首先，你说得对，葡萄的酸甜是生物的特点。我们把这样不能被观察到，而是能够通过其他方式感觉到或检测出来的生物特点叫作生理特性。比如，我们闭上眼睛，能够通过同学说话判断出是谁吗？是通过什么判断出来的？（问题5）

学生：能通过声音判断是谁。

教师：对。我们在描述生物时是用生物表现出来的形态特征和生理特性来表述的，生物学上把生物的形态特征和生理特性统称为生物的性状。这是今天我们遇到的新概念：性状。下面我们做一个性状调查，是关于同学们身体表现出来的性状的调查。

问题聚焦

Q1：上面的教学案例中，教师让学生观看什么引出"性状"这个概念？

Q2：上面的教学案例中，教师是使用的什么教学方法让学生理解"性状"这个概念的？

（一）认识互动

课堂教学过程是学生的学习过程，是在教师创设的问题情境中师生共同分析和讨论的过程，这使得学生始终处在不断地积极思考的状态中。这个教学过程就是课堂教学中的互动。

1. 教学中的互动

互动有广义和狭义的界定。广义的互动是指一切物质存在的相互作用与影响。狭义的互动是指在一定的社会环境中，人与人之间的相互作用和影响。教学过程是以学生为主体，以教师为主导，以教材为主线的特殊认识和实践活动过程，是一种狭义上的互动。《基础教育课程改革纲要（试行）》指出，课堂教学互动是教师与学生之间、学生与学生之间的对话、相互沟通和相互理解的过程。

中学生物学的课堂教学互动是指：在教室内的学习情境中，教师与学生之间通过媒介发生的各种形式、各种程度的相互作用和影响的过程，不仅包括行为上的互动，还包括心理上的相互作用。[①]

2. 教学中互动的形式

课堂交流互动不只是在教师和学生之间进行的，也包括学生个体之间、小组与小组之间、班与班之间、年级之间，是多方向的交流。互动既有课堂中人与人之间的交流，也有人与物（文字、实物、影像等）之间的交流。互动还可以延展到课后活动以及社会实践中，是多维度的全方位沟通。

依据互动中互动对象的不同，可将生物学教学中的互动分为师生互动、生生互动和学生与教学媒体的互动。

（1）师生互动。

教师在课堂中面对一个班的学生，师生互动可以是教师与全体学生的互动，也可以是与一个小组学生的互动，还可以是与一位学生的互动。选择与哪些学生互动，利用哪一种互动方式依据学情和教学内容而定。例如，案例 2-3 中的问题 1 和问题 4，教师选择一位学生作为互动交流的对象，问题 2、问题 3 和问题 5，教师则选择全班学生作为互动交流对象。

师生互动是双向的，既有教师的活动，也有学生的反馈。这类互动中教师的主导作用明显。教师有意识、有计划地调动学生的积极性，起到引导和促进的作用。[②] 但是，教师不能忽略学生的反应，只按照自己的思路进行教学，这样会导致学生产生的疑问被忽视，学生没有经过真正思考就被动地接受了知识内容和观点，不能真正地主动学习。

① 李高峰、刘杨编著：《互动教学能力实训》，4 页，北京，高等教育出版社，2019。
② 杨文斌：《化学教学互动理论与运用》，35 页，上海，上海教育出版社，2017。

（2）生生互动。

由于年龄、知识范畴、认识水平、评价标准和在教学中的角色地位与教师的差异，使得学生之间处于更为平等的关系，他们的交流比师生间的沟通更容易。学生间的互动有组内学生互动、组间学生互动和班级间的学生互动。

小组或班级是一个学习共同体，学生之间的认知结构、性格特点也存在着差异，从动手能力、理解能力、表达能力和知识迁移能力等方面的表现程度能够看出来。正是由于这样的差异，学生才会有自己的观点，学生之间的观点也不同。由于观点的不同会产生认知分歧，引起观点争辩，形成思维的碰撞，这会不自觉地调动彼此的学习能动性。通过思考与交流，学生最终会达成较为一致的观点。这个互动过程使学生真正做到共同学习，成为学习的主体。

教师在学生互动过程中要关注其表现，掌握互动过程的方向和节奏，及时给予相应的指点和引领，起到主导教学的作用。

（3）学生与教学媒介的互动。

学生与教学媒介的互动是指学生与教学媒介之间信息的传递和交流的过程。教学媒介可以是教材、学案等文本制品，可以是生物体或生物体部分结构的实体、模型、标本等，可以是挂图、影像、PPT 等多媒体，也可以是动作的演示或一段表演。

这种互动是通过刺激学生的各种感官，将学生的思想、精力和情感融入学习情境中。实际存在的物体对学生的认知产生的内化效果持久性较长，即使物体在不出现的情况下也能有效地支持认知活动。[1] 例如，学生在解剖羊心脏后，对哺乳动物心脏的结构及各部分的名称记忆持久，对心脏在循环系统中的作用理解得更准确且深刻。

3. 实现互动的条件

互动是否有效就要看互动在较短的时间内，学生在和谐的教学氛围中

---

[1] 杨文斌：《化学教学互动理论与运用》，45 页，上海，上海教育出版社，2017。

通过教学活动达到教学目标的程度。[①] 和谐的教学氛围是有效互动的前提。教师需要熟知学生们的喜好和习性，在充分预知学情的基础上，针对学生的特点创设学习情境，才能引导学生自主认知、主动学习、互助答疑解惑，达成学习目标，最终完成教学目标。

（1）创设平等的教学环境。

互动教学需要一个开放的教学环境，这个开放的环境首先是一个轻松、和谐的课堂空间。在这个环境里，师生关系平等，学生的心理是开放的，在课堂中能充分享受学习自由，不受他人的压制。教师在课堂中要微笑面对学生，语言平和、幽默，不反感学生提出的各种问题，用学生能够接受的方式表达否定性的意见，并提出建议，适当保持沉默，不与学生产生冲突，以打消学生的畏惧感。尊重学生，不偏袒、不歧视学生，公平对待不同层次的学生，让所有的学生都参与到教学互动交流当中。

（2）提供自主学习的时间和空间。

有时教师认为提出的问题太难，以学生现有的知识肯定答不上来。教师的提问如果不是记忆水平的问题，就不要急于让学生立刻回答，给他们多一点时间思考，要相信学生有知识和能力可以回答出来。凡是学生能看懂的内容就放手让学生自学；凡是学生动手操作能得出规律的，就放手让学生去完成；凡是学生能独立解决的问题，就放手让学生去解决。学生讨论或实践后也不要期望其展示的内容就是标准答案。尊重学生的想法，让学生说出自己想到的、见到的，让学生之间先进行评价交流，尽可能不打断学生的话语。给学生辩论的空间，让学生间的互动交流成为学习的常态，保障自主学习的有效性。

---

① 李高峰、刘杨编著：《互动教学能力实训》，119 页，北京，高等教育出版社，2019。

✐ | 理论书签 |

分布式认知理论

传统认知理论只关注个体内部的认知过程。直到 20 世纪 90 年代，赫钦斯认识到完整的认知过程，实际上不依赖于认知主体，还包括其他认知情境、认知个体、认知工具及认知对象，提出了分布认知的概念。分布认知是一种认知活动，是对内部和外部表征的信息加工。赫钦斯的分析表明交流是分布认知的必要条件，共享聚焦的信息是支持问题解决的重要手段，各要素必须相互依赖是任务完成的重要保证。[①]

（二）组织互动的教学原则

中学的课堂教学过程是教师与学生双向、生生多向的交流活动，是教与学相互作用、相互影响的过程。互动的目的在于让学生动起来，不仅是鼓励学生说出来、做出来，更要将学生的思维调动起来。

1. 体现学生主体地位

生物学教学过程中，教师的主导作用很重要，但是，学习的发生还是在于教学对象——学生本身的认知内容和认知过程的变化。学生是学习活动的中心，是学习的主体。学生在宽松的课堂气氛中参与学习，思维活跃，产生了积极的学习意愿，就会成为教学互动交流的中心。互动过程是学生对学习过程的体验，是在"做中学"的过程。学生在互动中可以体验到实验的失败与成功，体验到学习的艰辛与快乐。

2. 引导重建认知结构

建构主义认为，学习是一个积极主动建构的过程，每位学生都以自己原有的经验系统为基础对新的信息进行编码，建构自己的理解，而且，原有的自身又因为新经验的进入而发生调整和变化。[②] 从教学效果的角度看，学生能够有所收益，即能够理解相应的概念、原理、规律，掌握动手实践

---

① 杨文斌：《化学教学互动理论与运用》，29 页，上海，上海教育出版社，2017。
② 刘恩山主编：《中学生物学教学论》第 2 版，45 页，北京，高等教育出版社，2009。

的方法、实验操作的技能等，在课堂中的短时间内将相应的概念进行认证构建，并且收获相应的能力。[①] 互动教学是教师组织学生进行思维碰撞的过程，教师鼓励学生通过独立思考，发现原有认知架构中的缺欠，引导学生用自己的理解方式进行补充和更新，重新搭建新的知识结构，达到形成新的认知结构的效果。

3. 激发学生深度思维

互动教学过程是教与学的交流过程，不仅包含表面的课堂学生活动、语言交流，也包含学习行为的改变。教师联系生活实践，利用各种教学方法引导学生有意识地发现问题，结合原有的生物学认知进行主动思考，发现生物学的新价值，同时结合其他学科知识，引发学生的深度思维。

（三）教学中互动的策略

根据课堂互动交流的形式形成相应的师生互动的策略、生生互动的策略和学生与教学媒介互动的策略。

1. 师生互动的策略

师生互动是生物学教学过程中常见的互动方式。课堂上教师与学生之间有语言交流、思想交流和情感交流。话题多是以对教学情境提出问题的形式出现的。因此，师生互动策略中有一个重要的内容：问题情境。这些问题情境源于哪里呢？

（1）对已有生活经验的解释。

生物学讨论的话题所形成的教学情境一般是从学生已有的生活经验中来的。例如，案例 2-3 中提到的"学生长得更像父亲还是母亲"，学生对这些生活经验已经"视而不见"了，但是这个问题恰好是生物学知识能够帮助他们解释的。

（2）已有经验与科学解释的冲突。

学生从家庭和媒体中经常能够获得感兴趣的知识，但是对于与生物学相关的知识的理解有些是不正确的。例如，案例 2-1 中学生固有的想法：

---

① 李高峰、刘杨编著：《互动教学能力实训》，119 页，北京，高等教育出版社，2019。

好吃的食物一定不利于健康。生物学知识和实验的验证都能够帮助学生形成科学地分辨不正确认知的方法和方式，解决学生的认知冲突。

（3）学习过程中的新发现。

生物学教学过程中，学生在学习了新知识之后，会联想到已有知识，激发出自己的新想法，形成新的发现。这是由于新知识激发出了学生对生物学价值新的感受。例如，学习了基因突变对生物性状的影响，学生提出"通过诱变技术使棉花纤维颜色产生变异，形成彩色棉纤维"的想法。这一想法已经有科学实验验证能够实现。

设置好让学生感兴趣而又恰当的问题情境，提出明确的问题，师生交流就能够顺利地进行。学生可以更好地理解生物学知识，更深刻地理解生物学的学科价值。

2. 生生互动的策略

（1）认识合作学习。

合作学习在 20 世纪 90 年代从美国兴起，能够弥补个别学习者与班级整体学习进度产生差异的不足。合作学习一般是以小组为学习单位进行的一种教学互动。教师安排小组学习任务，小组中的学生相互协作，共同完成学习目标。[1]

小组合作学习包括小组讨论学习、小组实验学习和小组辩论学习等形式。

（2）合作学习小组的建构。

根据学生的认知水平和性格表现，教师指定合作小组的成员。每个小组一般由 2～6 名学生组成，小组成员都有自己的角色，每个角色分工不同。设组长一名，由有责任心、比较活跃的学生担任。每次活动由组长安排组内讨论发言、实验操作、结果记录、总结、汇报等任务，在活动中鼓励并督促组内不同的学生承担相应的任务，扮演好各自的角色。[2] 也可以根据学习任务的不同，重新建组，进行动态编组。

---

[1]　郑晓蕙、胡继飞主编：《生物课堂教学行为研究及案例》，235～236 页，南昌，江西教育出版社，2009。
[2]　郑晓蕙、胡继飞主编：《生物课堂教学行为研究及案例》，235～236 页，南昌，江西教育出版社，2009。

（3）小组合作学习的优势。

①增加交流机会。小组学习为每一名学生创设了积极交流的机会。小组内的学生为共同目标一起学习，将学习任务由过去的个体化转向个体化与合作化相结合的形式。小组间还引入了竞争关系，促进学生自主发展和提高沟通能力。

②发挥个人作用。每个人都有机会发挥自己的作用，成为小组里不可缺少的一员。小组成员可以相互依靠，完成问题讨论、实验探究、辩论或表演等学习任务，学生之间由过去的竞争关系转向合作与竞争相结合的学习伙伴关系。学生逐渐形成良好的合作意识，提高责任感，也能有效地促进自信心的形成。

③形成认知互补。小组内成员能力、特点各有不同，在完成学习任务过程中发挥着不同的作用，形成认知互补，促进学生在不同认知水平的发展，实现"促进每个学生的充分发展"的教学目标。

（4）实现小组合作学习的要素。

小组合作学习活动内容多种多样，形式也有所不同，但是每个合作活动都有共同活动要素：目标准确、内容明确、有评价机制、关注反馈、引领方向。每一个要素有相应的操作要点，帮助小组形成有效互动。

①目标准确。课堂上的每一个活动环节都是围绕学生的学习目标和内容展开，为突破学习重点和难点设计的，不能为了讨论而提问，为了互动而活动。

选择互动讨论的话题要准确，具体到：是解决学生对生物学知识观念的理解和构建，还是对生命观念的理解和形成；是对实验器材的操作和学习技能的培养和提升，还是对科学探究和科学思维的养成；是用生物学的认知解释、解决生活中的现象，还是树立社会责任感。创设的问题情境要与教学问题高度匹配，才能够为达成教学目标服务，避免出现看起来热闹而没有教学目的的互动活动。

②内容明确。每位学生都要参与到小组合作学习中。在合作学习前，

教师要说明每位学生的任务，让所有人都有机会承担学习任务，不能出现学习的旁观者。

提供给学生的教学媒介内容要简洁、明确、清晰，与教学内容和学生的知识水平相符。根据讨论的要求设置有针对性的讨论题，让学生快速捕捉到关键词，进行有效的阅读和观看。问题设置应注意难易程度和认知层次，让全体学生都能参与。

生物学实验目的和实验步骤简洁明了。实验不单纯是学习实验操作技术和步骤方法，还有帮助学生通过科学探究方法理解生物学概念、解释生物学现象和规律、形成生物学观念的作用。这些内容都应该在实验目的中体现出来。生物学实验的操作顺序对于判断实验是否科学、能否得到预期结果至关重要。例如，解剖心脏的实验，应先观察心脏的外形，再进行解剖操作，观察内部结构；先从外观上区分心房和心室的位置，确定进入和输出心脏血管的位置，再从内部找到心脏内瓣膜的位置。另外，正确地安装实验装置也是实验步骤中的一个重要环节。学生在理解实验原理的基础上安装实验装置，实验的准确性才能得到保证。

设置辩论活动的辩论题目要以学科知识和理论为支撑。题目可以是针对学校、家庭或社会热点等方面的内容，辩论聚焦于有实际意义或急需解决的问题。参加辩论活动的学生可以分成"正方"和"反方"两组，也可以设立第三方作为"评判"组。学生分组的方式多样，可以是班内自然组划分，也可以是学生自愿成组。确定组内成员名单和组内学生分工后，组织学生做辩论前的准备。帮助小组做准备计划包括：准备发言内容和形式，收集资料，整理资料，预设对方会提出什么问题和如何应答，想要问对方组什么问题，遇到不知道的问题怎么办，进行预演并修改辩论内容，等等。在准备过程中，注意学生会遇到什么问题和困难，及时帮助学生解决问题，督促学生按时完成计划。

③有评价机制。小组合作学习是班级的每位成员都要参与的集体学习，除保证每一位学生都能主动地参与组内工作外，还需要有互相帮助、互相

评价、互相监督的任务，这需要建立有效的评价机制。评价可以由学生分组根据评价量表对本组或本班的同学打分，也可以由教师使用这个评价量表对学生进行过程性评价。评价量表中的标准要在互动活动之前确定，并且得到教师和学生的共同认可。

评价量表的内容包括：参与度——活动中的表现，可以发言、动手做的主动程度做参考；尊重度——对别人发言或对不同意见的态度表现，可以倾听别人述说时的表现做参考；荣誉度——"学习小组"的集体感，可以学习行为影响整组的学习结果的程度做参考。小组活动评价量表见表 2-1。

表 2-1　小组活动评价量表

评价要点	优秀（5分）	良好（4分）	一般（3分）	不好（0）	权重
参与度	积极参加组内发言，主动动手操作，主动快速准确地完成自己的任务，主动提出建议	能够参加组内发言，能够动手操作，能够完成自己的任务，能够提出建议	有时参加组内发言，有时动手操作，有时能够完成自己的任务，有时提出建议	不参加组内和班级发言，不动手操作，没有完成自己的任务，没有提建议的意识	0.5
尊重度	主动与组内同学合作，主动启发其他同学发言，主动帮助或纠正其他同学的操作，认真倾听其他同学发言，给予客观的评价	能够与组内同学合作，有时启发其他同学发言，有时帮助或纠正其他同学的操作，能够倾听其他同学发言，能够给予较客观的评价	有时与组内同学合作，听从同学的启发发言，操作被帮助或纠正，有时倾听其他同学发言，有时给予评价	不与组内同学合作，不给予任何启发其他同学的发言，不帮助或纠正其他同学的操作，不倾听其他同学发言，不做任何评价	0.3

续表

评价 要点	优秀 （5分）	良好 （4分）	一般 （3分）	不好 （0）	权重
荣誉度	积极展示个人或本组的活动成果，自信本组的活动成果一定被全班认可，认为自己的表现一定会影响本组的成果	能够辅助展示本人或本组的活动成果，认为本组的活动成果会被全部认可，认为自己的表现可能会影响本组的成果	有时展示本组的活动成果，认为本组的活动成果可能会被全部认可，认为自己的表现不一定会影响本组的成果	不愿参与本组和班级的活动，不愿展示活动成果，认为本组的活动成果不会被全部认可，认为自己的表现与本组成果的形成无关	0.2

④关注反馈。学生以小组形式进行活动时，根据上述评价表的内容观察学生的合作情况。小组主发言人展示后，观察其他成员做补充和辅助工作的情况，以及其他小组是否认真倾听。

在实验过程中，教师巡视学生的实验，要保证学生在既定时间内完成实验内容。在巡视过程中，教师要观察学生对实验器材使用得是否规范，实验步骤是否正确，同学配合和参与情况，实验完成情况。

在辩论活动中，教师可以做主持人，也可以让学生做主持人。教师要观察记录各组准备时的个人参与程度，观察辩论活动小组发言的整体表现，小组成员辅助小组完成讨论时起到的作用、对其他小组成员的态度等。

⑤引领方向。小组合作学习的过程中，学生活动相对分散，干扰因素相对较多，教师通过巡视发现问题，使用提示、点拨、引导等方法推动活动的进行。控制好互动时间，保证互动为实现课堂效率而服务。找到互动活动中学生存在的共性问题，为下一步教学环节做准备，引导互动方向向精准达成教学目标靠近。

对学生的展示表述及时做出反馈。根据学生的理解程度，指导学生进行分析。激发学生进行思考，推动问答的指向。适时引领学生的思维水平向高阶发展，激发出学生的创新思维。

依据设计好的评价标准进行小组间的评价。教师在学生和小组评价之前，让学生对展示的内容和过程提出自己的想法，提出修改意见。对展示结果出现的差异进行讨论和分析，并找到出现分歧的原因。适时鼓励学生客观对待不同的意见，从多个视角思考，有意识地进行批判性思维的养成。

案例 2-4 高中生物学"酶的专一性"教学设计是学生以小组为单位的小组合作学习互动方式。

✎ | 案例 2-4 |

高中生物学 "酶的专一性"教学设计[①]

活动步骤	教师活动	学生活动
1. 回顾已有知识	PPT 展示上节课实验照片。 提问： 1. 实验结论验证酶具有什么特性？ 2. 探究实验有几个组成部分？	观看，回忆实验结论。 酶具有高效性。 回忆科学探究的步骤。
2. 提出学习任务，进行小组互动学习	提问：酶作为一种高效催化剂，它可以催化一切化学反应吗？（或者酶的催化是否具有针对性呢？） 提出要求：按照原来的 4 人一组设计实验，探究酶的催化作用是否具有针对性。 给出实验材料：1% 的淀粉溶液、2% 的蔗糖溶液、蒸馏水、淀粉酶、蔗糖酶、新配制的斐林试剂；试管、滴管。 巡视，参与学生小组讨论。掌握小组活动动态。	倾听；进行小组讨论。

---

① 案例来源：张全星，北京市顺义区牛栏山第一中学。

续表

活动步骤	教师活动	学生活动
3. 展示与评价	组织学生展示，倾听学生解释实验设计。补充点评。 提问： 1. 第 5、6 号试管起什么作用？ 2. 本实验能否用碘液代替斐林试剂？说出理由。	不同小组学生展示设计结果。小组互评最终赞同实验设计 1 的设计方案。 学生解释对照实验组中第 5、6 号试管的对照作用。 学生思考，回答。

案例 2-4 中教师已经提前做了学生分组，每组内的学生分工早就确定好了。教师提出了明确的要求：探究酶的催化作用是否具有针对性。教师让学生明确学习目标，并提供了实验材料，给学生充分的讨论时间和空间，确定实验内容。学生在小组讨论过程中用已知的实验方法，设计出新的检测方案，学生的思想和精力全部投入设计学习的情境中。通过学生展示和互评，教师检测学生对实验对照原则的理解和运用情况，这体现了以学生为主体，教师为主导的教学过程。

在小组活动中倾听学生的讨论，参与并指导学生讨论，提出相应的问题，指导学生回到实验最终的学习目的——验证酶的专一性，帮助学生明确实验在学习过程中的作用。在选择实验检测试剂时，提出了新问题，引发学生深入思考（表 2-2）。

表 2-2　实验设计 1 中的实验组设计

试剂	1	2	3	4	5	6
3 mL 1%的淀粉溶液	+	+			+	
3 mL 2%的蔗糖溶液			+	+		+
1 mL 蒸馏水					+	+
1 mL 淀粉酶	+		+			
1 mL 蔗糖酶		+		+		
2 mL 斐林试剂	+	+	+	+	+	+

3. 学生与教学媒介互动的策略

教学媒介有文本性和非文本性两种呈现方式。[1] 学生与媒介的交流主要是关注学生对其的阅读、观察、加工和反馈表达。

对于文字，如教材和学案，学生不仅要读懂文字和符号，还要读懂结构和主旨，注重关键信息，可以利用思维导图进行示范和练习。

初中生物学"生物与环境"教学设计[2]是学生以文字资料为媒介的互动学习方式。

✎ | 案例 2-5 |

初中生物学 "生物与环境"教学设计

活动步骤	教师活动	学生活动
1. 观看所讨论的植物	使用多媒体出示植物体——互花米草。	观看。
2. 提出学习任务，进行自我学习	讲述：互花米草是外来物种，近年来我国大量引进这种植物，将它们种植在沿海滩涂以改善日趋恶劣的滩涂生态环境。这是有关互花米草的资料。请学生阅读资料，回答问题。 学习任务：为什么互花米草被选为引进植物呢？请同学从互花米草的结构特点、生理优势方面进行阐述。	倾听。看资料，回答思考题，完成学习任务。
3. 展示与评价	请学生回答两个思考题。 组织互评，补充点评。	展示完成的学习任务，倾听，评价。

学案资料：

互花米草(*Spartina alterniflora* Loisel.)是禾本科、米草属多年生草本植物。根系发达，地下部分通常由短而细的须根和长而粗的地下茎组成。分布地深可达 100 厘米。植株茎秆坚韧、直立，高可达 1~3 米。叶片互生，长披针形，具盐腺，根吸收的盐分大都由盐腺排出体外，因而叶表面

---

[1] 杨文斌：《化学教学互动理论与运用》，25 页，上海，上海教育出版社，2017。

[2] 案例来源：韩立娟，首都师范大学附属中学通州校区。

往往有白色粉状的盐霜出现。两性花，3～4个月即可达到性成熟。

互花米草原产于美国，因其耐盐、耐淹、耐风浪，有很强的生命力，而引入我国，随之在多地沿海滩涂上种植。互花米草在促进沙快速沉降、淤积，防风固沙等方面发挥了积极作用。

问题聚焦

Q1：为什么要引进互花米草？互花米草有哪些优势有利于适应当地环境？

Q2：互花米草有哪些结构特点与当地环境相适应？

案例2-5的课程是在学生已经学习过植物的营养方式的基础上开展的。学生有"植物通过吸收土壤中的无机物进行同化作用"的概念，学案提供了引种植物治理环境的情境，通过思考题确定了学习目标是植物与环境的关系，把学生的已有认知和新知识巧妙地连接在一起，为学生的学习搭起了支架。教师出示互花米草的图片，让学生对这种植物有了感官上的认知。教师利用学案给所有学生提供文字的学习资料，让学生明确了学习内容。学习资料提供了引种植物治理环境的情境，学生在阅读过程中将思想和精力全部投入学习情境中。通过学生回答和互评，教师进行学习效果的反馈和评价。这体现了以学生为学习主体的教学过程。

对于实物、模式图，教师要由内而外、由上到下，从整体到局部进行仔细说明，帮助学生观察。对于表格，教师要从横向到纵向，不漏掉每一个信息。协助学生学会利用图和表来记录观察结果和实验结果。

对于多媒体展示的生命现象或过程，要从时间到空间进行对比观察，找到不同时间段生命的空间变化，做好相应的记录。在记录的过程中可以用图和表，并加以文字说明。在说明中注意对生物学术语的使用。

在与教学媒介的互动中，教师要提前做好准备，根据学生的认知情况选择适当的教学资源，教学媒介与教学内容紧密相连，能够对教学目标的达成起到很好的辅助作用。

互动时，学生要动起来，有了学生的声音、行为和思考，交流才有意义。教师在互动过程中通过倾听学生的表述，检查学生写的文字，观察学生的动作、步骤等行为，了解学生的学习状况，厘清学生的思路，调整交流的方向。适当给予一定的提示，帮助学生找到思考的方向，得到正确的答案和解决问题的科学方法。

（四）案例分析

案例 2-3 是以学生活动参与问题讨论的互动学习方式。

教师不是单纯地给学生展示"性状"这个概念的文字，让学生按照文字表述死记硬背下来，而是通过创设问题情境——利用人相貌中的生物学特征，准确地找到照片中学生的家人。让学生观看图片，做出判断，回答问题，进行归纳，逐步理解新概念"性状"的过程。在这个过程中，图片与学生之间有信息传递，教师与学生之间通过对话进行信息交流。在师生分析和讨论中不断有新的问题生成，这使得学生始终处在不断地积极思考的状态中。这个教学过程就是课堂教学中的互动。

三、对课堂的倾听与观察

随着课堂活动推进教学的进程，教学活动中经常会出现在教学设计中没有涉及的、随机性的学生认知问题，这会成为影响推进下一个教学环节的问题，教师要善于发现这些问题。对课堂的倾听与观察就是最有效的方法。

| 案例 2-6 |

高中生物学 蛋白质是生命活动的主要承担者①

教师用多媒体演示并讲解了由氨基酸形成血红蛋白的过程之后，提出问题。

教师：刚才我们一起了解了血红蛋白的形成过程，请同学们总结一下蛋白质是怎样由氨基酸构成的？从氨基酸到蛋白质大概有哪些结构层次？

---

① 案例来源：徐毅励，北京市顺义区第九中学。

学生 A：蛋白质的形成是从氨基酸开始的，氨基酸先形成肽链，这是第 1 个层次。这条肽链进行盘旋、折叠是第 2 个层次。然后，这条盘旋折叠的肽链进一步形成一定的立体结构，这是第 3 个层次。有好几个肽链结合起来形成复杂的立体结构，这是第 4 个层次。

教师认真听着学生 A 的回答，用眼睛的余光注意其他学生，看到有的学生轻轻撇嘴，欲言又止。当学生 A 回答后，教师即刻做出反馈。

教师：你的回答基本正确。你先回答第 2 个问题，从氨基酸形成蛋白质有 4 个结构层次。氨基酸形成蛋白质的过程中还要注意几个关键的术语使用。有同学听出了哪些术语使用得不准确吗？

学生 B：他说"第 1 个结构层次是由氨基酸形成的肽链"，氨基酸形成肽链这个化学反应过程应该是缩合，所以应该是：第 1 个结构层次是由氨基酸缩合形成的肽链。

教师：好。这样一补充就准确了。其他还有提示吗？

学生 C：第 2 个结构层次是"由这条肽链进行盘旋、折叠"，这样的盘旋、折叠是有规律的，不是随机的。少了"有规律的"。

教师：这个同学找得准确，补充得也很准确。第 2 个结构层次是由这条肽链进行有规律的盘旋、折叠。还有什么补充？

学生 C："空间结构"说成"立体结构"行吗？

教师：你是说第 3 个和第 4 个结构层次，学生 A 说的是"立体结构"而不是书上的"空间结构"吧，"立体结构"不够准确。这个问题问得好。第一个结构肽链和第二个盘旋、折叠后的肽链都是立体结构，但是是在同一平面上形成的，肽链进一步的盘绕形成了不在同一个平面的"空间结构"，几个肽链结合起来形成的也是不同平面的复杂"空间结构"，也就是蛋白质。请你再回答一下刚才的问题。

问题聚焦

Q1：上面的案例中，教师通过什么方式发现了学生对于之前学习的氨基酸结构理解上的问题？

Q2：教师是如何推断其他学生对学生 A 的回答是否满意的呢？

在上述案例中，在学生回答问题时，教师通过倾听学生的回答，分析学生语言中传递出的信息——学生 A 忽视了多肽形成的化学过程，判断学生对于之前教学内容的理解情况——对生物学术语的使用不熟练，对关键词的忽视。同时观察其他学生在此过程中的神情，推断有学生对学生 A 的回答不满意，发现了回答中的问题。综合这些信息，做出教学方式的选择：以学生进行判断和补充为主，教师引导和追加补充为辅。教师在这个教学环节中使用了对课堂的倾听与观察的教学技能。

（一）课堂倾听和课堂观察

通过课堂互动交流形成生成性课堂教学，这使得学生成为课堂教学中真正的学习主体。如何确定学生在课堂教学中真正地进行了学习、学习效果是否达到了预设教学目标呢？课堂倾听和课堂观察是进行初步判断的方法之一。课堂倾听和课堂观察是教师了解学生在课堂上参与程度的基本技能，对有效组织课堂教学、提高课堂教学效果能起到积极的作用。

倾听是一种主动的听，课堂倾听是用耳朵听学生对学习内容的表达和学习心理活动的表达。观察是一个动词，是仔细看事物或现象。课堂观察就是通过眼睛看学生的学习行为。这两种教学行为同时进行，共同作用而又相互补充。

课堂倾听和课堂观察是课堂上教师以积极的情感态度，运用感觉器官接受课堂传递的信息，感知学生学习状态，感知课堂情绪和了解自身授课效果的行为方式。

在课堂倾听和课堂观察时，教师要有良好的精神状态，要专注于学生，不要边听边进行其他的操作，不要心不在焉，要用动作和表情给予呼应；要有耐心，不要着急，给学生更多的思考时间，不要随便打断他们的讲话。

（二）课堂倾听和课堂观察的原则

1. 使学生成为学习的主体

学生对学习的愿望、需求、情感和思想是通过他们的声音表达出来的。

对这些声音所表达的欲望和要求的倾听、理解和应答是教师的重要任务。[1]教师不仅是一位头脑清醒的讲授者，而且是一位反应灵敏的倾听者。教师要对学生发出的声音给予足够的重视，让学生充分表达自己的真实认知状态和思维路径，根据学生的真实情况引导和激发学生主动地学习，使他们真正成为课堂学习的主体。不能只听那些能够符合自己教学设计方向需要的声音，对那些不是自己想要的回答或者对学生提出的其他质疑充耳不闻、不予理睬。

课堂上的倾听者和观察者不仅是教师，也包括学生。学生倾听教师的讲解，倾听学生之间的讨论；观察教师和其他学生的言行和态度。当展示并发表自己观点时，学生能够将学习过程中的态度、知识收获和思考过程表达出来。

2. 分析并判断学生的真实学习状态

学生的真实学习状态包括：对生物学知识的接受和内化程度、对课堂的参与程度两个方面。[2] 通过倾听和观察可以判断出学生的真实学习状态。

（1）生物学知识的接受和内化程度。

通过学生的语言表达、肢体动作及面部表情等方式传递的信息，教师可以推断学生对知识的记忆程度、对知识的理解水平、运用知识的能力和由此展现的思维路径，进而推断教学效果。如果学生对知识认同并接受，会表现出规范的行为、兴奋的表情，课堂气氛就活跃。当举手发言的学生减少了，发言时声音比平时小、语气犹豫、眼睛游离，或出现翻看教材、相互询问的情况时，表明学生对于之前的学习内容还没有完全理解，教师应及时停下来，询问学生对前面内容存在的疑问，找到问题点并及时解决。[3]

例如，案例 2-6 中学生 A 能够用血红蛋白的形成把蛋白质形成的过程比较准确地总结并表述出来，由此可以推断，学生记住了蛋白质的四个结

① 李政涛：《倾听着的教育》，46 页，上海，华东师范大学出版社，2017。
② 李涛主编：《教师常用教学技能训练》，170～173 页，北京，中国轻工业出版社，2014。
③ 李涛主编：《教师常用教学技能训练》，170～173 页，北京，中国轻工业出版社，2014。

构层次，并能理解蛋白质形成的过程与各结构层次的关系，但是对此过程的生化反应没有真正理解，遗漏了关键动词。教师通过对其他学生的面部表情的观察，推断其他学生认真听了学生 A 的回答，并且对学生 A 的回答做出了相应分析和判断，决定让其他学生帮助学生 A 解决因不理解而出现的问题，同时，也了解和判断了其他学生的水平和能力。

（2）对课堂的参与程度。

语言和神态可以表现出学生的心理活动，也是他们学习结果和观点的表现方式。学生能够用自己的方式判断是否受到了教师的关注，教师的反应可以决定学生对学习态度和参与程度的认同，也能影响学生后续学习的态度。

在教学过程中，如果学生积极参与互动活动，按时完成课堂学习任务，积极参与课堂发言，发言时声音洪亮，没有影响课堂学习的不良动作，使得课堂交流顺畅，可以推断出学生参与教学的程度高，说明学生一直处于学习积极、思维活跃的状态，教师应积极回应，及时予以鼓励。如果学生出现了目光游离、表情木然，不参与互动活动，不参与课堂发言，做小动作影响其他学生的学习等消极情况，教师应该及时干预。

准确地判断课堂状况不仅局限于课堂上的观察，还需要教师在课下对学生多接触和多交流。学生的心理活动和神态表情具有对应的关系，教师通过与学生多接触才能了解和把握。

3. 及时调整课堂教学

对课堂教学的调整是基于对学生的真实学习状态判断的基础上及时调控的教学活动。如果学生的认知效果良好，参与程度较高，教师按照原定教学设计继续后面的课堂教学活动。如果学生的认知出现了困难，注意力发散，课堂秩序混乱，教师要及时调整教学方式，调动学生的情绪，帮助学生回归到良好的认知状态，重新组织维持良好的课堂气氛。

如果是学生认知出现障碍，一定要停下，弄清问题点症结，及时解决，不能因急于完成教学内容而置之不理，避免影响之后的认知过程。如果是理解水平的问题，可以通过举例解释所学的知识。如果是分析水平的问题，可以通过追问，帮助学生厘清思路。如果是判断水平和应用水平的障碍，可以从知识结构的角度找到相关内容。

出现参与程度下降的学生，教师可以用眼神暗示，或在学生身边稍做停留，作为一种提醒方式。教师在教学方式上也要做一些改变，可以采取点名提问、增加语言的幽默感、改变语音和节奏、采用多媒体教学手段等方式，缓解学习引起的疲劳，活跃课堂气氛，集中学生的注意力。对课堂调整的有效性与教师的技能经验和教学机智密切相关，需要教师在教学实践中不断探索和总结积累。

倾听和观察教学技能都没有更多的、更明显的外显教学行为，是视觉和听觉受到外界变化引起的教师思维活动，属于一类心智操作的教学技能。这要求教师对教学内容有深刻的理解，对课堂有敏锐的知觉能力、准确的思维判断力和机智的教学应变能力。

下面的教学案例是高中实验教学中小组合作的学习活动，通过倾听和观察诊断学生对实验设计的原则的理解和运用的情况。

✎ | 案例 2-7 |

高中生物学 "酶的专一性"教学过程①

在课堂上，教师展示 PPT 帮助学生回忆酶催化作用具有高效性和科学探究的步骤后，提问："酶作为一种高效催化剂，它可以催化一切化学反应吗？或者酶的催化是否具有针对性呢？"学生没有回应，有的摇头，表明没想过或不知道。教师再问："那怎么解决这个疑问呢？"学生回答："做实验。"

教师提出要求："刚才我们回顾了科学探究的步骤，我们就设计一个探究实验解决这个问题。学生们按照原来的 4 人一组设计这个探究实验的过程，探究酶的催化作用是否具有针对性。同学们可以使用老师提供的实验材料，这些材料都放置在解剖盘里了。小组讨论由组长负责，把讨论好的

---

① 案例来源：张全星，北京市顺义区牛栏山第一中学。

方案记录在学案上，然后准备展示方案。还有问题吗?"教师环视教室，继续说:"要是现在想不起来，小组讨论时可以再问我。给你们 10 分钟的时间，开始讨论吧。"

学生小组讨论。教师收好多媒体设备，环视每组的讨论情况，看到有学生动实验材料，就走过去，用手拍拍学生肩膀，加以制止。顺势倾听一下这个组的讨论情况。教师巡视不同的小组，听学生发言，看学生参与的态度，时而还看看小组讨论的记录。特别地看了两个组的实验设计。

10 分钟到了，等小组讨论的声音减小后，教师提示学生到了展示的时间，并挑选了一个组第一个发言。学生发言只是讲了设计结果，没有说明设计原则。教师询问其他组有没有补充。另一个组的学生要求展示，但只有实验设计内容与第一组不同。教师向第二组的学生提出要求:"把设计不同之处和实验原理说明白。"第二组展示实验设计内容并说明是按照对照原则设计的理由后，得到学生和教师的一致赞同，全班一致同意并决定下面的实验操作用第二组展示的设计方案进行。

教师在巡视过程中观察到:学生在讨论时出现的摆弄实验器材的无关举动，进行了及时的制止，保证学生活动的顺利进行。

对不同小组讨论内容的倾听，可以了解学生讨论的方向和参与程度。观察学生的讨论结果，判断学生对实验检测内容的理解，以及对照等原则的运用程度。有针对性地确定展示小组的顺序，暴露了学生在设计中的不足，通过比较和评价，学生发现和补充其不足，达到互学共进的效果。

通过小组展示的表述，分析学生的语言，对回答中重要的实验原则的内容，以提示的方式让学生展示关键信息，引导并鼓励学生敢于表达自己的观点。调整评价方式，以学生评价为主推动教学的进程。

培养学生倾听和观察的能力。学生在别人展示的时候，听到、看到了两组设计中不同的地方，经过比较和思考，依据实验对照性原则做出了正确的判断。

(三)课堂倾听和课堂观察的策略

1. 课堂倾听技能的策略

课堂倾听是进行课堂交流的基础，倾听使教学成为可能。学生的表达只有在教师的倾听中才有意义。课堂倾听不但要用耳朵倾听，还要用心去倾听。在课堂中，倾听的内容不仅有学生的语言，还有课堂中的其他声音。[1]

（1）听学生的表达内容、语音、语调和语速。

当学生回答问题时注意内容的准确性，推断学生对知识的理解和掌握情况。通过语调可以推断学生的学习态度，通过语速推断学生的思维状况，由语音大小判断学生对学习的自信程度。通过学生提出的问题，综合判断学生的学习水平并做出及时反馈。

（2）听教室内学生发出的其他声音。

学生在教学过程中的每个环节都有不同的反应，学生对教学的回应声音也是不容忽视的。如疑惑声、叹息声、赞同声等，这些声音表达了学生的学习情绪，反映了学生的学习状态，形成了一定的教室学习气氛。学习气氛不仅影响学生在课堂上继续学习的态度，也会影响教师完成课堂教学的心情。

2. 课堂观察技能的策略

课堂观察是视觉感知，教师通过眼睛看学生眼神、面部表情、身体状态、动作表现和行为变化判断学生学习过程中的情绪态度变化和认知状态。[2] 认知情况和情绪的变化直接影响课堂纪律状况，课堂纪律反作用于学生的情绪态度变化和认知过程。观察的同时也需要倾听做辅助，这样才能对教学状况做出较准确的判断。

（1）情绪态度变化。

情绪是个体对外界事物的愿望需求的一种情感态度，往往通过机体反应表达出来，像喜怒哀乐等情感就是人心理和生理的综合反应，因此具有个性特点，也跟外界刺激有关。在课堂教学中，学生的心情变化是通过情绪表现出来的。学生容易受到情绪的影响，课堂上学生情绪的变化，可以影响课堂的教学气氛。

---

① 李春艳主编：《教师教学技能培养系列教程　中学地理》，75页，北京，中国轻工业出版社，2019。
② 李春艳主编：《教师教学技能培养系列教程　中学地理》，74页，北京，中国轻工业出版社，2019。

情绪可以通过眼神、语言、语调、行为等表现出来。学生的情绪有积极情绪、消极情绪和焦虑情绪之分。[①]

积极情绪的行为表现为：眼睛看着教师、发言的学生或展示的教学媒介；积极参加课堂互动；积极举手回答；对有疑问或不理解之处向教师提问；按照教师的指令做出正确的反应；没有过度的影响他人学习的声音和动作。教师要积极回应学生，并予以表扬和鼓励。

消极的情绪表现为：眼睛不看发言人而是看着其他地方，目光呆滞，甚至昏昏欲睡；不积极参与课堂互动，不积极举手回答，对教师的指令没有反应；发出影响他人学习的声音和动作，甚至还找机会起哄。如果出现消极情绪，教师应及时发现并用眼神提醒，或走到学生附近予以关注，还可以通过提高语音或提问改变学生的消极状态。教师要回顾教学策略是否有效，确定是否改变教学策略。

消极的情绪可能是由学生在认知过程中产生的问题引起的。如果学生对知识内容不理解会引起学习焦虑。其表现为：不听讲、交头接耳、翻阅教材等动作。学习焦虑不解决会引起学生情绪削弱，由积极转为消极，最终迫使学生放弃学习和思考，破坏课堂气氛。出现焦虑情绪后，教师要及时找到学生出现问题的点，使用其他的教学方式帮助学生走出困惑。

（2）认知状态。

根据布鲁姆对认知水平的分类，学生的认知分为记忆、理解、应用、分析、评价和创造。可以通过学生对生物学概念、现象、定律复述的准确性判断记忆状况。检测学生的理解状况的方法是看学生能否恰如其分地使用已有的生物学理论和图示，有见地、合理地说明生物学的事件、生物行为。对应用水平的判断则看学生在新的、不同的现实情境中是否能有效地使用生物学知识。[②] 学生综合运用生物学知识对解决现实情境的应对方法能否做出正确选择是对分析水平的推断，这个水平的推断往往是开放性的。

---

① 李涛主编：《教师常用教学技能训练》，174～175 页，北京，中国轻工业出版社，2014。
② ［美］格兰特·威金斯、杰伊·麦克泰格：《追求理解的教学设计》，95～104 页，上海，华东师范大学出版社，2017。

对评价水平的判断是学生运用已有的生物学知识，依据标准进行综合价值判断的能力。创造水平是指学生对生物学提出新见解、新的研究问题的思路、新的解决问题的方案、新的质疑角度等。[①]

由于学生之间存在差异，教师要通过倾听和观察判断不同层次学生的认知状况，确定相应的教学方法和策略进行有针对性的教学。例如，教师可通过有层次的设问做判断，搭建相关的、有逻辑性的系列问题帮助学生进行理解。

（四）案例分析

案例 2-6，教师设计了学生活动，让学生进行由氨基酸形成多肽的模型构建。通过巡视，教师观察到有的组的模型构建出现了错误，通过师生对话交流，诊断学生对"氨基酸脱水缩合"概念的理解和运用情况。

教师设计了问题链，通过倾听学生的回答，分析学生语言中传递出的信息：学生并不完全理解多肽形成过程中"－H"和"－OH"的结合位点。由此判断，学生对于之前教学内容"氨基酸脱水缩合形成肽键"没有真正理解。同时，教师还观察到，有的学生通过神情变化，表达出对同伴回答的不认可，从而推断出只有一部分学生对概念理解出现了问题。教师选择了"以学生进行判断和补充为主，教师引导和追加补充为辅"的方式，通过同伴互助解决问题。

四、课堂教学中的调控

如果在课堂教学过程中倾听或观察到影响推进教学环节的事件，教师要对教学内容进行及时调控，保证课程顺利进行，完成教学预期，以达成教学目标。

---

① 李春艳主编：《教师教学技能培养系列教程　中学地理》，74 页，北京，中国轻工业出版社，2019。

📎 | **案例 2-8** |

初中生物学　植物呼吸作用的产物[①]

　　教师介绍了用澄清石灰水可检测是否有二氧化碳气体产生的方法，展示了检测封闭的装有萌发的种子的锥形瓶中是否有二氧化碳气体的装置，演示了装置的使用步骤。学生们看到了由导管引出的锥形瓶中的气体使澄清石灰水变浑浊的现象。之后将学生分为 6 组，每组测试用黑色塑料袋罩住的、封闭的、标有 A、B 两个锥形瓶中是否有二氧化碳气体。6 组黑瓶中提前一天分别盛放了植物的六大器官：根、茎、叶、花、果实和种子。每组的 A 瓶放置的是新鲜的器官，B 瓶放置的是用水煮过并失去活性的器官。其中，放置种子组的装置内分别放有干绿豆种子和煮熟的绿豆种子，想让学生理解呼吸作用是有活性的生物细胞进行的生理过程。在学生做实验的过程中，教师巡视并指导学生的实验操作。实验结束后，每个小组对实验现象进行汇报。前五组的学生汇报 A 瓶中的气体能够使澄清石灰水变浑浊，说明有二氧化碳气体；B 瓶中的气体不能使澄清石灰水变浑浊，说明没有二氧化碳气体。第六组的汇报与其他组的结果完全不同，他们看到 A 瓶中的气体不能使澄清石灰水变浑浊，说明没有二氧化碳气体；B 瓶中的气体能够让澄清石灰水变浑浊，说明有二氧化碳气体。教师让学生揭开黑塑料袋，看看瓶中的实验材料，说说用水煮过并失去活性的器官不能进行呼吸。前五组的汇报支持"具有活性的植物器官能进行呼吸，失去活性的植物器官不能进行呼吸"这一结论。但是第六组的实验现象不支持这个实验结论。其实，教师在巡视过程中也发现了这个出乎意料的现象。教师走到第六组的桌前，仔细看了看装置，没有问题，又闻了闻，发现了问题所在。

　　教师：通过前五组同学做的实验看到的现象，得到同样的结果，说明具有活性的植物器官能进行呼吸作用，失去活性的植物器官不能。但是，第六组同学根据实验现象得到的结论是干种子几乎测不到呼吸作用，而煮

　　[①]　案例来源：崔冰洁，北京市顺义区第三中学。

熟的种子却有呼吸作用的气体产生，这是为什么呢？第六组的同学，你们能给大家解释一下吗？

第六组学生代表：我们觉得煮熟的绿豆种子不能进行呼吸作用，这个瓶里的气体不应该使澄清石灰水变浑浊。但是，这个瓶子里的气体确实使澄清石灰水变浑浊了，那就是有二氧化碳产生。我们打开密封盖，想看看是不是装置有问题，突然闻到了一股馊味，说明实验现象和馊味有关。

教师：看来第六组的同学通过思考找到实验现象和你们的猜想有差别的原因了。那馊味是怎么产生的？由什么产生的？

学生：瓶子不干净，有细菌了，细菌使熟绿豆变馊了。气体是细菌产生的。那是细菌进行的呼吸作用的结果。

教师：你分析得很有道理。就是细菌的呼吸作用产生的二氧化碳让澄清石灰水变浑浊了。从分类上讲，细菌属于什么生物？

学生：微生物。

教师：这说明了什么？

学生：微生物也能进行呼吸作用。

教师：回答正确。除了我们学过的有活性的动物能够进行呼吸作用，刚才验证有活性的植物体能够进行呼吸作用，其他的生物，也就是像细菌这样的微生物也能够进行呼吸作用。所以，所有有活性的生物体都能够进行呼吸作用，通过呼吸作用产生二氧化碳。二氧化碳是呼吸作用的产物。

问题聚焦

Q1：课堂教学过程中出现了在教学设计中没有涉及的情况该怎么办？

Q2：上面的案例中教师对课堂突发事件是怎样处理的？

对于植物各器官进行呼吸作用的部分，教师做了针对性的实验教学设计，面对有五组学生出现预期的实验现象，得到预期实验结果，达到预期教学目标之后，专门针对新生成的问题做出了新的设问。教师通过对课堂教学进行了及时而又恰当的调控，既引导学生解释了实验中产生差异现象的原因，又完成了前后教学环节的过渡，使得学生对呼吸作用形成了完整的认知，顺利地达成了本节课的教学目标。那么，什么是课堂调控？在什么情况下要对课堂进行调控？用什么方法进行课堂调控？下面就课堂调控进行分析。

（一）课堂调控

1. 认识课堂调控

课堂调控是指在教学活动中根据课堂互动活动中学生的学习状况与教学预设出现偏差的情况，教师及时调整教学方法或采取相应补救措施的教学控制行为，属于课堂管理的行为。[①] 课堂调控是一种教学手段，是顺利实施和实现教学目标的重要手段。

为了保证课堂教学活动的顺利进行，教师都会对课堂进行预设。由于课堂是变化的，学生的学习也是生成性的，学生的思维过程会出现这样或那样的问题，教师通过倾听和观察对影响课堂的生成性问题做出及时的判断，并予以及时化解，引导学生积极参与教学活动。课堂调控其实是调整教学预设与生成的关系。

2. 教学预设与课堂生成

教学预设是指课前备课，教师对课堂教学做出规划、设计假设和安排。为了达到一定的教学目标，教师对学生学习的课程内容、组织方法、媒体使用等进行预先设计。课堂上的师生教学活动按照教师课前的设计和安排，按计划、有序地展开。预设课堂结束时学生获得了预设性的发展，也就是教师完成了预设性的教学方案。[②]

"生成"是一个哲学概念。不同的学者和教育家对"生成"有不同的解释。目前多数学者认为，课堂生成是教师与学生、学生与学生在一定的教学情境中，围绕多元目标，在开展合作、对话、探究的过程中，即时形成的、超出教师预设方案的新问题、新情况。[③] 因此，课堂的生成具有不确定性、多样性和隐蔽性。有时稍纵即逝，有时能够引发教学过程中的突发事件。

① 查伟燕：《初中教师课堂有效调控行为研究》，硕士学位论文，苏州大学，2010。
② 余文森：《论教学中的预设与生成》，载《课程·教材·教法》，2007(5)。
③ 朱志平主编：《教学预设与生成关系论》，18页，北京，教育科学出版社，2013。

例如，案例 2-8 中第六组的实验结果就属于这种突发事件。突发事件的出现可能会引发教学情境的变化，如果处理不当会在课堂上引起骚乱，也可能打击学生学习的兴趣，或是引起学生认知混乱。如果教师及时智慧地调整教学策略，控制教学生成的方向转向课堂预设的目标，就能够开发出预设外的教学价值，给课堂教学增加意外的收获。

教学预设和课堂生成存在对立的关系，表现在教学目标、教学过程和教学效果评价等方面。但是，它们又是相互联系、相互影响的。教学预设是课堂生成的前提，是课堂生成的基础，没有针对学生思维开发性的预设，就不会有动态生成性的课堂。课堂生成是教学预设追求，为之后的教学预设提供思考方向。

（二）课堂调控的原则

课堂调控是教师对课堂的因势利导，是预设与生成相得益彰。在教学生成的过程中，教师要灵活使用从课堂纪律到学科教学的调控方法，在全面理解和整体把握科学知识的前提下，提升学生的认知水平和思维能力，以顺利达成教学目标。

1. 把握学生的认知水平和思维路径

在备课时，对学情的分析是指对与学生学习生物学密切相关的因素的情况分析，包括学生的生物学知识结构、理解思维能力、学习习惯等。教师假定学生对学过的生物学术语、概念理解并且能够运用，在此基础上进行互动设计。课堂教学过程中，教师会发现对学生的能力有时会高估或低估。高估是指教师认为非常简单的内容，学生却觉得很难；低估是指设计的教学环节刚开始学生就表示早就会了。这都是在教学过程中反映出的教学起点与实际的学习起点不匹配的现象。[①] 在课堂教学生成过程中，学生会暴露出自己真实的生活经验、兴趣取向、知识结构、思维路径和心理特点，有利于教师更进一步确定学生的最新认知发展和真实的执行能力，为更准确地制订和修改教学设计起到积极作用，进一步提高教学预设的针对性。

---

① 朱志平主编：《教学预设与生成关系论》，144 页，北京，教育科学出版社，2013。

2. 及时纠正偏差，顺利达成教学目标

教学调控是促使学生的课堂学习目标向着预设的目标进行。遇到课堂生成中的情况，教师应敏锐地发现和捕捉。通过对学生认知的了解和分析，教师要思考通过什么样的教学方式来解决学生的认知障碍，正确引导学生的理解方向，纠正学习偏差，而不是有意回避，强行将课堂的走向拉回"主题"。例如，讨论蛋白质结构组成时，教师用纸打印出五个氨基酸的结构，组织小组讨论用五个氨基酸结合形成一个由多个氨基酸组成的肽链，并把组好的肽链贴在墙上展示。五个组形成的展示肽链由于氨基酸的排列顺序不同，结构也不一样。在一组展示并说明的过程中，其他组的学生指出第二个氨基酸与

第三个氨基酸形成的化学键不是肽键（ $H_2N-\overset{\overset{\displaystyle H}{|}}{\underset{\underset{\displaystyle R}{|}}{C}}-COOH$ ）。学生的焦点聚

集在这个错误连接上。这个问题的发现，突出学生对氨基酸结合方式的理解上还存在问题，这其实是教师预设到的。但是，学生提出了另一个问题："老师，这可不可以形成两个肽链的空间结构呀？"这个问题有点"节外生枝"，不在教师的预设之中。学生想把自己对"脱水缩合"概念理解的偏差用其他问题做掩盖。教师判断出学生的理解偏差，不是用简单的"不能这样形成肽键"回答，而是讲述了 $C-H$ 键结合牢固不易被打破，且肽键之间一般都是通过二硫键连接的。直接针对学生疑惑点，解释了学生对肽链形成的理解偏差。然后回到了比较这五条肽链不同的问题，继续完成这个环节要到达的教学目标：相同的氨基酸的排列顺序不同，形成的肽链结构也不同，体现了肽链形成的多样性。教师的这种处理方法既鼓励学生继续深化思维，又使学生认知更为全面，记忆更为深刻。这种引导和讲述比教师在原有的预设—检测和归纳教学目标所达到的价值更高。

课程动态生成的不仅仅是学生的知识和能力，还有学科核心素养。把动态生成的资源有机地纳入教学内容中，使其对形成教学效果具有价值，可以帮助教师高效地达成教学目标。

3. 促进知识的整体构建，加深对生物学知识的理解

生物学的知识是具有层次的，而且知识之间有着密切联系，不是彼此独立的，学习生物学知识必须在原有的知识基础上进行。生物学的观念——结构与功能观、进化与适应观、稳态与平衡观、物质与能量观贯穿于不同教学阶段，在初中到高中所有学段的教学中都应该体现。生物学的教学内容与学生的生活息息相关，教师和学生在教学互动中进行的思想和知识的不断碰撞，会出现新的学习需求，这使得教学方向发生变化。面对新问题，教师要帮助学生分析生活现象与生物学当前知识的关系，引导思辨过程的思维方向，回归到课程的教学内容、教学目标和生物学观念，形成出现问题—解决问题—理解提升的学习过程。这样比学生只接受、不思考、没问题的课堂生成能更有效地加深学生对学科知识的理解。把学生对知识的理解从只与考试有关的传承方式，引领到通过知识的构建思考如何运用知识的学习方式。

> ✎ | 理论书签 |
>
> #### 皮亚杰建构主义理论
>
> 皮亚杰(Jean Piaget)的结构理论认为一个结构包括三个特征：整体性、转化性和自身调节性。他的科学认知理论是以认知主体为基点的，认为认知是主体与知识之间产生了转化。随后发展而成建构主义理论。建构主义理论认为学习不是由教师把知识简单地传递给学生，而是由学生自己建构的过程，学生不是简单地被动接收信息，而是主动地建构知识的意义，是根据自己的经验背景对外部信息进行主动的选择、加工和处理，重新认识和编码，构建自己的理解，重新获得自己的意义。[①]

---

① ［瑞士］皮亚杰：《结构主义》，1～8页，倪连生，王琳，译. 北京，商务印书馆，2011.

（三）课堂调控的策略

1. 及时发现课堂动态生成的问题

在教学过程中，教师通过对课堂的倾听和观察，敏锐地感知教学生成，通过学生的插话以及与学生的应答过程中，及时发现超出教学设计范畴的内容。例如，学生对实验结果形成产生的影响，需要教师观察学生在实验过程中对实验用品的操作方式或操作过程是否规范。比如，实验时对显微镜的使用，学生是否双眼观察，移液枪的握法是否正确等，这些仪器使用不正确，会影响实验的效果。再如，斐林试剂是否会调整好，再加入待测液后进行水浴加热等，如果操作顺序不正确，实验效果也不会很好。

提高对课堂动态生成敏感，一方面要求教师读懂教材，把握知识的整体性，增加知识储备（不仅扩充和更新生物学知识，还要补充跨学科的知识，重视与其他学科知识的整合），另一方面要走进学生生活，了解学生关注的热点和焦点，有机地结合教学内容，为教学提供生成性资源。

2. 分析和判断课堂生成的问题

引起学生生成性学习过程中产生的预设之外情况的原因有两种。一种是由学习活动中学生对知识的内容表述不理解、误解，或者是产生理解分歧引起的内生型的教学生成。例如，学生对化石形成的原因的怀疑，直接影响化石能够作为生物进化的可靠性证据这一内容。另一种是由与教学无关的突发事件引起的外生型教学生成。[①] 例如，课堂上有学生突然流鼻血，教师急需立刻解决。

教师要具有准确的判断力，对生成性问题的价值做出准确判断，根据生成的问题是否符合课程内容，是否影响当前教学的理解和对后面教学内容是否产生障碍、是否具有积极作用等方面进行判断，还要判断偏差是个性化的还是全班性的。如果对后面的教学和学生的理解有很大影响且是全班性的问题，应立即进行解决。例如，形成肽键的羟基与羧基所在的位置。如果是个性化问题，可以放在课下单独解决。不要过度关注生成，不做任

---

① 朱志平主编：《教学预设与生成关系论》，25~30 页，北京，教育科学出版社，2013。

何判断，以免教学偏离目标方向。

3. 调整教学方法及时化解冲突

教师和学生在教学互动中进行的思想和知识的不断碰撞，会出现新的学习需求和教学方向的变化，使得预设的教学方法在新的变化下失去了作用。教学过程是一个教学方式不断变化和运用的过程，在这个过程中，教师对教学方法也要随之不断选择和灵活运用。[1] 调整教学要从"大处着眼，小处着手"。"大处"是指调整教学节奏、学生情绪、课堂气氛等方面。课堂教学活动是错综复杂的，教师不能对每一个方面都关注并进行完全的调控，应该将注意力集中，从某个局部"小处"出发，针对重要的、关键的因素实施重点调控。例如，注意学生的眼神、小动作和回答问题的内容是否与课堂内容相关。

及时制止扰乱教学的课堂生成性事件。教师要立刻制止学生破坏纪律的行为，或者是学生毫无目的的东拉西扯。这是教师最常用、最有效的方法之一。可以用眼神示意，也可以走到学生旁边做警示，还可以提高说话的声音，或在说话的时候突然停顿用以警告，甚至可以用委婉的语言加以制止。迅速消除不良影响，让混乱的课堂秩序回归到有序状态，让学生从对偶发事件的注意中转回到课堂情境中。

给予学生生成性的问题肯定，因势利导解决问题，引导学生思考。可以用追问的方法进行问题探询，找到问题的原因后，发现其有利于课堂目标实现、有利于学生思维发展的元素，随机应变，灵活运用；可以采用多层互动的方式，让学生之间互助解疑，或者教师讲述问题，使教学从偏移的方向回到教学目标指向，让学生思维回归课堂。[2]

如果遇到的问题不能解决，先放下，可以作为课外生物学研究小组的学习或探究的方向进行课下解决，或者暂时搁置等待时机成熟再解决。

（四）案例分析

案例 2-8 中，教师在对植物各器官进行呼吸作用的部分做了针对性的

---

[1] 朱志平主编：《教学预设与生成关系论》，178 页，北京，教育科学出版社，2013。

[2] 贾亚东、李芸芸：《课堂调控研究文献综述》，载《基础教育研究》，2014(20)。

实验教学设计，原预设通过教师演示实验验证"种子萌发时能进行呼吸作用并产生二氧化碳"，再由六组学生实验验证"有活性的植物其他器官也能进行呼吸作用并产生二氧化碳"。但是，实际的结果是，第六组煮熟的绿豆种子也出现二氧化碳这一呼吸产物。这是教师没有预料到的，是随着课堂教学过程新生成的问题，也是一个关键问题。装有煮熟的绿豆种子的瓶中的二氧化碳是怎么产生的呢？是微生物呼吸作用的结果。微生物的呼吸作用本不是在这个实验环节里讲解的，但如果这个问题不及时解决会影响实验结论的形成，进而会使学生对呼吸作用概念的认知产生疑问。对此，教师有清醒的认识，做了妥当的处理，把微生物呼吸的内容整合到实验环节。教师在总结了前五组学生的实验现象，得到预期实验结果、达到预期教学目标之后，专门针对新生成的问题做出了新的设问。通过对课堂教学进行了及时而又恰当的调控，教师既引导学生解释了实验中产生差异现象的原因，又完成了前后教学环节的过渡，使得学生对呼吸作用形成了完整的认知，顺利地达成了本节课的教学目标。

| 实践操练 |

1. 活动名称

约会时间。

2. 活动目标

(1)通过活动体验预设与生成的关系。

(2)在活动过程中练习使用预设与生成的方法。

(3)通过活动提高沟通和调节的能力。

3. 活动所需材料和场所

材料：每人一张有标识的钟表图，记号笔。

场所：教室。

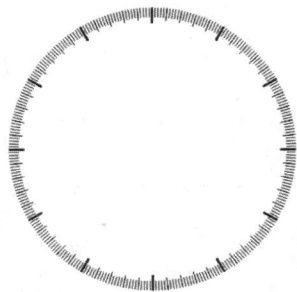

钟表图

4. 活动任务内容

设定从 9∶00 到 20∶00 每一个整点的活动内容和地点，每一个活动的内容不能重复。然后在班内邀请其他人和自己一同做这件事情，每个整点的活动邀请的人也不能重复，即有 12 人与自己共度一天的生活。确定约会时间和地点。

5. 活动的步骤

(1)设定从 9∶00 到 20∶00 每一个整点的活动和地点。

(2)邀请班内其他成员参加自己的活动。

(3)确定并标注 9∶00 到 20∶00 每一个整点约会的内容和地点。

6. 活动说明

此活动可以根据参与人员的人数确定约会的时间。如果参与的人少，可以设置从 9∶00 到 20∶00 每两个整点的约会的内容和地点。

7. 活动讨论题：

(1)确定后的约会内容与原计划有多少变化(几项改变)？请说明原因。

(2)请列出在确定约会的过程中遇到的主要问题，说明是怎么解决的。

(3)在确定约会的过程中是主导者还是被动接受者？请分析原因。

(4)这个活动对生物学教学过程中教学预设与调控有什么启发？请说明原因。

▶ 第六讲
内容组织与呈现

　　教学内容的组织与呈现是教学过程中教师根据一定的教学目标和学生学习的特点，对教材内容进行合理的补充、删减等教学法处理的结果。它是现实和生动的，具有一定的开放性和灵活性。[①]

　　美国教育家加里·D. 鲍里奇在《有效教学方法》一书中谈到了促成有效教学的五种关键行为。[②] 第一，清晰授课——授课过程中突出重点和难点，综合运用多种教学手段，如举例、图解、示范，了解学生的知识水平和理解能力，让提出的问题有足够的针对性；第二，多样化教学——课堂里教师提出的问题、安排的活动和提供的材料等力求多样化；第三，任务导向——教师为学生提供较多的机会去学习将要评估的材料，在时间上合理安排授课内容，充分有效地传授教学内容；第四，引导学生投入学习过程——提高学生的注意力，讲解知识的同时关注学生的反应并且严格要求课堂纪律；第五，确保学生的成功率——教学中采用的题目应该适合大多数学生的理解水平和能力要求，使他们能通过自己的努力得出正确的结果。这五种关键行为中，清晰授课、多样化教学都与教学内容的组织与呈现紧密相关。而这两种关键行为离不开讲解技能、语言技能、提问技能、结束技能等教学技能的锤炼。

一、规范语言与清晰讲授

　　生物学课堂教学中教师主要使用语言传递教学内容，这就要求教师的语言清晰，教学用语使用规范。语言的使用技能是教师必须掌握的技能。

---

　　① 俞红珍：《课程内容、教材内容、教学内容的术语之辨——以英语学科为例》，载《课程·教材·教法》，2005(8)。

　　② ［美］鲍里奇：《有效教学方法》，25～30页，易东平译，南京，江苏教育出版社，2002。

📎 | 案例 2-9 |

初中生物学　人体呼吸运动中胸廓变化的讲解①

教师讲解：现在我们根据刚才做的实验把人在呼吸过程中肺通气时胸廓的变化描述一下。在吸气过程中，肺是什么状态？（学生回答：肺的容积在不断增大。）对。通过刚才的两个实验，我们看到在胸廓内部空间增大的情况下才能实现肺的容积扩大。胸廓横径增大是由于模拟实验一展示的：肋间外肌收缩，牵引肋骨向上提起而且向外扩展，胸骨也向上移动了。同时，胸廓纵径增大是由于模拟实验二展示的：膈肌收缩，使得膈顶部下降。胸廓的横径和纵径同时增大，使得它的内部空间增大了，也就是它的容积扩大了，肺的容积才能扩大。通过实验三大家都体验到了，此时肺内的压力减小，体外环境中的气体就可以通过呼吸道进入肺内。

随着肋间外肌和膈肌的舒张，牵引肋骨向下并且向内回移，胸骨也向下回移，膈顶部向上回移，胸廓内部空间减小了，也就是它的容积变小了，肺也就随之回缩，容积减小了，肺内的压力增大了，迫使肺内的大部分气体通过呼吸道呼出体外。

由呼吸运动中的肺通气过程我们可以看到这个过程与人体的什么系统有关系？（学生回答：与运动系统有关系。）是的。肺通气的过程是呼吸系统和运动系统共同完成的，由此说明了人体的各系统之间是相互影响、相互联系，共同完成生命活动的。

问题聚焦

Q1：这位教师讲解人体呼吸过程中肺通气的过程与教材的描述有什么不同？

Q2：如何做到使用规范的语言进行清晰的授课？

---

① 案例来源：崔冰洁，北京市顺义区第三中学。

（一）规范的语言

1. 什么是教学语言技能

要清晰地讲授，自然离不开规范的语言，离不开教师对于教学语言的锤炼。因此，新教师要关注教学语言技能的训练。

教学语言技能是教师用正确的语音、语义和合乎语法逻辑结构的口头语言，对教学内容、问题等进行叙述、说明的一类行为方式。教学语言形式多种多样，主要有课堂口语，即口语表达；书面语言，包括文字、图像、符号等表达，如板书、批阅作业的评语等；体态语言，即用示范性或示意性动作来表达。在这三者中，课堂口语是课堂教学语言表达的主要形式。

好的教学语言吐字清晰、语速适中、语调抑扬顿挫。不吞音、不连音，让教室内的所有学生都能听清楚。例如，使用标准规范普通话，吐字清晰，语句连贯，声音洪亮，声音的高度适中。一般情况下，保持一分钟 200～250 字，节奏和谐，张弛、停顿合理。语调抑扬顿挫，有亲和力，通过语调去唤醒学生的注意力。美国心理学家塞门斯曾经说过："在教师的许多特性中，声调占着重要的地位。声调并不是教师的技能和设备中的一个重要部分，但是，一种不好听的或低沉的声调很可能阻碍教师事业的成功。"[1]

能恰当地应用生物学术语阐释概念、规律、问题。当然，如果能配合一些面部、肢体动作，讲解时也可以适时步入学生中间，适当给予学生肯定或者否定的眼神等，都会使教学语言更加形象生动、有感染力。

2. 教学语言的特征

好的生物学教学语言还应该具备以下几个特征：规范、准确、简洁。生物学课堂教学的语言首先应该具有科学性，这就要求教师能准确、严谨地描述生命现象，阐明生物学概念和规律，不出违背科学性的错误，其中准确熟练地使用生物学术语显得十分重要。生物学术语是严格的、规范的科学语言，不能随意杜撰。生物学基本概念、基本规律的叙述应该是最简洁精练的，教师要能准确熟练地讲述生物学课程标准规定的生物学规律和

---

[1]　毕晓白、杨梅玲编著：《大学课堂教学技能》，14 页，北京，清华大学出版社，2015。

概念，这是一条基本的要求。因此课堂教学中的语言应尽可能准确、规范、简洁。

(1)准确。

教师上课时的一些词语使用不准确，会造成学生不能准确理解和表述生物学的现象或规律。例如，将"动物通过呼吸作用产生二氧化碳和水，同时释放出能量"说成"动物通过呼吸产生二氧化碳和水，同时释放出能量"。"呼吸"和"呼吸作用"的内涵不同。动物的"呼吸"包含"呼吸过程"和"呼吸作用"两个方面的内容，"呼吸"一词在使用的时候不能等同于"呼吸作用"。课堂用语是否准确体现了教师学科功底是否扎实，备课时候是否细致。教师在备课时必须认真钻研教材，查阅资料，时刻力求科学准确。在课堂中，教师对概念、规律、实验操作的讲解，科学思想与方法的介绍等，都要注意语言的严谨性。

(2)规范。

教师要做到教学语言规范，首先，应仔细研读教材，清楚教材中对于不同章节的不同内容的难点、重点是如何进行表达的，对于定义、概念是如何进行界定的；其次，在教学中要做到一丝不苟，字斟句酌，反复推敲，才能训练扎实的语言基本功，特别要注意尽量避免过于生活口语化。教学语言过于生活化、口头禅过多，不利于学生建立生物学概念，学会使用生物学语言。例如，应该避免将"种子的萌发过程"说成"种子的发芽过程"，将"淀粉被最终分解成为葡萄糖"说成"淀粉最后被分成了葡萄糖"，将"头部"说成"脑袋"，等等。

(3)简洁。

自然学科追求简洁美，生物学也不例外。公式、符号就是追求简洁的一种表现方式。教育语言更是要体现简洁美，要简要精炼地将教学内容的精华讲出来。语言要连贯，避免出现口头禅。例如，在讲述的过程中如果有"是不是""对不对"等无意义的词汇，会打断学生的注意力。提高课堂语言的精简有赖于教师对于教学内容的深刻理解和准确把握，也需要不断地练习和改进。

（二）清晰的讲授

1. 什么是讲解技能

讲解技能是教师利用语言及各种教学媒体向学生传授知识和方法，启发思维，表达思想感情，引导学生理解重要事实，形成概念、原理、定律、定理等的一类教学行为方式。分为陈述性知识（概念规律）的讲解与程序性知识（解题、实验）的讲解。

目前，有人认为，讲解技能是传统的授受式教学，新的教学理念要求教师转变角色，成为学生学习的引导者、促进者和合作者，讲解技能不应该再作为教师的基本技能。也有人认为，在教学过程中，教师对许多问题需要进行叙述、描述、解释、推理和论证，讲解技能不可缺少，掌握讲解技能仍然是教师应具备的基本技能。在讲解的过程中，教师不要忘记听者——学生的认知水平，讲解中不仅要让学生能听懂，还要对学生进行启发、引导，让学生参与到其中，在师生互动的过程中完成讲解任务。

讲解不同于讲授和讲述，它是针对学生对内容认识的难易程度，针对学生的思维过程，运用叙述、描述、解释、说明、分析、归纳、演绎等推理论证、概括等方式，使学生认识事物的现象、发展变化、本质特征和内在联系。讲解技能是教师根据不同类型的内容采用不同的讲解程序，使讲解的过程符合学生的认知规律。

讲解不是照本宣科不脱离教材，讲解是对内容的说明，讲清道理，引导学生的认识，澄清学生的认识。讲解技能是把对教材中需要学生学习的每一个事件的讲解作为一个完整的认识过程，不仅要考虑内容的清晰、准确、科学，更要注意学生的认知过程，即如何引入、认识、反馈和结束。

讲解是教师用生动的、富有启发性的语言激发学生的思维活动，引导他们利用想象、逻辑推理等方法，发展学生的思维能力。讲解技能是把如何引导学生思维的过程呈现出来，把隐藏在方法背后的思考显性化，即按照不同的讲解程序有步骤、有计划地引导学生的思维活动，为学生学会学习建立一套编码系统，实现讲解的目的，发挥出讲解的作用。

2. 讲解技能的特征

好的讲解应该具备以下特征：目标明确、结构合理、语言清晰、重视

知识间的联系、学生参与、结论明确。

（1）目标明确。

达到一定的教学目标是对讲解的基本要求，是讲解技能的指导性要素。课堂教学的讲解与平时的讲故事、说相声、谈心等不同，虽然这些活动都需要"语言表达"，然而与教学中的讲解所要达到的目标不同。讲解是为达到一定的教学目标服务的，无论是讲解概念规律，还是讲解习题实验，都是为了落实和突破教学重难点服务的。因此，讲解的内容和方式要随着教学目标和教学重难点的变化而变化。

（2）结构合理。

讲解的结构是教师在分析学生情况和教学内容的基础上，对讲解过程框架的设计。这一技能要素是整个讲解教学活动成功的基本保证。讲解过程中既要关注条理性和清晰度，还要关注结构的合理性和环节的逻辑性，确保过程的连贯，更要关注讲解的过程与讲解的目标间的一致性，不同的目标选择不同的讲解框架结构。

（3）语言清晰。

教学是一门艺术。而教师的讲解又和一般的交谈、辩论、演讲等说话有所不同。讲解技能的重要特点之一就是语言清晰、条理清楚、快慢适合学生。课堂的讲解语言常常与板书、媒体、动作等其他语言形式结合使用。而且知识的类型不同，选择的讲解语言类型就不同。生物学往往会涉及大量的术语、符号、公式等生物学语言，还会借用化学、物理和数学等学科语言，讲解的时候要清晰、准确和规范。在讲解概念、规律时，对其中的关键词要强调，多次重复，做到抑扬顿挫，以加深学生的印象。

（4）重视知识间的联系。

生物学是从生活现象中提炼出知识，并用知识指导生产的一门学科。作为一门与生产生活实践紧密联系的学科，教师在讲解时要把学科与学生生活之间存在的联系讲出来，还要把知识之间、学科之间的联系讲出来。然而，这种联系有些在教材中表述得不明确，需要教师从教材中、从实际生活中挖掘相关的内容，巧妙引导学生领悟知识之间的关系、知识与生活的关系、知识与社会生产实践的关系。讲解技能就是教师要在讲解中明确这些联系，使学生很好地建构起学科知识间、跨学科知识间、知识与经验间的关联网络，以利于学生牢固地掌握知识，建构良好的认知结构。教师在讲解时要注重知识的内涵和外延，注重生物学与生活、科技的联系，关注生物学的最新进展。

例如，在讲解植物光合作用内容的时候，教师要将光合作用的场所、条件、反应过程（包括反应物和产物等）、对植物生长的作用、对生物界的作用、在农业生产中的应用以及科学家对光合作用的研究历程等内容都要掌握和理解，按照学生的认识规律介绍给学生。

（5）学生参与。

教师的思维离不开学生，学生的思维也离不开教师的引导，可见讲解是师生共同思维的过程。因此，教师要有意识地引导学生参与讲解活动；通过讲解，学生在思维上的关键处、模糊处和障碍处得到引导。

（6）结论明确。

在讲解的过程中教师不断地向学生传递信息，如果缺少让学生回忆、整理、联系旧知识或实践的过程，在学生头脑中形成的知识可能是杂乱无章的。因此，在完成一个讲解过程或讲解活动时，教师要带领学生一起梳理、总结和归纳，以得到明确的讲解结论，并且讲解结论直接为教学目标的达成服务。没有讲解结论的讲解过程是不完整的，学生建构起的认知也是不完整的。

（三）案例分析

学生对呼吸过程中肺通气的现象非常熟悉，但对气体为什么能从体外进入肺泡腔内，又从肺泡腔内排出体外的原因不清楚。虽然之前学习过与呼吸系统相关的运动系统，但是，没有将这两个系统之间的关系真正联系起来。教师的讲解不仅明确了知识内容，还帮助学生建立了生物学知识的联系，构建了生物学整体知识框架。

案例2-9中，教师的讲解不是复述教材的内容，而是先通过模拟实验让学生看到胸廓的结构，肋骨、肋间肌和胸骨的运动状态，膈肌如何运动，以及胸廓的大小变化，尤其是让学生体验到胸廓大小变化时肺内压力的变化，然后再讲解。这使得语言描述的内容不是文字，而是帮助学生描绘出一个动态的过程。教师讲述的内容清晰，有条理。讲解在学生实验的基础上进行，将学生看到的实验现象用简洁、规范的专业术语进行表述，为学生的语言描述做出了示范。先解释吸气过程，这个过程说清楚了，后面再解释呼气过程时学生就容易接受了。讲解由生活现象到生物学知识，从学生已知的吸气结果开始，由吸气需要的条件——肺内容积增大需要胸廓扩大，到结构层面上分析引起胸廓扩大的原因。这个讲解过程是符合学生认知的过程，指导学生把分析、推理的思考过程用语言展现出来。

二、有效提问与恰当理答

教师不仅运用语言进行生物学教学内容的讲解，组织课堂活动，还要通过语言回答学生的问题，分析学生的思维过程，指导学生正确思考。

📎 | 案例 2-10 |

初中生物学　鱼类呼吸的教学片段[①]

课堂上教师让学生观察录像，记录录像中鱼的口与鳃盖开合的现象，提出问题："鱼的口和鳃盖为什么交替开合？"

学生回答："鱼在进行呼吸。"也有学生回答："鱼在饮水。"

教师提问："那怎么证明鱼在进行呼吸而不是在饮水呢？"

学生回答："做实验。看水是不是从鳃出来。"

教师回应："这位同学的说法有道理，我们就做一下这个实验，看一看是什么结果。"

教师演示课前录制的实验录像：向鱼的口部滴加蓝色墨水。学生通过看录像，能够观察到蓝色墨水从鳃盖后缘流出，得出结论：鱼不是在喝水，而是在进行呼吸。进而教师启发学生进行猜想。

---

① 案例来源：刘晓晨，北京市大兴区第十四中学大兴安定分校。

教师提问："那怎么检测鱼是通过鳃部进行呼吸呢？能不能用澄清石灰水检测鱼通过鳃排出的水中二氧化碳多？"

学生回答："不行，鱼会受伤。"

教师来给学生介绍可以检测水中二氧化碳变化的 BTB 试剂。说明 BTB 试剂的使用方法和检测二氧化碳变化会出现的现象。指导学生通过对比实验，观察实验现象，验证流过鱼鳃的水中二氧化碳增多，得出结论：鱼在用鳃进行呼吸。学生能够认同鱼在水中口和鳃盖交替开合是在进行呼吸，鱼是用鳃进行呼吸的。

教师提问："同学们，你们说说鱼鳃到底有怎样神奇的结构，可以使其在水中进行呼吸？"

学生回答："还要做实验看看鳃的结构。"

教师提供鱼鳃和解剖器具以及放大镜，给学生分组，布置任务，让学生解剖，并观察与记录。教师给出的三个实验任务是回答四个问题：①鱼鳃包括哪三个结构？②鱼鳃为什么是鲜红的？③鳃丝为什么既多又细？④鱼的口和鳃盖的开合为什么是交替进行的？学生带着这四个问题进行实验和思考。最终在教师的引导下总结出：鳃部鲜红是因为鳃部具有丰富的毛细血管，利于气体交换。鳃丝既多又细，在水中完全展开，扩大了与水的接触面积。鱼的口和鳃盖交替开合可以使进入鱼口的水有机会留在口腔内，有利于水中氧气和鳃丝上毛细血管中的血液进行充分的气体交换。

在学生对于鱼的呼吸结构知识有深刻记忆和理解的基础上，教师又提出问题：既然鱼鳃结构这么神奇，可以在氧气较少的水中进行呼吸，空气中氧气比水中氧气浓度高 30 多倍，鱼儿来到空气中为什么会死呢？

学生没有人回答，而且一个劲儿地问："为什么呀，老师？"教师使用毛笔在水中和在空气中的状态来模拟鱼鳃在水中和空气中的样子，学生一下子明白了。

教师总结：鱼鳃在水中展开扩大与氧气的接触面积，而离开水后相互粘连减少与氧气的接触面积。

鱼鳃是鱼呼吸的结构，那这样的结构与什么相适应？（提问学生 C）

学生 C 回答："与鱼呼吸功能相适应。"

教师："回答得很对，但是要把这句话说完整。鱼鳃是鱼呼吸的结构，与鱼的呼吸功能相适应。"老师再把这句话补充一下，"鱼的呼吸结构是与鱼在水中进行呼吸的功能相适应的。"

问题聚焦

Q1：如何设计课堂问题？

Q2：什么是有效提问？如何设计有效提问？

（一）什么是课堂提问

每一位教师都需要运用课堂提问，每一堂课都少不了课堂提问。课堂提问是指教师通过提出问题，通过师生的相互作用，检查学习目标是否达成，促进学生学习，发展生物学思维及语言能力的教学行为方式。

学生回答任何一个问题时都要经历一定的认知过程。按照认知过程的六个维度，可以把课堂提问相应地分为记忆型提问、理解型提问、应用型提问、分析型提问、评价型提问和创新型提问。

（二）课堂提问的有效性

设计问题是进行课堂提问的前提。在备课时，教师对课堂要提的问题提前准备好。问题设计得是否合理、表述是否清楚以及问题的内容是否涉及不同的认知层次，对教学有很大影响。

学生的学习是一个生成性的过程，教师要在备课时预设学生的认知与教学内容的差异，不仅要设计好预设问题，还要根据学生在课堂上的具体反馈解决生成性的问题。不要随意提出没有意义的问题，如把"是不是""对不对"变成"口头禅"。课堂提问要有一定的指向性，让提出的每一个问题都是有效的，围绕着教学目标而设置，为达成教学目标服务。

新课程理念对课堂提问提出了新的要求。课堂提问不仅是教师提出问题学生进行思考和回答，而是有效的课堂提问，即教师在精心预设问题的基础上，在教学中创设良好的问题情境，在教学中生成恰当的问题，引导学生主动思考和参与对话，全面实现预期教学目标。

（三）有效提问的特征

有效的提问应该具备以下几个特征：核心问题明确、构成问题链、措辞恰当、停顿节奏合理、分布广泛、恰当理答。

1. 核心问题明确

核心问题是一节课中数量最少却能支撑整节课的问题组合。核心问题是一节课中每个教学活动要解决的主要问题，是课堂提问设计的主线。核心问题往往源自教学重点内容，教师可以通过对课程标准、教材、学生认知水平的分析来确定核心问题。例如，案例 2-10 中课程的核心问题是"生活在水中的鱼类是怎样进行呼吸的"。

2. 构成问题链

一节课的几个核心问题之间本身就构成了一个逻辑链条，构成了全课的逻辑结构。此外，这里所说的问题链是指围绕每一个核心问题而设计的次一级的一系列问题组合，有条不紊，前后贯通递进，使所有问题成为一个认识层次递进的整体系统，形成与知识结构匹配的问题框架。问题应该意图明确，紧扣教学重点，能引发学生的思考和讨论。任务量适中，设问促进学生的原有认知结构，有多种预设性答案。

案例 2-10 中课程的核心问题看似没有学生物学的人都知道，但是如果追问"你怎么能证明鱼类通过鳃部进行呼吸？"这个问题，就不可能回答得清楚而且科学了。先将这一个问题进行分析，分解成不同的层级进行回答，如图 2-1 所示。在解决了问题一之后，才会有问题二的提出。要回答问题四，必须要回答问题一、问题二和问题三。在回答了问题一、问题二、问题三和问题四后，学生才能用生物学的知识解释鱼类的呼吸系统，理解"结构与功能相适应"的生物学观念，从而用生物学的视角看待不同动物的呼吸。

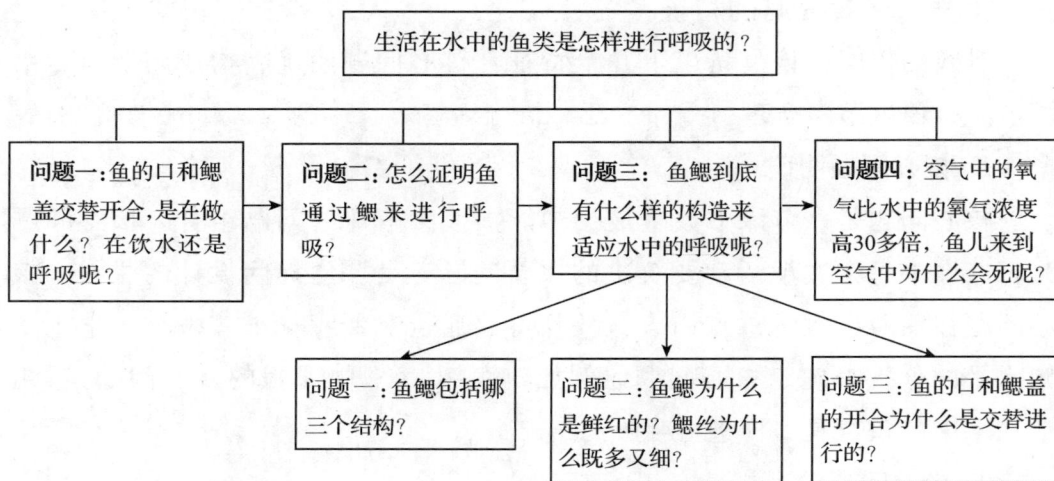

图 2-1　鱼类的呼吸课程中提出的问题[①]

3. 措辞恰当

提问措辞是指教师在提问过程中的语言应用，包括提问引导语、提问用词、表述问题，是教师提问技能在课堂上提出问题时的展现。

关于问题的表述，语言要准确、明白、简洁，提问有效，不产生歧义，有一定的启迪性，避免模棱两可学生不知如何作答的问题。"你们听明白了吗"和"我是否讲清楚了"，提问者的出发点不同，给人的感受就不一样。还可以提出"你有不同的看法吗""你是如何理解的"等问题，引导学生进行更深刻的思考。

4. 停顿节奏合理

停顿节奏是指教师在完成一个完整的提问过程中，在提问前、提问中、提问后都要有必要的等待时间和合适的语速控制。提问前稍加停顿，让学生做好听题的心理准备。提问后的停顿是让学生有时间进行思考，组织好回答问题的语言。对于容易回答的问题，停顿的时间可以少一点。对于不易回答的问题可以多给学生时间思考。注意观察学生在思考时的反应，来挑选回答问题的学生。

---

① 案例来源：刘晓晨，北京市大兴区第十四中学大兴安定分校。

5. 分布广泛

提问分布广泛是指教师的提问应该有计划、有目的地在全体学生中进行，而不是只局限在少数学生身上。对不同难度的问题，提问相应层次的学生，既给理解慢的学生创造成功的机会来增强自信心，又给理解力强的学生提出更高要求，从而调动不同类型学生的积极性。

例如，案例 2-10 中的问题一，所有学生都有自己的想法，不同的想法反映出不同的学生对同一事件有不同的理解。教师鼓励学生说出自己的思考，在验证实验后统一了学生对同一个问题的认知。从教学的一开始就抓住了学生的兴趣点，这使得教师能够顺利地引导学生对之后问题的思考和解决进行关注，逐步达成教学目标。

6. 恰当理答

教师在课堂提问后的对于提问反馈的处理，即理答，同样非常重要。理答，是指在学生初始回答问题后，为了帮助学生对最初的问题形成更合适的答案，教师要对学生的回答给予及时恰当的反馈或追问。

此环节是整个提问过程的核心，若是处理得好，不仅有利于学生对问题的理解，还会长期影响学生参与课堂互动的积极性。好的理答应该具备两大特征：及时性、引导性。教师对学生提出问题或作答后的即时处理，能够点燃学生思维的火花，激发他们的求知欲，并有意识地为他们发现问题、解决问题提供抓手，引导他们逐步建构知识。

教师要对解答进行及时反馈评价。如果问题问的是学生不知道的内容，教师要进行讲解。如果是学生没有思考好而答不上来或回答不正确的问题，应因势利导，搭建问题与学生已有知识的链接，给学生进一步思考和改正的机会，引导学生用较规范的语言，答出符合生物学知识规律的答案。学生回答完问题应给予合理性评价，不能简单地说一句"很好！"或"噢，你是这样想的，你再想想"就算评价了，应准确指出学生的回答好在哪里，是回答正确、准确，还是不准确、没有回答清楚。学生回答结束后应示意学生坐下或回到座位上。

（四）案例分析

案例 2-10 中，教师在教学前确定了课程的核心问题，并且已经把课程的核心问题进行了分解，形成了有层次的问题链。每一个问题内容表述清楚，目的指向明确。问题有难有易，符合教学需要和学生的认识水平，都是有效的问题。问题链的问题之间有着密切的联系，而且紧紧地围绕着核心问题，为最终解决核心问题做铺垫。教师从看似简单的、所有学生都能够回答的问题开始提问，随着对问题链的逐步解决，最终实现了对课程核心问题的解决。

对第一个问题的回答，学生间就出现答案不统一的状况，表现出学生的认知之间存在着冲突，引起了学生的好奇心和求知欲。教师安排了录像、利用设计好的实验，提出有针对性的问题，让学生带着任务通过观察、自主思考寻找答案，大大地提高了学生的教学参与度，体现了学生学习的主体性。对于学生没有前认知但又必须知道的关键内容，教师采取了恰当的讲解，帮助学生顺利地解决了难点问题。例如，用什么试剂检测鱼通过鳃部排出的水中二氧化碳多？空气中氧气比水中氧气浓度高 30 多倍，鱼儿来到空气中为什么会死？

在回答问题的过程中，教师一直引导学生的思维，指导学生思考的方向，帮助学生学会思考，同时帮助学生理解并形成生物学观念。因为有效的提问能够大大提高课堂效率，所以提问技能也是新教师必须掌握的技能。

三、注重概括与及时总结

生物学课堂教学内容分别由不同的教学环节组成，每个部分的内容并不是分散和凌乱的，而是有结构的，是生物知识框架中的重要组成内容。及时的概括和总结能够有效地帮助学生学会构建知识框架。

案例 2-11

高中生物学　动物生命活动的调节①

（1）归纳和总结。

教师：同学们，我们已经了解了许多关于动物生命活动调节的知识。比如，神经调节中的反射（反射弧）、神经中枢、突触、神经纤维等内容；体液调节中内分泌腺、激素、正常分泌、异常分泌、反馈调节等内容；免疫调节中的免疫系统、三道防线等内容。这些都是我们在高二年级学习过的有关动物生命活动调节中的知识性内容。那么请大家思考一下，动物体依靠这三种非常复杂又精巧的调节方式完成相应的活动，对于动物体本身有什么意义？

学生 M：动物个体可以生存下来。

教师：可以用一个生物学名词来描述吗？

学生 M：动物体可以维持稳态。

教师：这种调节是无限的吗？

学生 M：这种调节是有限度的，在极端的环境中，动物体依旧会偏离稳态。

教师：那你能尝试用简单的语言总结一下今天的课程吗？

学生 M：动物体在一定的环境中，通过自我调节机制，可以维持稳态。

教师：那植物有这样的能力吗？

学生 M：有。植物体在一定的环境中，通过自我调节机制，可以维持稳态。

（2）概括核心概念。

教师：结合上面的内容，咱们请一名同学概括一下生命系统中有关调节的核心概念。

学生 L：所有的生命系统都存在于一定的环境中，在不断变化的环境

---

① 案例来源：陆萌，北京师范大学第三附属中学。

条件下，依靠自我调节机制维持稳态。

教师：很好，这就是必修3模块的核心概念。那么我们再来回忆一下生命系统的结构层次——细胞、组织、器官、系统、个体、种群、群落、生态系统、生物圈。如果生命系统的每个层次都能维持稳态，生物体和环境就能协调发展了。

学生L：理解整个高中生物学，找到它们的联系，形成天人合一的哲学思想，赞叹生命的伟大。

（3）共同完成板书。

教师：总结得既清楚又准确。那请L同学帮助老师把这节课的板书完成。

本节课的板书

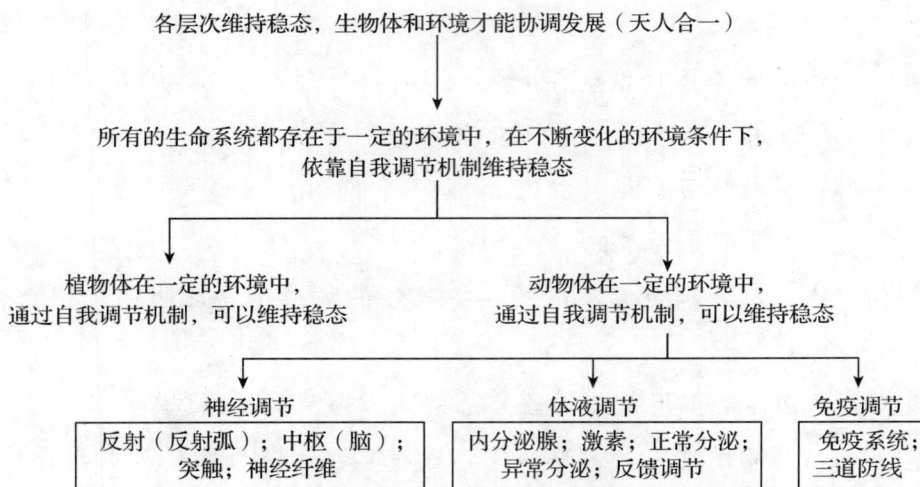

各层次维持稳态，生物体和环境才能协调发展（天人合一）

↓

所有的生命系统都存在于一定的环境中，在不断变化的环境条件下，依靠自我调节机制维持稳态

植物体在一定的环境中，通过自我调节机制，可以维持稳态　　　动物体在一定的环境中，通过自我调节机制，可以维持稳态

神经调节	体液调节	免疫调节
反射（反射弧）；中枢（脑）；突触；神经纤维	内分泌腺；激素；正常分泌；异常分泌；反馈调节	免疫系统；三道防线

（方框中显示的是学生添加的内容）

（4）布置课后作业。

教师：L同学的板书内容添加得没问题。这就是这节课我们复习的动物生命活动调节的内容。

板书上相对应的有关植物生命活动调节的内容今天没时间讨论，请同学们课下看看之前学过的有关植物生命活动调节的内容，下节课我们讨论植物的生命活动调节。

问题聚焦

Q1：什么是结束技能？

Q2：课堂结束环节应该如何高效地组织和呈现教学内容？

（一）什么是结束技能

结束技能是教师在完成课堂教学活动时，对本节知识进行归纳总结，使知识更系统，重点更突出，促进知识记忆、迁移的一种教学形式。主要分为知识总结及布置作业。

好的课堂结束能给人以美感和艺术上的享受，但这不是教师只凭灵机一动就能达到的效果。教师应在平时的教学中增强对课堂结束环节的设计意识。课堂结束的好坏，是衡量教师教学艺术水平高低的标志之一。许多优秀教师都很讲究恰到好处地结束课堂，或归纳总结，强调重点；或留下悬念，引人遐想；或含蓄深远，回味无穷；或新旧联系，铺路搭桥；等等，显示出了精湛高超的教学艺术。

（二）结束技能的特征

好的结束环节应该具备以下特征：概括性、整合性、教学目标评价。

1. 概括性

概括性指的是能用语言、提纲、表格、思维导图等形式对本节课内容进行提纲挈领的概括总结，结合板书，形成逻辑结构清晰的知识结构网。教师在结束环节重在引导学生进行如下反思：这节课我们提出了什么问题？是如何进行科学探究的？解决问题的逻辑顺序是什么？所学知识之间有什么联系？所学的各个具体知识点和哪些背景经验相联系？结束环节要突出主干，进一步强调重点，而不是本节课内容的二次复述。总结可用提问、简叙、提纲、表格、图示等方法，用以强调要点、强化记忆，使学生对整堂课形成一个完整、清晰的印象。

2. 整合性

整合性指的是能根据课堂时间调控总结的方法和形式，使得课程有始有终，为本节课画上一个完美的句号，同时承上启下，适当引出下一节课的内容，让学生提前预习。教师在新课导入中，常常设置问题悬念，引导学生去探究问题，然后开始课堂学习。课的结束环节也应当紧扣教学内容，使其成为整个课堂教学的有机组成部分，做到与导入环节相呼应，而不要游离主题太远。如果导入精心设疑布阵，而讲课和课堂结尾中却无下文，则在结构或逻辑上让学生感觉不完整。特别是有些课的结尾实际上就是对入课设疑的总结性回答或是导入思想内容的进一步延续和升华。因此，在一堂课结束时，教师用准确简练的语言，提纲挈领地把整节课的主要内容概括归纳，给学生以系统、完整的印象，促使学生加深对所学知识的理解和记忆，培养其综合、概括能力。

3. 教学目标评价

教学目标评价是指结束时可以通过提问、练习、布置作业等形式，考查本节课的教学目标是否达到，对学生学习情况进行诊断，为下节课程调整教学策略提供参考。教师要注意评价形式灵活多样，内容紧密围绕教学目标，有梯度，便于精准了解学生的学习效果。教师要对作业形式及交作业的时间交代清楚，作业量适中。

（三）结束的几种形式

1. 练习式

教师想要检测教学目标是否达成，想了解学生在课程结束时对本课程的内化状况，经常选用适当的习题让学生回答。通过学生的回答，判断学生对教学内容的记忆和理解水平是否达到了设定标准。根据学生的回答，鼓励、强化学生对课程基本知识的正确认知，确认课程的教学效果，分析教学过程中需要改进的信息。

📎 | **案例 2-12** |

初中生物学　病毒的前世今生①

结束	整体回顾整堂课的内容，帮助学生整理回顾重点内容，使知识系统化	提出简单小结	讲述	病毒的形态结构、分类繁殖以及病毒与人类的关系
		指出重点	讲述	通过本节课的学习，大家能够描述出病毒的结构特征与繁殖过程
		拓展延伸	学生活动	利用课前大家准备好的材料，根据本节课的学习内容，动手制作一个病毒模型。要求：作品能够体现出病毒的形态结构特征

2. 应用式

生物学的研究内容来源于人类的日常生活和生产实践，目的是对真实现象的解释、对实际问题的解决。学生在课堂上学习的生物学知识、方法和技能最终还是要回到实践应用中，并起到指导作用。课程结束时，教师可以根据教学内容，向学生提出实际生活、实践生产中的问题，引导学生使用学习的内容，同时也是对本课程教学效果的真实反馈。

📎 | **案例 2-13** |

初中生物学　种子萌发的条件②

结束	通过实践应用巩固知识	提出简单小结	讲述	科学探究的一般步骤，种子的结构，种子萌发的条件包括外界条件和种子自身的条件
		指出重点	讲述	通过本节课的学习，大家能够说出种子萌发所需要的外界条件和种子自身的条件

---

① 案例来源：张庆花，北京市怀柔区庙城学校。
② 案例来源：张庆花，北京市怀柔区庙城学校。

续表

		拓展延伸	问题	请大家课下思考以下问题： 1. 我国北方地区往往在秋后把玉米棒子、高粱穗子吊挂在屋檐下面，这主要是什么原因？ 2. 许多农作物是在春天气候转暖并且最好在小雨过后播种，这主要基于什么考虑？ 3. 我国北方早春播种后，为什么要地膜覆盖？

3. 呼应式

课程导入时创设的问题情境中的问题往往是在课程结束时才能完全被解释清楚的，学生能够从生物学的角度理解的。在课程结束时，回顾课程开始提出的问题，观察学生能否利用本节课的内容解释或解决导入时的问题，使课程形成首尾呼应的形式。

案例 2-14

初中生物学　生物的性状表现[①]

		简单小结	讲述	性状和相对性状的定义，遗传和变异现象的概念
结束	通过课前导入和课后总结的方式，使所学知识首尾呼应	重申重点	描述	通过本节课的学习，同学们能够正确判断出性状及相对性状，能够认识遗传和变异现象
		拓展延伸	设问	我们再回到最初的图片（课前学生按要求提供一张自己与之长得像的父亲或母亲的照片以及自己的自拍），刚上课的时候我们说图片中亲代与子代间的相似性称为遗传，亲子代间及子代个体之间的差异性称为变异，那亲子之间的相似性和差异性指的是什么呢？通过本节课的学习，同学们能否从生物性状的角度来总结遗传和变异的定义呢？

---

① 案例来源：张庆花，北京市怀柔区庙城学校。

4. 迁移式

学生在学习生物学的知识后，见到类似的现象或问题时，能够通过回顾相关的知识，与特定的知识进行联系，将生物学知识进行迁移，对新问题做出正确的解释，进行科学的分析，最终解决新问题，做到举一反三。在课程结束时，教师可以提供给学生不同于已经讲过的情境，变换一个类似的情境，帮助学生做到知识迁移。

📎 | **案例 2-15** |

初中生物学　生态系统的功能[①]

结束	对生态系统的组成、功能进行总结	简单小结	讲述	生态系统的三大功能类群：生产者、消费者和分解者。生态系统中的物质循环和能量流动。生态系统具有一定的自我调节能力
		重申重点	讲述	通过本节课的学习，大家能够阐明生态系统包括一定区域内的所有植物、动物、微生物以及非生物环境
		拓展延伸	讲述	地球的资源是有限的，生态系统的自我调节能力也是有限的，我们学习的目的是更好地顺应规律，维护好人类的家园
			设问	通过本节课的学习，请思考，当再遇到有人破坏环境等不良行为，时我们应该怎么做？

（四）案例分析

案例 2-11 是一节高中第一轮复习课的结束环节。结束环节分为四个部分，强化了生命系统中有关调节的核心概念。在第一部分中，教师通过与学生的问答归纳了动物生命活动调节的关键知识，总结自我调节机制的作

---

① 案例来源：张庆花，北京市怀柔区庙城学校。

用。在第二部分中，教师联系已有的植物调节的知识，鼓励学生学会概括生命系统中调节的核心概念。在第三部分中，教师进一步拓展，让学生在理解本课程以及复习单元核心概念的基础上，完成本课程的板书，确认学生是否已经掌握本节课内容，检测本节课的教学目标是否达成。在第四部分中，教师通过布置作业向学生提出要求，对下节课的复习做好铺垫。

"动物生命活动调节"课程教学结束了，学生在这一节课的结束环节既对本节重难点知识进行了概括和强化，又通过有效问答所表现出的思维路径，体现出教师引导思维的训练过程，为后续复习课进行的巩固认知和进一步迁移做好了准备。通过师生共同完成板书，教师有效地诊断学生的学习效果，起到了及时评价教学的作用。教师通过设计板书还有一部分内容有待完成，顺势在课程的最后对学生提出了新要求，帮助学生对后面的课程内容有了心理和知识上的准备，并且为课程单元教学的完整性打下了基础。

四、恰当使用信息技术

随着科学技术的发展，为生物学课堂教学服务的信息技术也在增多，用可视化的图像或数字帮助教师把抽象的生物学现象具象化。恰当使用信息技术，使得生物学教学由单纯用文字描述的方式升级为用图文并茂、视听并用的多维方式。

| 案例 2-16 |

高中生物学　利用 CO_2 传感器测定净光合速率的实验设计[1]

1. 材料准备：CO_2 传感器、电脑及投影、生长旺盛的绿萝一盆、亚克力材料的圆柱筒、亚克力圆托盘、凡士林、黑布一块

2. 课前展示：展示 CO_2 传感器，同时测定教室中 CO_2 的浓度。

3. 测定呼吸作用、净光合速率：

---

[1]　案例来源：靳鹏，北京市京源学校。

（1）将绿萝、CO_2 传感器置于亚克力圆形托盘上，罩上亚克力圆柱筒，用凡士林密封，将黑布罩在亚克力圆柱筒上，创造黑暗环境。

问题1：为什么要创造黑暗环境？

目的：排除光合作用对实验结果的影响，准确测定呼吸作用的速率。

（2）电脑实时接收 CO_2 传感器测定的 CO_2 浓度数据，30 秒采集一次，共采集 5 分钟内的数据，通过电脑投影展示 CO_2 浓度数据的变化。

问题2：黑暗的密闭容器中 CO_2 浓度增加了，CO_2 来自哪里？

目的：用密闭容器内 CO_2 浓度的减少量除以时间，计算植物呼吸作用的速率。

（3）去掉黑布罩，打开灯光，记录 5 分钟之内 CO_2 浓度的变化值，让学生依据数据绘制 CO_2 浓度变化折线图。

问题3：请说明为什么出现了密闭温室内 CO_2 浓度不再增加的现象？

问题4：为什么刚开灯之后，密闭容器内 CO_2 浓度小幅度上升，随后又下降了？

问题5：为什么开灯一段时间后，密闭容器内 CO_2 浓度不断降低？

目的：通过收集数据、解读数据，表述实验结果，构建呼吸作用、光合作用大于、小于、等于呼吸作用时的模式图，加深对净光合速率生物学含义的理解。

4. 展示相同方法测定的一天内密闭的蔬菜大棚内 CO_2 浓度的变化数据，使用 Excel 绘制出温室大棚一天内单位时间 CO_2 浓度的变化折线图。

问题6：折线图中不同位点 CO_2 浓度变化的原因是什么？

目的：通过观察图像，加强光合作用的过程的记忆，培养分析能力和用文字语言表述图像的能力。

问题聚焦

Q1：什么是信息技术？

Q2：案例中教师使用了哪些技术？效果如何？

Q3：如何在生物学课堂教学中恰当使用信息技术？

（一）什么是信息技术

21世纪是信息化的时代，随着信息与通信技术的不断发展，新技术层出不穷，在教育中的应用越来越普遍，产生的效果也越来越明显，越来越得到教育工作者的重视。利用技术，我们可以把浩瀚的宇宙和微小的分子、原子世界展现在学生面前；利用技术，学生在教室就可以遨游世界。信息技术的发展使我们拥有几乎覆盖所有领域的数字资源。

现代信息技术主要是指以计算机为核心，以数字技术为基础，融合通信技术和传播技术，能处理、编辑、存储和呈现多种媒体信息的集成技术。其中，媒体信息通常包括文本、图形、图像、视频、动画和声音等。我们耳熟能详的现代信息技术包括PPT、电子白板、智能手机App、传感器、虚拟现实、大数据、人工智能等。

现代信息技术具有对多种媒体信息进行数字化处理的技术，使集成的多媒体信息在本质上具有多样性、集成性和交互性特征，在表现形式上具有新颖性、艺术性、趣味性等特征，并能使信息以一种全新的、图文并茂、声形辉映、生动逼真的形式予以再现。充分发挥现代信息技术的优势，能为学生的学习和发展提供丰富多彩的教育环境和有力的学习工具，有利于开阔学生的知识眼界，启迪学生的形象思维，增强学生的理解记忆，激发学生的学习热情，改善学生的认知方法，大大提高学习的效率和效益。[①]

2001年6月8日，教育部《基础教育课程改革纲要（试行）》指出，在课程的实施过程中，加强信息技术教育，培养学生利用信息技术的意识和能力；大力推进信息技术在教学过程中的普遍应用，促进信息技术与学科课程的整合，逐步实现教学内容的呈现方式、学生的学习方式、教师的教学方式和师生互动方式的变革，充分发挥信息技术的优势，为学生的学习和发展提供丰富多彩的教育环境和有力的学习工具。

2012年3月31日，我国教育部发布的《教育信息化十年发展规划（2011—2020年）》强调，要探索现代信息技术与教育的全面深度融合，以

---

① 韩志坚、封昌权、徐建祥编著：《现代教育技术教程》，3页，北京，人民邮电出版社，2000。

信息化引领教育理念和教育模式的创新，充分发挥教育信息化在教育改革和发展中的支撑与引领作用。2013年以来，教育部实施全国中小学教师信息技术应用能力提升工程，教师应用信息技术改进教育教学的意识和能力普遍提高。同时，大数据、人工智能等新技术的变革对教师信息素养提出了新要求。

2019年3月，教育部发布《关于实施全国中小学教师信息技术应用能力提升工程2.0的意见》，希望推动教师主动适应信息化、人工智能等新技术变革，积极有效开展教育教学。因此，信息技术与学科教学深度融合是时代的要求。

（二）恰当应用信息技术的原则

教育信息化要求教师和学生具备一定的信息素养和软硬件条件。从教育行政和教研部门鼓励提倡教师课堂教学中使用PPT，到现在的教师课堂教学基本离不开PPT，信息技术应用到学科教学中经历了多年的尝试和发展，取得了丰硕的成果。

通过实践Webquest探究教学、混合课堂、翻转课堂、智慧教室等信息技术支持下的教学模式，教师能够体会到应用信息技术的优越性，如激发学生学习兴趣、提高课堂教学效率、利用多媒体工具软件提高教学质量、计算机多媒体在科学实验中的应用更具有实际意义、更能体现其优越性等。信息技术的教学功能可以概括为七个方面：①创设教学情境，激发学习动机；②呈现复杂过程，促进自主建构；③丰富教学资源，活跃学生思维；④实现资源共享，促进师生交互；⑤促进自主学习，支持协作学习；⑥促进课程整合，提高信息素养；⑦支持即时评价，改进教学过程。

然而，信息技术的使用也会带来一些问题。例如，教师对于信息技术不熟悉，在课堂上出现问题。新教师往往不存在使用技术的问题，问题在于应用技术。新教师往往过于求多求新，造成信息技术滥用，流于形式。新教师往往也缺少优质的信息技术资源。因此，在教学中，如何恰当应用信息技术，如应用信息技术呈现什么内容，如何呈现等，是新教师需要琢磨训练的技能。恰当应用信息技术，提高教学有效性，需要遵循以下原则。

1. 必要性原则

不少课堂的信息技术应用异常热闹，表面上技术与教学似乎进行了融合，但是技术的使用对实现教学目标并未起到帮助的作用。针对当前信息化教学中出现的"技术滥用""技术至上""技术崇拜"等现象，首先要认识信息技术应用的"必要性原则"。"必要性原则"也称为"实用性原则"，即只有在教学中需要应用信息技术的才使用，而不是把信息技术作为教学"摆设"。也可以把该原则理解为如果不使用信息技术手段就难以达到预期的效果、效率或效益。教师要做到"必要性原则"需在正确认识信息技术教学价值的基础上，关注信息技术应用与教学效果、教学效率、教学效益之间的关系，即信息技术的应用能否提高效果、效率、效益，能否有利于促进学生的素质发展。再具体地说，信息技术的应用能否促进教学目标的达成。如果不能将信息技术与教学目标建立明确的关联，那么就需要认真考量教学是否真的需要应用信息技术了。

在案例 2-16 中，利用可视性强的、有信息技术参与的具象课堂演示实验，再分析电脑辅助计算的数据得出结论，相较于通过只有数据、图表的观看、对比、分析等方法引导学生得出正确结论，完成相应的教学内容，前者的教学效果远好于后者的抽象推论。因此，信息技术的合理使用是非常必要的，其作用也是显著的。

2. 适宜性原则

生物学课堂教学中经常出现不恰当使用信息技术的现象。比如，技术应用不符合学生认知特征、不适合学习内容、不适合学习目标、不具备客观条件等。适宜性原则是指信息技术的选择类型、应用方式、应用时间均符合认知规律、学习内容、学习目标、学科特点、具体情境等，能够真正提高教学效果、效率或效益，从而促进学生的素质发展。适宜性具有以下三个方面的内涵。一是选择合适的媒体类型。二是选择合适的应用方式。同一种媒体，应用方式不同，取得的效果可能也不一样。互联网时代，网络也是一种学习媒体，如果让学生在课下基于互联网开展某一特定主题的研究性学习，可能效果比较好；但是如果让学生在课上使用互联网搜索某个主题的信息后加工展示，在有限的时间内让学生在茫茫网络中搜索信息难度较大，学生很容易陷入网络迷航；如果此时让学生在制作好的专题性网站中查找相关内容并进行加工展示，可能针对性更强、效果更好。三是选择合适的应用时间。教师们经常使用视频媒体创设教学情境，如果所选择视频的内容和时间比较恰当，效果一般比较好，但是如果播放数分钟视频来创设情境，显然喧宾夺主了。

3. 辅助性原则

信息技术与学科教学整合的过程中，技术与教学的关系一直是困扰教师们的一个难题。学者们曾经为教育技术是姓"教"还是姓"技"争论不休。无论如何争论，"技术是为教学服务的"这一观点始终正确。当前我国中小学课堂教学存在着一定程度的"唯技术化"倾向，主要表现为教师在教学过程中过度依赖技术，甚至忽视了教学的"主体地位"，课堂教学被技术主宰，甚至离开媒体就无法上课。前面分析过最为典型的例子就是播放视频代替操作演示、利用 PPT 呈现推理演算过程。

针对教育信息化过程中出现的"技术凌驾于教学之上"的现象，有必要提出"辅助性原则"。"辅助性原则"是指信息技术的应用是为教学服务的，一切以教学需要为准。尽管我们现在大力倡导信息技术与教学深度融合，期望信息技术能够与学科内容、教学方法融为一体，但是在讨论技术与教学之间的关系时，教学依然处于主要地位，技术处于辅助地位，技术一定是为教学服务的，任何脱离"服务教学"的技术应用都是不合理的。

案例 2-16 中，教师使用二氧化碳传感器，将放有植物的密闭空间内二氧化碳气体的数值直接展示出来，技术的应用紧紧地围绕植物光合作用和呼吸作用的关系这个教学活动主题，让学生通过具象化的二氧化碳气体数值变化，有效地理解"植物进行光合作用和呼吸作用的过程是动态的过程"这一抽象的概念，既不用抽象的语言讲解，又不会影响学生对整体课程的兴趣点。

4. 情境性原则

建构主义理论、情境认知理论都认为真实的情境是有效学习的重要条

件。戴尔的经验之塔将人类获取经验的方式分为三类：做的经验、观察的经验、间接经验。认知学习主要是通过符号学习获取人类已有的经验，通过这种方式获得的经验基本上都属于间接经验，往往脱离现实情境。

仅仅通过获得间接经验难以培养学生的问题解决能力和创新能力。由于社会文明的发展，学生需要学习的知识种类繁多，不可能所有的经验都通过做的方式获得。因此，观察的经验就是直接经验和间接经验的桥梁，它弥补了书本学习脱离现实情境的困境。信息技术可以为教学创设逼真的情境，弥补符号学习剥离现实情境的问题。情境性原则就是充分利用信息技术手段为教学创设逼真的教学情境，诱发学生的学习动机，建立符号学习与生活情境的关联，帮助学生获得对知识的直观感受和情感体验。情境主要包括生活情境、虚拟情境和知识情境。生活情境就是学习者所在的社会情境，可利用媒体技术还原事件发生的过程或背景。虚拟情境就是利用虚拟现实和虚拟仿真所创建的模拟情境，适用于那些生活情境难以表现的领域。知识情境就是知识所发生的背景与过程情境，能够帮助学习者建构知识的意义。需要说明的是，并不是在所有教学中都需要创设以上三种情境，而是根据教学内容和学情的需要进行设计。

生物学的研究对象有微观的生命体，也有宏观的生态环境，有很多教学内容不能用实验解决。例如，出于对生命的爱护，有些动物解剖实验过程不适于中学生动手或观看；有些自然场景用影像不能够完全展示其立体结构；用光学显微镜看不到细胞内细胞器的结构；由于时间较长，不能在课堂时间内看到的生命现象；等等。以上大部分可以利用信息技术创设仿真虚拟情境，解决中学教学实验中不能解决的问题。

5. 伦理性原则

信息技术在为课堂教学带来便捷性、生动性、功效性的同时，在教育信息化高速发展的冲击下，似乎已经跨越了技术的"辅助角色"。教学的重心不断地向技术倾斜，甚至产生了教学的"技术化倾向"。不少教师似乎已经认为技术进入课堂的正面价值是必然的，然而"技术至上""媒体作秀""技术中人的隐退"等现象不断出现。依据辩证唯物主义技术观和科学人文主义教育观，任何技术在课堂教学中展现积极价值的同时，也都存在着某种教学风险的可能性。信息技术的应用是师生主体间通过"技术中介物"进行的一种相互作用过程，是一种"为人至善"的活动，因此探索信息技术的应用不得不考量技术实践所折射出来的伦理问题。

信息技术应用的伦理性原则是指我们在应用信息技术的过程中，尽量规避技术给学生、给教学带来的负面效应，让信息技术发挥其正面的教学价值。要做到伦理学原则，教师需要通过职前学习、职后培训、教学研讨等多维路径发展教育技术能力的同时，提升信息技术伦理素养，能够辩证认识信息技术教学价值的双重属性，防止技术给学生带来的不利影响，加强学生的信息伦理教育，关照技术应用的伦理品性。

6. 经济性原则

任何媒体的使用都需要一定的成本。我们在教学中选用信息技术时要符合经济性原则。经济性原则就是指选用媒体的概率由媒体功效和媒体代价来决定，尽量选择那些功效高、成本低的媒体。何克抗教授提出，在选择教学媒体过程中要遵守"代价最小原则"。也就是，在教学媒体的选择上，根据媒体的效能和需要付出的成本来决定，尽量以最低的成本取得最大的效果。[①]

生物学与其他学科，如物理、化学、数学等，有着紧密的联系。在中学生物学教学过程中，可以借助其他学科的技术设备，为生物学科的信息技术教学服务，减少教学开支，优化学校资源的利用。例如，可以借用物理的热传感器，连接电脑等设备，进行植物种子萌发实验，监测呼吸作用过程中产生能量（以热量的形式产生的能量）的过程。

（三）案例分析

案例 2-16 中的教学设计使用了传感器、计算机等现代信息技术。教学过程中利用 CO_2 传感器，测定绿萝的净光合速率与呼吸速率的实验，使得实验操作简单，成功率和可重复性高，大大缩短了实验时长，在一个课时

---

① 蒋立兵：《信息技术在中小学课堂教学中应用的有效性研究》，博士学位论文，华中师范大学，2016。

内能完成该实验的设计、实施、数据的获取和处理。课上就可以呈现实验结果、收集数据、解读数据、表述实验结果等一系列过程。通过观看可测的直观数据变化形成的线形图，学生可以分析呼吸作用与光合作用之间在不同时段大于、等于、小于的关系，加深对净光合速率生物学含义的理解。

通过传感器等技术设备客观、真实地测定并记录了"不同条件下密闭容器中 CO_2 浓度的变化"，为研究呼吸作用与光合作用不同时段的关系创设了问题情境。通过定量分析 CO_2 传感器测定的数据，学生学习到生物学研究中的测量方法，整理和分析实验数据，定量表述实验结果。学生通过自主学习、合作学习的学习方式深度挖掘 CO_2 传感器测定的每一个数据的教学价值，解读数据，构建理论模型，突出以学生为主体，激发学生的认知冲突和学习兴趣，深入引导学生的科学思维发展，培养学生的创新精神和创新能力，提高学生的生物学核心素养。

将 CO_2 传感器测定的"净光合速率与呼吸速率"作为贯穿始终的核心问题，学生定量分析 CO_2 传感器测定的数据，通过形象直观的实验数据结合问题链，推理得出合理的结论。通过记录、分析数据、绘制数学模型、观察图像，增加学生的感性认识。最后通过 Excel 绘制出温室大棚一天内单位时间 CO_2 浓度的变化折线图，为增加温室内蔬菜的产量，提出合理建议，将理论知识应用到智慧农业生产。在解决实际生产价值的真实生物学问题过程中，实现知识的迁移应用，体现了对学生社会责任的培养，提升了学生的逻辑推理能力、思辨能力和综合运用能力。

传感器的使用体现了科学实验的发展离不开技术的发展，科学、技术的发展可以用于解决社会生产中的实际问题，体现了科学、技术、社会之间的紧密联系。不是只为展示新技术、使用新技术，而是强调生物学依靠先进的技术手段、理性思维，倡导学生运用信息技术主动参与和探究生物学与社会的发展，培养学生的创新精神和创新能力。

✎ | **实践操练** |

　　1. 按照规范、准确、简洁的要求，讲解"肾小管的结构"（初中学段）、"氨基酸的脱水缩合"（高中学段），要求有设计文本，并多次练习，优化讲解。

　　2. 请设计"尿液的形成"（初中学段）、"蛋白质的结构及其多样性"（高中学段）课程的问题链，并将你设计的问题链进行小组交流讨论，完善优化。

　　3. 请按照概括性、整合性、教学目标评价的要求，设计"尿液的形成"课程的结束环节的框架和流程，用思维导图形式呈现，并与他人交流讨论，并进行优化。

　　4. 请依据信息技术在课堂教学中应用的原则，设计"尿液的形成"课程的探究方案，就方案设计中信息技术如何提高教学有效性加以简要说明，并交流分享。

阅读链接 ⋯⋯▶

　　1. ［美］鲍里奇. 有效教学方法［M］. 易东平，译. 南京：江苏教育出版社，2002.（该书用大量的教学实例进行说明和分析，从教师如何准备教学、如何使用教学技能、如何进行教学评价等方面阐述了有效的教学方法。）

　　2. 李春艳主编. 教师教学技能培养系列教程　中学地理［M］. 北京：中国轻工业出版社，2019.（该书是研究教师所需掌握的教学技能的著作，对教师需要掌握的教学技能做了详尽的阐述。）

▶ 第七讲
生物学实践

　　生物学研究是指人们通过探索自然界中的生命现象以及生物学规律的探究性实践活动。对生物学的研究方法主要是观察法、调查法和实验法等。

这些研究方法及其过程是中学生物学教学活动中的重要内容。由于生物学是以实验为基础的科学，在生物学教学中，实践活动以课堂中的教师演示实验和学生的动手操作实验为主。其他的实践活动包括在校园及其周边环境的调查和种植等活动，以及在典型地区的野外实习活动。

一、认识生物学实践

📎 | 案例 2-17 |

初中生物学　植物呼吸作用的产物[①]

教师介绍了用澄清石灰水可以检测是否有二氧化碳气体的知识，展示了检测封闭的装有萌发种子的锥形瓶中是否有二氧化碳气体的装置，演示了装置的使用方法。学生们看到了由导管引出的萌发种子的瓶中的气体使澄清石灰水变浑浊的现象。之后将学生分为六组，每组用准备好的实验装置，监测用黑色塑料袋罩住的、封闭的标有 A、B 两个锥形瓶中是否有二氧化碳气体。五个组的黑瓶中提前一天分别盛放了植物的器官：根、茎、叶、花和果实。每组的 A 瓶放置的是新鲜的器官，B 瓶放置的是用水煮过并失去活性的器官。但是在第六组的装置内放置了绿豆干种子和煮熟的绿豆种子，想让学生组通过比较实验结果，理解呼吸作用是有活性的生物细胞进行的生理过程。

实验结束后，每个小组对实验现象进行汇报。前五组的学生汇报 A 瓶中的气体能够使澄清石灰水变浑浊，说明有二氧化碳气体；B 瓶中的气体不能使澄清石灰水变浑浊，说明没有二氧化碳气体。教师让学生揭开黑色塑料袋，看看瓶中的实验材料，说说用水煮过并失去活性的器官能不能进行呼吸作用。前五组的汇报支持"具有活性的植物器官能进行呼吸作用，失去活性的植物器官不能进行呼吸使用"的结论。但是第六组学生的汇报与其

---

① 案例来源：崔冰洁，北京市顺义区第三中学。

他组的实验现象是一样的。第六组的汇报出乎教师的教学预设——两个瓶中的气体均不能使澄清石灰水变浑浊，说明两个瓶中没有二氧化碳气体。教师走到第六组的桌前，仔细看了看装置，没有问题。又闻了闻，发现了问题。

教师："第六组同学请解释一下你们根据实验现象得到的结论。根据之前的知识——干种子呼吸作用极低，用这套实验装备几乎测不到二氧化碳；根据前五组的推论——煮熟的种子也没有呼吸作用的气体产生，你们的实验结论是什么呢？六组的同学，你们能给大家解释一下吗？"

六组的学生脸红了，嗫嚅道："我们做的实验两个瓶子里面的气体出来都没有使澄清的石灰水变浑浊。又看见其他组同学的实验现象都一样，以为自己做错了，怕老师批评，就把实验现象改了。"

教师："看来第六组的同学修改了实验现象，导致了结论出现了重大的偏差。这样做对吗？"

学生们："不对。"

教师："怎么不对？"

学生们："应该实事求是。"

教师："同学们说得对。如果实验现象与我们的设想不一致，我们就应该找出为什么不一致的原因。科学家们在做实验的时候也不是一帆风顺的，实验也会失败。但是他们不怕失败，找到失败的原因，再做实验。这样才能使得通过做实验得出的结论更真实、更科学。六组的同学，老师不会因为你们的实验做失败了批评你们，所以今后实验现象要真实记录。能做到吗？"

六组的学生："能做到。"

教师："其他同学听到了吗？今后实验现象要真实记录，你们能做到吗？"

学生们："能做到！"

问题聚焦

Q1：案例中，学生在课堂实验过程中都学到了什么？

Q2：作为生物学实践活动之一的课堂学生实验对生物教学起到了什么

作用？

Q3：除了课堂学生实验，生物学实践活动还有哪几种类型？

（一）生物学实践的定义

生物学实践活动是研究生物界时进行的有目的、有计划的一系列活动，获取真实的材料和信息，通过整理和加工，解释生命现象、揭示生物界内在规律，也为解决相关生物学问题提供观点和论据。生物学的基本研究方法包括观察法、调查法和实验法。

生物学实践教学是指在课堂教学中将生物学研究活动的不同方法介绍给学生，让学生尝试使用这些研究方法对生物界进行探究的系列教学活动。

（二）生物学实践的特点

生物学实践活动是人们对生物界主动的认知活动，是生物学教学的重要内容之一。在教学过程中，生物学实践活动除与其他的生物学课程教学具有一样的特点外，还具有以下教学特点。

1. 认知形成与技能形成相结合的学习过程

进行生物学实践之前要依据研究目的，选择研究方法。运用生物学知识形成实践设计原理，设计科学的实践步骤，依据实践需求选用正确的工具，同时正确操作工具。因此，生物学教学中的生物学实践是学生体验和学习设计不同研究方法的过程，也是运用研究工具的过程。

2. 体验研究与知识构建相结合的学习过程

学生亲身体验了生物学研究的过程，验证了前人对生物学概念的形成、生命现象和规律的解释过程，加深了对生物学知识的理解。这使学生能够领悟生物学研究的重要性，理解生物学规律和观念是在前人长期研究实践的基础上构建形成的，利于学生对生物学知识的建构。

3. 思维辨识与科学素养养成相结合的学习过程

生物学研究重视对实践过程和结果的客观记录，更重视分析思考与辨别。能够从纷繁的现象中找到规律性的东西，是对学生科学思维能力的培养。引导学生用科学的态度对待研究结果，用科学的知识和方法进行思考，是科学素养形成的必行之路。

（三）教学中生物学实践的作用

生物学实践对学生学习生物学起到三个方面的作用。

1. 学会生物学研究方法的运用

生物学来自实践，是在对生命现象观察的基础上，从实验和社会实践中总结发展起来的。离开了实践，生物学知识就成为枯燥的文字，难以让学生理解。因此，实践内容就成为中学生物学重要的教学内容。实践是推进生物学研究的动力。其中，观察法是指通过视觉或利用辅助工具去直接观察被研究对象，获得资料的一种方法。例如，在初中和高中的课程中，学生都要利用显微镜观察细胞的结构。调查法是比较全面地收集研究对象的现状或历史状况的各种材料的研究方法。例如，学生对家族遗传病的调查。实验法是依据因果假设，在人为控制的条件下，检验实验变量之间是否存在着一定因果联系的研究方法，是生物学中常见的一种研究方法。例如，探究不同浓度的酒精对水蚤心脏跳动的影响。

2. 辅助对生物学知识的认知

对生物学的认知要遵从人类的认知规律，即从事实、现象等感性认知，到概念、规律等理性认知。生物学实践改变了学生以往注重记忆的学习方式，降低了学生对生物学学习的难度。通过实践进行的学习，是把由背诵文字性的名词、现象和观念的被动学习变为有趣的动手操作、动脑思考的探究式学习。通过直观的、能够看见的实物或现象，经比较、分析、综合、概括，形成了概念和规律，使得文字性的生物学名词和抽象的文字生命现象和过程变得生动起来，学生深刻地理解抽象的概念和观念，巩固并提升了对生物学的认知。

在案例 2-17 植物的呼吸作用的实验中，学生在对六个组的对比实验结果有着极大期盼的趋势下，看到了植物的不同器官通过呼吸作用产生的二氧化碳使得澄清石灰水变浑浊的现象，看到了植物体不同器官呼吸作用的结果，最终自己总结并形成了植物体呼吸作用的概念。学生带着问题，怀有极大的好奇心做生物学实验。学生通过自己设计实验，动手操作，看到

实验现象，分析实验结果，得到实验结论，完成了解决问题的过程，同时学习到了相应的生物学知识。

3. 助力科学精神、科学态度和社会责任的养成

在生物学发展的历史中处处可以看到生物学实践的重要作用。从细胞学说的建立到生物进化论的形成，从基因学说的确定到生命信息的发展，科学家们以严谨的科学态度、不屈不挠的科学精神，进行大量的实验，锲而不舍地验证和探索，通过实践挑战权威的非科学理论，面对失败的实验结果和舆论的阻力，不断地尝试，用实验数据推进着生物学的发展，改变着人类对生命的理解、自然界生命现象的固有观念。每个实验都渗透着生物学家严谨的科学态度，反映出他们的科学探究精神。

在实践教学的过程中，教师可以通过对实践的设计、实践结果的讨论等内容对学生进行科学精神的渗透，使学生在学习过程中逐渐形成科学的态度。例如，在案例 2-17 中，第六组学生在没有得到预期实验结果的情况下，擅自改变实验结果的记录情况。这是教师帮助学生形成正确科学态度的最好实例。教师在听到这组学生的汇报后，没有放过这个典型的教育机会，帮助学生意识到自己的态度问题，给全班学生上了一节生动的形成正确科学价值观的课程，帮助学生逐渐养成解决实际问题的责任担当和能力。

（四）教学中生物学实践的主要类型

中学生物学实践教学主要是在实验室或教室中进行的生物学实验，同时利用学校内的资源开展实践活动，主要是在校园中进行调查和种植。高年级可以开展各种野外生物学实习的活动。

1. 课堂生物学实验

（1）课堂生物学实验的内涵。

生物学不仅是对生命体和生命现象的描述和比较，也需要利用仪器设备等工具，在人为控制条件下进行实验，验证生物学的理论或者假设。生物学是建立在实验的基础上，不断进行探索、形成并发展的一门自然科学。生物学实验是生物学教学中的重要内容之一。

生物学实验教学是指教师组织学生在生物学实验室和校园内外课程的教学活动，既可以是动手、观察的实践活动，也可以是以问题解决为特点的探究活动。课标指出，实验教学是生物学课程的特点，也是生物学教学的基本形式之一，是促成学生达成生物学学科核心素养的重要支撑。生物教师必须掌握课堂生物学实验的方法和实验教学的方法。

生物学实验中涉及大量的实验器具和实验器材，教师通过演示实验向学生展示正确的使用方式，学生通过动手操作练习使用。例如，解剖刀、镊子等解剖用具的正确拿法和使用，试管、培养皿等器材的正确手持方式和使用方法，显微镜等工具的正确使用方式。

生物学实验是现代生物学研究过程中最常用的方法，习得使用实验器具、器材只是实验的一部分内容。学生只有在教师的指导下，体验实验研究的全程，即根据实验的预期目的，在一定条件下选用恰当的实验器具，设计合理的实验步骤，对实验现象做出科学解释，得出科学的结论，才能学会使用实验方法进行进一步的生物学研究。

(2)课堂生物学实验的类型。

依据实验要达到的教学目的和操作者的不同，生物学实验分为演示实验和学生实验。

①演示实验。课堂演示实验是在课堂教学过程中由教师在学生面前操作，使学生能够观察到实验操作过程和实验现象，学习生物学实验技能，引导学生进行思考的教学过程。[①] 有些演示实验也可以邀请学生参与部分操作，与教师共同完成。

有些生物学现象比较抽象和复杂，只用语言或图像描述和说明很难让学生理解。通过教师的演示实验，学生看到了实验现象，有了感性认知就能够理解并易于记忆了。例如，通过教师演示的绿叶植物蒸腾作用实验，学生看到罩着植物的塑料袋内壁上确实有蒸发出水蒸气凝结的水珠，能够正确地观察到植物的蒸腾作用现象，对蒸腾作用的原理和意义的理解就变得容易了。

---

① 耿瑞艳主编：《中学理科教学与实验》，238 页，长春，东北师范大学出版社，1999。

生物学实验是学生的学习内容，教师的演示实验是必要且重要的。教师做的演示实验有两种类型。一是学生不会做或不能做的，尤其是初中阶段的生物学实验。多数初中生物学实验的实验器具学生没用过，正确的使用方法学生不知道。实验仪器的操作过程学生不知道，需要教师进行示范。例如，试管、滴管、移液器等器皿的正确手持方法和使用，显微镜的调试和使用。教师通过演示实验教会学生如何使用仪器。二是学生不必做的。这类实验的目的是让学生通过实验现象进行思考和理解，不是让学生学习相关实验知识和技能。多数是用时较长的实验。例如，验证绿叶植物蒸腾作用的实验。这类实验就可以邀请少数学生参与。

②学生实验。学生实验是学生在教师的指导下，在教室或实验室中学生个人或学生小组操作进行的实验。[①] 根据不同的实验目的可分为验证性实验和体验探究过程的探索性实验。对于验证性实验，学生已经有了一定的认知基础，对相应的理论进行实验，以巩固已有的认知和实验技能。探索性实验是对未知的理论或规律进行实验，通过观察、验证、分析、推理得到新的认知的过程。这两种实验从提出假设到设计实验，从推理结论再到评价多有差异，参见表 2-3。

表 2-3　验证性实验与探索性实验的区别[②]

验证性实验	探索性实验
告诉学生详细的实验步骤	告诉学生如何进行探索的步骤
告诉学生实验结论	不告诉学生实验结论
努力获得所要的实验结果	努力探索实验结论
教师依据学生的实验结果接近实验结论的程度给予评价	教师依据实验结果和学生的解释给予评价

通过学生实验的教学，学生不仅要明确实验目标，理解实验原理，学会规范操作方法，做好实验记录，写好实验报告，分析实验结果，确定实

---

① 盛占春：《中学生物学实验手册》修订本，7 页，上海，上海教育出版社，1979。
② 耿瑞艳主编：《中学理科教学与实验》，246 页，长春，东北师范大学出版社，1999。

验结论，养成良好的学习和实验习惯，形成实事求是的科学态度，还要学会用生物学实验进行不同内容的科学探究。生物学的实验中有定性实验和定量实验，分别研究生物界的结构性质和数值数量。判断某种结构或因素对生命体是否存在影响，以及某些因素之间是否存在联系等生物结构和性质的问题进行的实验是定性实验。例如，通过观察植物细胞，确定植物细胞器；通过实验验证唾液淀粉酶对淀粉有分解和催化的作用。如果是测定生命体及影响因素的数值，以及数值之间的变化关系所进行的实验就是定量实验。例如，不同温度条件下过氧化氢酶催化作用的变化。

2. 校园生物学实践

生物的种类繁多，生活环境复杂多样，在室内进行的实验内容有限。校园是学生每天生活的场所，也是一个特殊的生态环境，可以反映出一部分生物在自然环境中的分布和生存状态，也是生物学的学习和研究资源。校园生物学实践是学生在教师的指导下，在校园中进行的生物学学习和研究活动。校园生物学实践研究可以用调查法进行。

3. 生物学野外实践

生物学野外实践是组织学生到典型地区，通过调查、观察或采集实物标本，了解生物在自然界中的现实情况，指导学生依据对生物学的认知在自然环境中进行研究性学习的教学过程。由于研究对象不同，生物学野外实践可以分为植物学野外实习、动物学野外实习、生态学野外实习和生物学野外综合实习。

学生对自然中生命体的了解与认识不能仅限于课堂和学校内。生物学野外实践能够帮助学生进一步掌握和巩固课堂教学的内容。将生物学理论和实践相结合的过程，也是生物学教学内容的重要组成部分。学生们走进自然，增进对自然的了解与认识，理解人与自然的内在联系，逐步提高关爱自然、关心自然环境、保护环境的思想意识和能力。在野外实践过程中，教师要引导学生自主探究自然环境中有关生物学的问题，让野外实践过程成为学生研究性学习的过程。

由于野外环境与学生日常生活的环境不同，条件比较艰苦，野外实践

有利于学生的自律能力、自立能力的提升，也是培养学生协作精神、创新
意识和团队精神的重要途径。

二、生物学实践的原则

生物学实践与课堂教学一样也是一种生物学课程教学的过程，都有设
计、实施和评价的环节。由于实践的特点，进行生物学实践教学应遵循一
定的原则。

（一）科学性原则

生物学实践是科学研究的过程，反映生物界的客观实际，反映生命现
象的本质和内在规律。科学性原则是进行生物学实践的首要原则。研究的
原理和研究的设计都要有科学依据，真实可行。研究的内容、记录和研究
结论的形成都必须实事求是，如实反映研究的过程。

1. 原理和目的准确

生物学实践的原理是进行研究的依据，也是用来检验和修正研究过程
中失误的依据，因此必须是经前人总结或经科学检验得出的科学理论。[①] 例
如，观察单细胞生物——草履虫的结构，由于草履虫的运动速度较快，在
显微镜下不容易捕捉到静态的草履虫，不易看清其结构，可以依据温度对
生命活动有影响的原理，在观察前适度降低草履虫生活环境的温度，达到
观察效果。

研究目标要有价值，既要能反映生物学的规律，又要符合中学生的认
识水平。例如，对于校园生物的调查，调查的目的一般都是了解校园内的
动植物。由于研究条件的限制和学生研究水平的局限性，一般不进行校园
微生物的调查。

2. 取材和处理合理

研究对象、研究方法和研究步骤也要科学。要想达到研究目标，选择
对象必须关注材料本身所具有的特点。选取的对象要有典型性，数量要充

---

① 《实验设计的基本原则》，载《精神医学杂志》，2013(6)。

足。孟德尔选择豌豆作为研究材料，发现了遗传的分离定律和自由组合定律就是很好的案例。再如，"检验光合作用的产物"的实验，有的教师选用黑藻的叶片作为研究材料，实验现象不仅明显，还便于学生利用显微镜进行光合作用反应部位的观察。

对研究材料的正确处理也是研究成功的关键。例如，在生物学实验中，对实验材料的处理方法必须科学可行，依据对照性原则设计实验组，进行重复性实验，以保证实验过程的科学性。

3. 记录和结论真实

研究结果要如实记录，不能任意修改或制造假数据，保障研究结论的真实性，起到生物学实践的作用。

（二）安全性原则

不论是在教室中做实验，还是在自然环境中进行调查和实习，都存在着各种意外因素。为避免教师和学生受到伤害，在进行生物学的实践活动之前要充分考虑到不同环境的危险因素，学习相应的安全知识，保证实践研究的安全性。

1. 室内实验的安全知识

生物学实验中经常会用到化学药品和器材，教师首先应向学生提出要求，遵守实验室的管理制度。例如，不随便触碰实验用品，实验物品不得入口等，强调并督促学生形成安全意识。

生物学实验药品一般有两类：一类是有刺激性、腐蚀性的药品，会刺激眼睛、气管黏膜等器官，如盐酸、氢氧化钠等；另一类是有毒的药品，如福尔马林、石油醚等。[1] 一旦使用不当，轻则引起喉痛、黏膜红肿，重则会引起气管炎，皮肤或黏膜破损，甚至死亡。化学药品使用后倒入专门准备的废液缸，进行回收或妥善处理。这样既可以再利用，又避免对教室或实验室的污染。

---

[1] 北京市教育技术设备中心编著：《实验技术与装备·高中生物》，225页，北京，北京师范大学出版社，2013。

实验仪器是否规范使用也是保证实验安全进行的条件之一。实验仪器使用有三种情况。①器材的使用。器材使用不当或破损，会引发危险伤害事件。使用解剖器材是初中生物学实验教学中常用到的，如果手持和使用方法不正确，会划伤皮肤，或者损坏器官。②实验装置的使用。玻璃器皿和酒精灯是生物学实验中用得最多的，在实验过程中必须规范使用。例如，酒精灯在燃烧时不能随便移动；试管加热时和加热后不能手持，要用试管夹拿取；加热后的试管不能随便放置，待冷却后放置在试管架上，避免试管损坏。③实验现象的观察。观察实验现象时，与实验器材保持安全距离，用正确的方法闻气味、看结构和变化。例如，试管在加热时，试管内沸腾的液体有可能溅出试管，如果试管口的方向朝向自己或他人，会引起烫伤。因此，试管口不能朝向自己或他人，观察加热试管内的实验现象时也应避免眼睛对着试管口。

2. 自然环境中的安全知识

室外环境中生物学实践的不安定因素有三类：自然因素、人为因素和随机因素。[①] ①自然因素：包括气象因素、地质因素和生物因素。由气象因素引起，如大风、高温、暴雨等，多数情况下可以避免。地质因素有些是与气象因素并行的。例如，校园草地塌陷、野外山体滑坡、泥石流等。生物因素是指由生物体引发的，如毒虫的叮咬、有毒植物或动物的伤害。②人为因素：一般是由活动中的失误或操作不当引发的因素。例如，放大镜放在地上不慎被踩坏造成手或脚被扎伤。③随机因素：由多种因素形成。例如，边走边看，只顾抬头照相，不顾脚下的道路情况而扭伤或摔伤。

在进行室内或室外生物学实践之前要充分考虑到活动过程中会出现的安全问题，提前制订安全预案。一旦出现安全问题不要惊慌，依据预案采取紧急措施，避免或降低突发事件对学生和教师的伤害。

（三）开放性原则

学生的探究性学习可以在生物学实践活动中体现出来。探究性学习的

---

① 石红艳、刘昊、杨丽红主编：《动物学野外实习手册》，5页，北京，科学出版社，2016。

一个重要特征就是开放性。开放性推动生物学实践研究的创新，利于培养学生的开拓精神。从研究的选题、对象到研究方法和结论的形成都体现了开放性。

生物学的实践研究往往是以问题为开端的。学生对生物界的好奇心强烈、想象力丰富，会提出各种问题，做出多种假设。任何可能成立的生物学假设都应该通过实践去探究。教师要鼓励学生根据生物学原理主动地验证他们的假设，有目的地去解决问题。解决问题的方法多样，引导学生自己选择方法，设计、制订自己的研究方案，选用需要的药品、器材、设备等。

对生物界研究结果和讨论的开放性推动着生物学的发展。因此，生物学教学中的实践活动为学生的探究提供了开放的环境氛围。不管结果是否达到预期的假设，学生们都真实地体验了生物学实践研究的过程，体验到一个问题具有多面性，一个问题也有多种解答。解决问题的知识不仅局限于生物学，也有其他学科的支持，如数学、化学、物理学、技术学。

三、不同类型生物学实践活动的设计与实施

中学生物学实践的活动有些在室内进行，有些在室外进行。根据活动场所和研究方式的不同，生物学实践可以分为生物学课堂实验、校园生物学实践和生物学野外实习。

（一）生物学课堂实验

生物学课堂实验是中学生物学研究实践中最多的内容。根据教学需求，实验可以在教室内进行，也可以在实验室进行，包括演示实验和学生实验。不管实验者是谁，在什么场所进行实验，都是教学内容，都要在依据教学目标做出设计之后才能付诸行动。

1. 实验前的准备

设计好实验后，必须对实验进行充分的准备，才能保证实验达到预期效果。准备工作主要有下列几个方面。

(1)设计完整的实验报告。

做实验之前要对实验全面的考虑，制订完整的计划。首先要确定验证哪一个理论、探究什么规律等实验目的，针对每一个目的选择适合的研究方案。然后，依据研究方案拟定实验的步骤，考虑每一步要使用哪些器具，需要哪些装置。最后，确定记录实验结果的形式，可以用文字描述，也可以用数字或符号标记，还可以用表格、图形、绘图和影像等记录。最终记录实验结果，设计形成实验报告。[①]

验证性实验报告的内容包括实验原理、实验目标、实验材料和用具、操作步骤、实验结果及讨论。例如，表 2-4 所示的植物的呼吸作用的实验报告。探究性实验报告还要将提出的问题、假设加入实验步骤之前。

表 2-4　植物的呼吸作用的实验报告

植物的呼吸作用
班级_____　　姓名_____　　日期_____
一、实验原理 澄清石灰水遇二氧化碳变浑浊，可以检测二氧化碳的存在。
二、实验目的 检验活体植物器官是否存在呼吸作用。
三、实验材料 250 mL 锥形瓶、500 mL 烧杯、漏斗、试管、试管架、量筒、饱和澄清石灰水、清水、吸管、橡皮泥、橡皮筋、黑色塑料袋罩、几种植物器官。
四、实验步骤 1. 将实验材料分别放入锥形瓶中，用黑色塑料袋(双层)罩住后，用橡皮筋勒紧瓶口，常温下静置 24 h。 2. 向试管中分别倒入 10 mL 澄清石灰水。 3. 将漏斗上端开口用橡皮泥封住，快速插入锥形瓶口。再将吸管的较短一端迅速插入锥形瓶口，另外一端通入澄清的石灰水中。

---

① 耿瑞艳主编：《中学理科教学与实验》，261～267 页，长春，东北师范大学出版社，1999。

4. 将橡皮泥取下，向漏斗中倒入 200 mL 的清水，使瓶中气体通入澄清的石灰水中，观察并记录实验现象。

五、实验结果与分析

1. 实验现象记录

	1	2
实验现象		
说 明		

2. 实验结果讨论

（2）准备实验材料和设备。

规划好整体的实验后，要准备好实验所用到的一切物品，并按实验要求摆放好。

①实验材料的准备。在每个学期初对一个学期的实验进行列表，对使用的实验材料做到心中有数。有些实验材料会受到季节的限制，必须早做计划，早做准备。可以通过采集、培养、购买等方法准备生物学实验材料。例如，"光合作用"实验用到的金鱼藻可以在秋季开学时采集，放置在实验室内阳光充足的地方，在水缸内培养，待实验时使用。如果没有采集和培养条件，也可以提前一周采买，方便使用。

选择合适的实验材料对实验效果的影响很大。首先，实验材料要具有典型性、新鲜、完整。例如，用于"花的结构"实验的花，如果找不到教材推荐的桃花，可以选用新鲜的白菜花、牵牛花等比较典型的完全花。不能选用杜鹃花、南瓜花、黄瓜花等不完全花。其次，要考虑到实验材料的大小，要适合学生观察。当然也需要考虑习惯问题。例如，做"心脏的结构"实验时，不选用好购买但个体小的鸡的心脏，而常选用个体大的动物的心脏做实验材料。

②药品的准备。用于生物学实验的药品的配制、存放和分装都要在实验前准备好。药品的配制时间要根据实验的需求而定。有的实验药品配制时间长，也易于保存，要及早配制以免影响实验使用，如生理盐水、用于细胞核染色的德式苏木精染液等。有的实验药品过早配制容易挥发或失效，所以不能过早配制，以免影响实验效果，如层析液、解离液等。

性质稳定的药品用普通的玻璃瓶保存，如蔗糖溶液、氢氧化钠溶液。对于性质不稳定的药品需要用棕色瓶保存，并且放置在低温、避光的环境下，如碘液、染色体染色剂等。

每种药品分装之前，要考虑到其稳定性，要将药品分装到有不同材质瓶盖的试剂瓶中。有强腐蚀性的药品，不能分装到带有胶头滴管的试剂瓶中，如盐酸、氢氧化钠溶液。先把每一个试剂瓶进行名称标记，再将药品放入。分装一种药品后再分装另一种药品，这样就会避免装错药品。

③仪器的准备。实验前把要用到的实验仪器进行仔细检查，如果是不能用的物品要及时更换，不好操作的物品要及时修理，避免实验操作中的危险，影响实验的顺利进行。例如，检查玻璃器皿是否有裂隙，备好更换品；检查和清洁显微镜常使用的部位，保证视野清晰。

将实验使用的材料、药品和仪器准备好后，还要摆放在实验台的适当位置上。实验材料、药品和简单的仪器（玻璃器皿、解剖器材等）一般都放置在解剖盘内，统一放置在实验台的左前部。废液缸也可单独放在解剖盘外侧。

（3）做好预实验。

即使为实验做好了充分的准备工作，在实际操作的过程中也可能会出现不可预测的情况。教师要预先操作一遍实验，检验取材的合理性，演练实验操作手法，检测设备的安全性，估算实验用的时间，观察实验现象的效果。预实验最好在实验的前一天进行，能够及时发现问题，找到解决问题的关键，及时弥补或修改。例如，做"观察血液流动方向"实验的环境温度低，用于实验的金鱼新陈代谢慢，显微镜下观察金鱼尾部的血管内血液流动不明显。如果学生观察不到实验现象，则会影响教学进程。教师通过做预实验，要确定金鱼在多少摄氏度的温水中放置多久，才能促进血液循环，让实验现象明显，保证实验的顺利完成。

2. 讲解和示范实验内容

进行实验之前，教师引导学生理解支撑实验的生物学知识和原理，明确实验要解决的问题，介绍实验所用物品，知道为什么做实验，再演示操作方法和过程，让学生先习得怎么做实验。教师必须讲清楚实验操作和每一个步骤的要点和注意事项，着重强调关键点、技术问题和安全问题，避免实验受挫，影响教学进程。

指导低年级学生做实验时，教师可以进行分段实验：先介绍第一部分实验的方法和操作，让学生做第一部分的实验内容；然后再介绍第二部分的实验内容，让学生操作第二部分实验。这样分段操作指导，直到最后一部分实验结束。例如，用显微镜观察植物细胞和动物细胞的临时装片，可以分为三步：调节显微镜、制作临时装片、镜下观察。指导高年级学生做实验，就可以介绍完整的实验后，让学生独立完成所有的实验。

前面提到，教师的演示实验是学生不能做和不必做的，其与为学生实验做演示有区别，对这两种演示又有以下相同的要求。

(1)规范性。

规范性有以下三个方面。①动作要规范。一方面是物品的手持位置正确，另一方面是手持物品的方式和使用过程正确。例如，解剖器具的使用，如图 2-2 所示。②操作和指示的方位顺序要规范。一般是由整体到局部或者由局部到整体，先上后下或先下后上，由左至右或由右至左，由中间至两边，或者先周围、后中间，由外至内。③指示位置准确，指出位点或圈出范围。

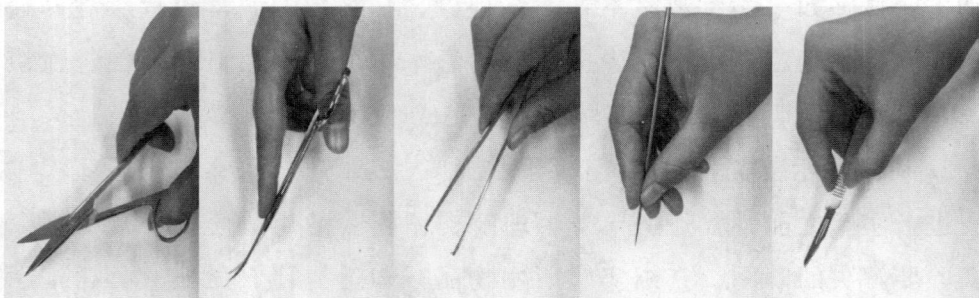

图 2-2　解剖器具的手持方式

（2）可视性。

高度适当，要让所有的学生都能够看到。也不能够为了让学生看到而高举双手进行演示，过高会使操作不方便，让动作变形，达不到示范的作用。演示的动作如果需要放大，可以借助投影仪等设备。为了让学生看清楚实验中颜色的变化，可以在实验器材的后面加上衬纸。要观看深颜色可用白色衬纸，要观看浅颜色可用深色衬纸。演示结束后，将实验用品和仪器放置在学生不易见到的地方，避免分散学生的注意力，干扰下一个教学环节的进行。

（3）三种展示模式。

根据实验目的和学生的接受能力，教师可以采用三种不同的演示方式：先讲解后演示、先演示后讲解、边讲解边演示。

先讲解后演示的方式的优势是：实验目的明确，指导性强。有两种情况比较适宜。一是当学生在理解实验原理的基础上才能操作的时候，教师先要进行解释和说明，然后再示范操作。例如，撕取洋葱鳞片叶内表皮之前，教师把用什么器材在内表皮上划出"井"字的方式、所划取材料的面积大小、从哪个位置开始取材以及取材时的注意事项一一说明之后，再进行操作，让学生能够取到大小、薄厚合适的可用材料。二是在验证生物现象或规律时，先解释说明要验证的现象或规律的内容，然后演示。例如，在检测二氧化碳是生物呼吸作用产物的验证实验前，教师先向学生说明，二氧化碳能够使澄清石灰水变浑浊，然后，用吸管轻吹锥形瓶内的澄清石灰水，向学生展示实验现象。

先演示后讲解的方式能够引起学生好奇心，激发学生探究和学习兴趣，比较适合用于以下三种情况。一是教学生使用没有用过的实验器材，或者是不知道的实验操作方式，教师要先进行演示。例如，移液枪的使用。教师让学生先仔细观看教师手持移液枪的方式，然后解释为什么这样持枪。先用移液枪演示提取液体的过程，再介绍提取的过程要素。二是解决学生不易理解或容易混淆的现象、概念等。教师演示两种不同的操作，让学生进行比较，帮助学生加强理解记忆。例如，解剖剪的正确操作方法。三是对生物学的某个现象、概念或规律进行探讨，只需教师做演示实验，让学生对看到的现象进行讨论和分析。例如，教师将点着的蜡烛放入装有萌发种子的锥形瓶中，让学生看到蜡烛熄灭的实验现象，讨论蜡烛熄灭的原因，然后再进行讲解。

边讲解边演示是实验中常用的方式。教师一边做，一边讲解，让学生容易看清和注意动作要领，尽快理解相应的原理。学生在做的时候能够按照教师提出的注意事项，或依据原理正确操作，减少因不理解造成的失误。例如，将撕下的洋葱鳞片叶内表皮细胞做成临时装片的过程。

3. 指导学生实验

教师讲解和示范之后，学生开始独立操作。在学生进行实验的过程中，教师不是看学生怎么做实验就可以了，还要积极主动地对学生进行指导。观察学生的操作，及时纠正学生操作中的错误，发现学生实验中存在的共性问题，提醒全班学生注意。教师还要维持实验课程的秩序，控制实验的节奏。

（1）维持实验的秩序。

中学生对做实验充满了期待，对实验器材非常好奇，总想摸一摸，看一看。学生的触碰或不规范地乱拿乱动，很容易弄乱或损坏实验器材，影响实验的正常进行。因此，从实验一开始就要对学生强调实验要求，并严格执行。学生在做实验时容易忘乎所以，教师在实验进行中对学生的行为规范也要反复强调，形成有序的实验环境。一方面保障顺利地完成教学内容，另一方面有助于学生养成良好的行为习惯。

(2)指导学生的实验。

在实验过程中，教师要在课堂内进行巡视，走到学生的身边，细致地观看学生的实验过程，抓住学生操作过程中的细节问题，及时纠正学生的不规范操作，避免出现实验安全问题，减少实验误差的产生；及时解答学生在实验过程中提出的问题，观察学生实验的结果，倾听学生小组的讨论内容，指导学生的讨论方向；客观地分析学生的实验表现，找出学生在实验过程中的共性问题，通过实验判断学生对生物学认知过程中存在的偏差；依据实验目标和原理整理对学生实验的评价；控制实验的时间和进程，督促学生按时完成实验报告，避免影响下一个教学环节的进行。

4. 指导实验分析和总结

实验完成后，要组织学生对实验结果进行分析。让学生依据实验报告展示、汇报实验结果，分享实验经验，评价学生实验。讨论、分析是哪些因素使实验结果产生了差异，避免学生在实验中再出现类似的问题。

生物学实验不仅是让学生学习做实验的方法和技能，而且是让学生学会如何探究，引导学生学会思考。学生的思维是一个完整的过程，不能跳过其中的任何环节。指导学生通过分析观察和记录的实验现象，总结实验结果，得出实验结论，就是典型的思考的过程。实验现象、结果和结论三者的概念是不同的，不能混淆。实验现象是学生看到的事实，实验结果是根据原理做出的判断，结论是根据分析推断出的规律。例如，检测"植物呼吸作用产物"的实验，学生看到澄清石灰水变浑浊，这是实验现象。由实验原理——二氧化碳能够使澄清石灰水产生白色絮状沉淀从而使澄清石灰水变浑浊，得到实验结果：装有萌发种子的瓶中有二氧化碳气体。由此分析出瓶中的二氧化碳是萌发的种子释放的，萌发的种子通过呼吸作用产生了二氧化碳，最后得出实验结论：二氧化碳是萌发种子呼吸作用的产物。

分析实验结果中出现的误差，也是生物学研究中必不可少的内容，是学生的科学态度和正确的价值观的形成过程。正视实验中的错误操作，认识到在做任何事情的过程中出现错误是不可避免的，不要怕犯错就不做了，重要的是能够发现并改正，就能有成功的机会。实验结果固然重要，但是，探究的过程更加重要。要重视对其他基础学科的学习，不能轻视其他学科的作用，建立正确的学习观。例如，在分析实验结果时，可以利用大量数学公式和模型作为工具，解释生物学规律。最后督促学生完善并上交实验报告。

5. 实验后的整理

实验结束后，要对实验中使用过的物品进行整理。实验材料放入相应的地方，实验药品回收或倾倒入专门的容器内，实验器材清洗后放回原处，实验设备还原后放回到设备储存器中。清理实验用的桌面，并擦净。不论在教室还是在实验室里，整理实验用的桌面后督促学生用肥皂或洗手液洗手。培养学生形成好的实验习惯和健康的生活习惯。

（二）校园生物学实践

校园是学生学习、生活最久的地方，也是身边学习生物学的最好资源。可以利用校园认识生物，也可以利用校园种植活动体验生物学家进行的科学研究。案例 2-18 介绍了校园种植实践课程的设计。

案例 2-18

初中和高中生物学　校园豌豆杂交实践课程[①]

一、学科知识背景

豌豆杂交实验是生物遗传学的经典实验，是学习遗传规律的基础，但是很多教师和学生都没有亲身做过此实验，甚至没有见过豌豆。经过充分的研究、论证，在熟悉植物种植技术的基础上，利用我校现有的实验条件，我们设计了"走进孟德尔——校园豌豆杂交实验"研究项目，带领学生小组，进行了豌豆的大田种植和杂交实验。

二、课程目标

1. 通过专题讲座的学习，能够简述豌豆的结构（重点是花的结构特点）、生长、繁殖过程及特点，体会生命的精彩。

---

① 案例来源：黄九州、冯云英等人，北京市宣武外国语实验学校。

2. 通过体验种植豌豆的全过程，掌握植物种植的方法，加深对植物结构与功能、遗传与变异等生物学观念的认知；锻炼吃苦耐劳的品质、毅力与责任感，培养实验操作能力和科学研究能力。

3. 通过对豌豆的杂交实验，运用科学的研究方法体验科学家研究的过程，感受研究的乐趣，形成细致严谨的科学态度。

4. 通过实验过程，理解科学、技术、社会和环境之间的关系，提出与实际社会相关的进一步的研究方向。

三、课程对象及时间

课程参与者：本校高中一年级学生。

课程时间：3—7 月。

组织形式：以班为单位集体报名。

四、课程安排

种植实践课程从上一个秋季学期结束就开始筹备。先要确定选课学生名单，为春季种植工作的人员分组、教师指导安排和种植使用的物品数量做准备。

课程安排表

时间	地点	活动内容	负责教师
2月底	实验室	学生报名	班主任及生物教师
3月上旬	实验室	开课仪式、课程介绍、种植技术讲座	主管教学领导、生物教师、班主任
3月中、下旬	学校"五谷园"	翻地、施肥、播种、覆盖地膜、去除地膜、补种、浇水、除草和松土	生物教师
4—6月	学校"五谷园"	植物成长记录、进行杂交实践和种植管理（重复着浇水、除草、除虫等）及收获	生物教师
7月	学校展厅	教学成果展示，成绩评定	主管教学领导、生物教师、班主任

五、教学成果呈现

展示内容：种植展示和论文。

1. 种植展示

(1)展示内容

种植展示形式为 PPT 和植物实物展示。学生可将种植相关图片、视频、活动原始记录、活动日志、果实、种植的植物等与所展示植物相关的内容做成 PPT，刻成光盘，提交给老师；植物实物展示要求在展示当天将植物或果实带到展示现场。PPT 要求学生讲解 5~8 分钟，突出学生种植体验过程、种植成果和种植中的创新过程。

(2)展示要求

可以是学生代表展示，也可以是小组共同完成展示。

2. 论文

论文格式不局限，学生将论文相关内容进行 PPT 展示，PPT 讲解不超过 5 分钟。

六、课程评定

课程评价内容包括过程性评价和终结性评价。过程性评价包括学生在种植过程中的参与度、种植操作技术准确度、种植过程责任感和团队精神的体现，以及参与研究过程和论文撰写过程中的真实表现等。过程性评价包括学生种植后收获的成果、研究论文能否体现出科学探究的过程、结论是否科学等。

课程评级标准

评价内容		评价等级			
		优	良	及格	不及格
种植实验过程	1	植物的生长、管理过程关键环节相关图片、视频齐全	植物的生长、管理过程关键环节相关图片大致齐全	植物的生长、管理过程关键环节相关图片齐全	植物的生长、管理过程关键环节相关图片不齐全
	2	活动原始记录或活动日志不少于25次篇	活动原始记录或活动日志不少于20次篇	活动原始记录或活动日志不少于15次篇	活动原始记录或活动日志不齐全

续表

评价内容		评价等级			
		优	良	及格	不及格
种植实验过程	3	种植的植物生长好、果实发育好	种植的植物生长良好、果实发育良好	种植的植物生长、果实发育基本正常	种植的植物生长、果实发育不正常
研究性论文	1	真实地进行种植和论文撰写，能够感受到学生浓厚的兴趣	真实地参与种植及论文的形成过程，能够感受到学生的兴趣	能够参与种植及论文的形成过程，能够感受到学生有兴趣	不太参与种植及论文的形成过程，不能够感受到学生的兴趣
	2	论文完全体现出科学探究的过程；研究结论表述准确	论文基本能体现出科学的过程；研究结论表述较准确	论文基本能体现出科学的过程；能够表述研究结论	论文看不出科学的过程；研究结论表述不准确
	3	强烈地体现出价值观和责任感	明显地体现出价值观和责任感	能够表现出价值观和责任感	价值观和责任感体现不明显
	4	记录完整、全面、细致、清晰，实验数据真实	记录完整、清楚，实验数据真实	记录基本完整，实验数据真实	记录不完整，实验数据缺乏真实性

问题聚焦

Q1：什么是校园实践活动？

Q2：校园实践课程的设计内容有哪些？

校园实践活动是依据生物学教学目的，利用生物学资源组织学生进行的生物学教学活动。校园实践课程要根据校园和教师的实际情况而定。有的校园内有种养空间，教师可以根据自己的专业方向，组织、指导学生进行种植实践或动物养殖。如果学校没有种养空间，教师可以组织、指导学生用花盆进行植物栽培，或者用鱼缸进行水生生物养殖。

校园种植实践课程是依据校园规划,在学校内开辟一块土地作为生物种植试验田,根据教学目标,模拟农业生产,组织学生通过实际种植辅助生物学教学的实践活动。案例 2-18 校园种植实践课程的设计反映出校园实践课程的设计过程和内容。

1. 校园实践前的准备

(1)选择主题。

在开展校园实践课程前,要根据教学需求,选择适当的内容和主题。例如,案例 2-18 中校园实践选择了与高一生物学春季遗传学教学内容相关的内容,以"走进孟德尔"为主题,组织高中一年级学生开展豌豆种植课程。学生可以通过这个实践活动,亲身体验科学家的研究过程,更进一步理解遗传学规律。

(2)设计课程。

实践课程的设计包括:确定实践教学目标、计划实践课程时间安排、学生的确定和分组、教师的确定和工作分配、计划使用的实践用品和数量,以及设计课程评价标准。

案例 2-18 的教学目标为理解遗传学和农业种植的概念和规律,习得种植工具和种植方法的技能,体验遗传学研究的过程,形成学科素养和科学精神。例如,知识目标中让学生以直观的感性认识,对遗传学概念有深度的理解和记忆。

课程时间跨越了两个学期,在放寒假前确定有多少高一学生参与,为之后的学生分组、教师指导安排和种植用品的准备等工作做好铺垫。根据逆向教学设计理论(UbD),在实践课程开始前设计好检测标准,确定评价证据,是保证教学质量和教学效果的有效方式。

(3)备课和准备实践用品。

依据教学需求,根据教学目标,提前备课。例如,案例 2-18 中课程标准中涉及的遗传学概念、规律,大田种植的概念和过程,工具操作的方法等。准备好学生实践和研究过程中的用品,如案例 2-18 中种植需要的种子、种植使用的工具、杂交使用的工具等。

2. 指导校园实践和研究

教师在学生进行实践活动和研究之前进行理论课程授课，通知学生实践分组和指导教师名单，分组指导学生确定研究题目和研究计划；教会和指导学生进行实际种植操作，关注学生过程性学习的情况，调整学生的学习状态和合作状况，督促学生进行研究记录，完成研究报告。

3. 评价实践成果和实践课程

及时总结学生校园实践的成果，根据学校安排进行成果展示，同时依据评价标准，对学生的实践课程进行评价。

教师依据课程评价标准，反思实践课程，总结教学经验，为开展下一阶段的校园实践课程做好准备。

（三）生物学野外实习

生物学野外实习是对生物学课堂教学内容和室内实验内容的必要补充。野外实习能够帮助学生使课堂上的理论认知付诸实践认知，将抽象的生物学内容具象化，也是学生将理论知识在实际环境中实践应用的重要途径。下面是北京市顺义区第三中学针对七年级学生的综合野外实习的设计方案。

✐ | 案例 2-19 |

七年级学生综合素质提升野外实习活动方案[①]

一、活动目标

为了落实初中各科课程标准，使学生能够将课程中的学科知识应用于生活中的问题解决上，体验在真实环境中获取信息、探究真实问题的探究过程，习得各学科知识，养成跨学科多视角的思维习惯，我校拟定以北京市中小学生社会大课堂外出实践活动为教育契机，引导在校学生利用外出实践开展行之有效的研究性与实践性相结合的学习及综合素质提升的活动，力求使外出实践活动真正将学生课堂知识进行应用，并将实践中的知识补充到课堂知识框架中。通过学校各教研组和德育部门的人文设计与周密组

---

① 案例来源：崔冰洁等人，北京市顺义区第三中学。

织，实践活动旨在让学生在生活中学习、在实践中感悟、在感悟中升华，提升学生的综合学科素质。

二、活动时间

略

三、活动地点

汉石桥湿地。

四、领导小组及职责

组　长：A老师　　副组长：B老师

组　员：C老师、D老师、E老师、F老师、G老师

　　　　七年级全体教师

分管职责：

A老师：全面负责我校学生实践活动的领导工作。

B老师：负责本次社会大课堂外出活动的组织工作，研究制订活动预案，落实具体分工及责任人。

C老师：负责七年级师生的全面组织与协调工作。包括出行前师生动员、教学准备工作，活动中纪律、卫生及突发事件处理等。

D老师：协助C老师做好七年级活动的组织与协调工作，活动中纪律、卫生及突发事件的处理等。

班主任及随班教师：负责学生纪律及学生参观时的具体事宜（如完成学习内容、吃饭、喝水、上厕所、清点人数、纪律、乘车及活动场地的卫生保持等）。

E老师：协助做好学生活动的组织与协调工作，携带好广播设备，做好活动后学生感悟、照片素材的收集和整理工作。

F老师：随队校医。负责对学生意外伤害做出及时处理。

G老师：负责活动的摄影、照相工作，并协助做好学生外出活动的组织与协调工作。

领导小组职责：全体领导小组成员须就近及时处理一切学生参观期间交通、参观、活动过程中突发的各种紧急事件，并及时进行上报。全体随

车教师需及时记录各车辆的牌号及司机的联系电话。

五、活动地点介绍

汉石桥湿地位于顺义东部，于 2005 年被北京市政府批准为市级湿地自然保护区，面积 1900 公顷，是北京市现存的唯一大型原生芦苇沼泽湿地，为典型天然湿地系统，具有很强的独特性和稀缺性；有丰富的动植物资源，记录到鸟类 153 种，植物 292 种。汉石桥湿地是全国科普教育基地、首都生态文明宣传教育基地、北京市中小学生社会实践大课堂资源单位、北京市环境教育基地、北京市科普教育基地、北京市青年教师社会实践基地。

六、活动主题

学习科学自救，探寻湿地秘密。

七、教学目标

①通过完成任务，学生能够掌握独自面对问题、解决问题的能力，学习安全自救技能，培养团队抗压能力。

②通过理论知识讲解及实操，学生掌握面对各种灾害等危险时的自救技能。

③把湿地科普资源与社会需求对接，学生能够认识湿地，了解湿地，从而提高保护湿地的意识。

八、关联学科

生物学、数学、语文、地理、体育等。

九、活动项目

1. 科学自救——防灾减灾教育体验(2.5 小时)

防灾减灾安全体验教育的课程内容有防火意识与逃生自救、地震基础知识及逃生自救、创伤包扎与固定转移、救援绳结的操作及使用方法、心肺复苏术等。在去年课程基础上，新增消防安全烟雾体验、担架制作与伤员固定、灭火器操作体验、安全带制作及水上横渡体验等课程，全部为实操体验型内容，可以让学生更好地学习掌握。该项目通过理论知识讲解及实操，让学生掌握面对各种灾害等危险时的自救技能。

2. 探索湿地——定向科普活动(2.5 小时)

定向科普活动运用定向越野的方式让学生主动地寻找任务点，通过游戏和填写任务单的形式完成任务。内容有乘船探索湿地、飞来飞去、水的竞争、湿地魔方等环境教育游戏；鸟类识别、水足迹、餐桌上的湿地植物、湿地食物链等任务单等。通过分组团队合作，给每组学生发手持机、地图、鸟类识别手册，让学生们团队协作，根据地图线路按顺序找到任务点，完成小组研究。最后综合速度与任务质量排名颁发奖状和奖品。活动将校内生物学、数学、语文、地理等课程与任务融合，让学生在自然中结合学习和生活，学习湿地知识和环保技能。

十、组织方式

防灾减灾教育体验活动以班为单位，每班配备教官进行教学；定向科普活动以小组为单位，每组 10 人左右，团队合作按地图规定线路完成任务。

十一、活动流程

项目一的活动时间为半天，项目二的活动时间为半天。

8：40 到达停车场，听从工作人员安排前往指定地点集合。

9：00—11：30 开始活动。

11：30—13：00 午餐，休息调整。

13：00—15：30 集合，开始下午活动。

15：30—16：00 停车场集合，统一离开。

(一)科学自救——防灾减灾教育体验(2.5 小时)

1. 集合分组：班级在售票处集合，进行分组。

2. 完成活动：按照分组依次完成防灾减灾教育体验。

(二)探索湿地——定向科普活动(2.5 小时)

1. 集合：参加定向科普活动的班级在停车场出口北侧起点处集合。

2. 分组：10 人 1 组，登记并领取手持机和地图。

3. 完成活动：刷起点开始计时，按地图线路顺序寻找点位并完成相应任务，每张任务单需由在任务点的工作人员打分盖章。

4. 评分颁奖：完成所有任务后回到起点，将手持机及任务单交给工作人员进行记分排名，并为前三名小组颁发奖状。

十二、活动提示

7：50学校操场集合整队，年级主任讲明注意事项。8：00安排学生上车出发。8：40左右到达湿地后，学生下车，年级主任负责召集学生整队。每班事先将学生按10人一组分小组并选出组长，组长最好为自己的队起一个响亮的名字，每人需要带一支笔。

1. 防灾减灾安全体验活动以班级为单位参加完成，全程需听从教官指令，不能私自离队，每班至少一名教师全程陪同。

2. 定向科普是以小组为单位进行的活动，需要在校提前进行分组，每组10人左右，选出1名组长，并随身携带笔。

3. 上午参加定向科普活动的班级要在中午自由活动前将手持机交还工作人员，以免影响下午班级的正常活动。

4. 活动区域较大，穿着轻便服装参加活动。

5. 乘船游览湿地时，听从安排穿救生衣上船。

十三、活动要求

活动本着安全第一、就近及时处理的原则，参观期间，学生安全问题由带队教师全权处理，有问题及时上报，保持手机联系畅通。

1. 有心脏病、癫痫病等身体原因不宜外出的，允许其不参加此项活动，但需与家长沟通好。全体师生准时到校集合，不得迟到。

2. 对学生进行安全培训，注意饮食安全、交通安全等。防止学生发生意外伤害事故，任何人不得擅自离队行动。随班教师按照学校安排在指定地点组织好学生，发现问题及时处理。

3. 预防学生晕车，提醒晕车学生准备晕车药，并在乘车前服好晕车药。

4. 教师叮嘱学生在车上系好安全带，车辆后排中间座位不要坐人，确保乘车安全。

5. 每班准备一些垃圾袋，确定班级卫生监督员，做到人走车净、人走场净。保证车辆和活动场所良好的卫生环境。

6. 活动以班级为单位，每班学生需在班主任及随班教师视线范围内活动，在保证安全的前提下活动。外出活动允许学生带手机，但一定要注意不要丢失重要物品。

7. 特别提醒：湿地活动场较大，水面较大，教师要叮嘱学生不要太接近水边，以防溺水。

8. 学生活动返校后由家长负责接学生回家，班主任提前和家长联系好接送孩子的时间。预计 3：30 之前活动结束，4：00 左右到达学校。

9. 在活动中如果出现突发状况，请及时与家长和保险公司取得联系。

10. 班主任与家长联系好，要做好个别不参加活动的学生的安全教育工作。

11. 班级每位学生都要签订安全协议，并按时上交到政教处备案。

十四、活动结束后要求

1. 学生完成德育活动手册，学生要圆满地完成学习任务。

2. 各班外出前落实好本班的小组分工，选出专人负责文字组稿和摄影，将外出实践活动文字、照片制作成班级、年级板报进行展示。

3. 活动返回后，每班上交两份感悟和两张活动照片到政教处（精选）。

4. 年级各学科进行以"真爱生命、保护湿地"为主题的成果展示。

十五、教师随车安排及联系电话：（略）

备注：七年级学生参加人数×××人。领导与教师共××人，共计×××人。

问题聚焦

Q1：生物野外实习的目的是什么？

Q2：生物野外实习设计和过程包括哪些内容？

根据生物学的研究对象不同，中学生物学教学阶段的野外实习分为植物学野外实习、动物学野外实习、生态学野外实习和生物学野外综合实习。野外实践的总体目标有四个方面：①习得采集、制作、鉴定标本的方法；②利用已有的研究方法，进行野外生物学研究；③培养对生物学的热爱，增强环保意识，激发对自然界探索的欲望；④培养团队精神，形成求实、谨慎的科学态度。[1] 由于研究的对象不同，每类实习有具体的目标要求。

野外实习是在自然环境中进行的，与在实验室或教室内的实验和校内的实践活动的准备、实施和评价有所不同。设计生物野外实习内容包括实习前的准备、实习中的组织以及实习的总结和评价。

1. 实习前的准备

实习前的准备工作是至关重要的。准备工作全面、细致是顺利进行野外实践活动的保障，既要考虑到选择实习的地点、时间，也要考虑到学校的实力、教师的配备和学生的实际情况。

（1）时间和地点的安排。

在北京地区，实习的时间一般安排在夏季。这个季节是植物种类最丰富、动物活动最旺盛的季节，有利于对动植物形态、行为的观察和辨识，也利于进行抽样研究。具体时间应根据学校的情况确定。

实习地点要根据所在学校的地区位置而定。实习地点的适宜标准是：①具有典型性；②物种丰富多样；③人为干扰少；④交通便利；⑤安全隐患少；⑥食宿方便实惠（如需住宿）。在学生进行实习前，专人提前做好前期的踩点、打前站的工作。

（2）物资的准备。

野外实习要使用的仪器、工具和药物等物品必须提前准备，并由专门的人员负责管理。

仪器 观察仪器，如望远镜、手持放大镜等。测量仪器，如指南针、温度计、卷尺、天平等。摄像和摄影仪器，如数码相机、摄像机等。

工具 采集工具、记录工具和标本制作工具，以及鉴定参考书籍。根据实习的目的和研究对象选取不同的工具。例如，植物学实习的采集工具选择枝剪，动物学实习的采集工具选择捕捉网、捕捉夹、折叠式铁锹等。

药物 急救药物和制作标本的药物。急救药物一般是防治外伤的消毒

---

[1] 石红艳、刘昊、杨丽红主编：《动物学野外实习手册》，1页，北京，科学出版社，2016。

药、急救包，防治毒蛇咬伤药物，防治过敏、腹泻、发烧等常规药物。

制作标本的药物要根据不同材料而定。例如，制作植物腊叶标本需要消毒剂，动物浸渍标本制作需要酒精、福尔马林等药物。

实习手册 除以上专业设备的准备，还要做好实习手册。实习手册的内容包括：①基本信息——野外实习的地点、时间、纪律要求、活动安排、人员分组；②实习内容——研究的目的、研究的方法、学科知识和技能介绍；③评价标准——评价形式和评价内容。

（3）人员确定。

由于环境的特殊性，在野外组织教学活动要求教师有扎实的专业知识基础和很强的组织能力。既要引导学生的生物学学习，又要维持良好的学习氛围；既要记录有价值的教学过程，又要注意学生的安全。一般需要组织一个良好的教师团队，共同完成实习任务。要预先设计实习方案，确定实习人员的人数和每位教师的具体工作职责。例如，班主任负责学生日常管理和组织——提前确定学生实习人数，实行班主任统筹、组长负责制；生物教师负责野外生物学知识的指导和研究；有专门的教师负责照相和摄影；有专门的教师负责交通、食宿等后勤；更需要有一位进行全面统筹和协调的实习团队领导。

（4）实习动员。

实习前两周要集中教师和学生，做实习指导和动员。指导内容包括：①说明实习的时间和地点；②介绍实习的环境和实习内容；③提出实习期间的纪律要求和注意事项；④确定实习的各项准备——个人学习和生活用品准备。

2. 实习中的组织

在野外实习过程中，教师各司其职，组织并指导学生进行学习，发挥出教师的主导作用，提醒学生多观察，不要只注意到认识的生物、体积大的生物，也要关注没见过的、体积小的生物；还要对细节进行观察比较，抓住其重要特征；鼓励学生多思考，进行自主学习，自己找到解决问题的办法；充分利用工具书或网络查找、鉴定不认识的生物；及时记录观察到的、教师讲到的和自己思考的内容；指导学生多动手操作，整理采集的生物，制作各种类型的生物标本；要劳逸结合，安排学生半天野外采集和收集数据，半天室内整理和学习。

注意学生的心理动向，做好学生的思想工作。预先说明野外实习的目标和困难，帮助学生克服畏难心理，在实践中锻炼自己的意志。随时提醒学生注意安全事项，处处留意潜在的安全隐患，逐项落实安全措施，师生共建安全意识。注意处理好师生之间和学生之间的关系，帮助学生在生活上和学习上学会自我管理，强化集体意识，形成互帮互学、团结协作的学生研究团队。

3. 实习的总结和评价

实习结束后对由学生和教师组成的团队进行及时总结。对实习的全过程进行梳理，从管理、学科教学和实习成果等方面做评价。表彰表现突出、成果突出的个人和班级，找到实习中的不足和漏洞，为今后的实习活动提供参考。依据评价标准，进行学生实习评价。

（四）案例分析

案例 2-19 是一个组织学校七年级所有学生进行的野外实践活动，是以生物学为主，联合数学、语文、地理、体育等学科的综合生态实习活动。活动目的明确，教学目标具体，具有可测性，活动地点选择合理。顺义三中选择的本地区汉石桥湿地，是北京市唯一现存的大型原生芦苇沼泽湿地，就位于顺义东部，不仅交通方便，能保证学生在一天的时间内就能够体验野外生物学实践，又能够结合其他学科的知识，提升学生的各方面素养。

方案内容具体、细致、完整。组织学生实践前，学校组建了教师团队，工作任务职责明确。有领导统筹调度管理，有教师负责规划野外实习活动，有教师对汉石桥湿地的生态环境和生活在其中的动植物资源做了细致的调查，帮助学生进行了实践前的知识储备。有教师准备野外实习的后勤工作，做好安全预案，负责人员安全。有教师负责学生管理，做学生实际活动前的动员工作。各学科教师协同合作，联合指导学生野外实地学习活动，指导学生完成拟定的学科研究。

　　实践活动有具体的学生活动内容，活动安排得清晰、有条理。学生对实践的学习内容和研究内容有准确的认知。实践活动后有班级、各学科等不同层面的学生学习内容作业和野外研究的展示。实现了野外实习加深学生对教学知识的理解，延续教学内容的学习，锻炼学生的意志，增进团队精神的作用。

🔗 | 实践操练 |

　　1. 依据实验原则，设计学生实验：光合作用（初中学段）、酶的特点（高中学段）。

　　2. 根据学校的具体情况，设计并实施一次学生在校园内进行植物多样性的调查。

　　3. 调查学校周边的野外教学资源，设计一个生物野外实践的方案。

阅读链接 ▶

　　1. 盛占春. 中学生物学实验手册（修订本）[M]. 上海：上海教育出版社，1979.（该书是研究中学生物学实验的专著，书中介绍了中学生物学实验的一般原则，涉及生物体的基本结构、生理、遗传等方面的实验。）

　　2. 石红艳，刘昊，杨丽红主编. 动物学野外实习手册[M]. 北京：科学出版社，2016.（该书是作者所在地区进行动物学野外实习的专著，系统、全面地介绍了动物学野外实习的准备、实习方法、步骤及总结等内容。）

　　3. 罗明华主编. 植物学野外实习手册[M]. 北京：科学出版社，2013.（该书是根据作者所在地区的特点进行植物学野外实习的专著，文字简练，图文并茂，方便学习者对该地区植物的鉴别。）

单元小结 ……▶

教学实施是以教学设计为蓝本，通过课堂教学使用不同的教学策略，根据教学学生的特点，组织学生进行生物学生成性学习的过程。教师在教学实施的过程中要有效地组织好课堂教学，同时要选择并运用恰当的教学技能，完成教学内容，达到教学目标的要求。

本单元依据教学管理理论和教师教学技能规范，着眼于新教师在中学生物学课堂教学实施过程中问题的解决。以大量的生物学课堂教学案例为依托，一方面着力解决中学生物学新教师在课堂方面遇到的问题，另一方面立足于中学生物教师有效地管理和教学实施能力的提高。

本单元包括教学管理中氛围的营造、教学互动、教学调控等内容，组织教学过程中语言表达、有效提问、概括结束和信息技术等技能内容，以及生物学实践中的生物实验、校园实践和生物野外实习等内容。希望通过本单元的学习，广大中学生物学新教师能加深对教学管理的理解，在学习、实践中准确使用和提高生物学教学技能，不断提高包括实践课程的生物学教学实施能力。

单元练习 ……▶

1. 以"尿液的形成"（初中学段）、"蛋白质的结构及其多样性"（高中学段）的教学设计为基础，进行课堂教学并录制本课程。以小组为单位观摩由你授课的上述课程，并进行下面的活动：

（1）依据教学管理的原则共同管理并讨论氛围的营造、教学互动、教学调控的内容以及出现的问题。

（2）整理语言表达、有效提问、概括信息技术等技能的使用等内容，分析教学技能中出现的问题。

2. 根据所在地区生态环境的特点，依据生物学实践的原则设计一个进行野外实践的教学设计。

参考文献 ⋯⋯▶

1. 盛占春. 中学生物学实验手册（修订本）[M]. 上海：上海教育出版社，1979.

2.《中学生物学课外活动手册》编写. 中学生物学课外活动手册[M]. 上海：上海教育出版社，1987.

3. 耿瑞艳主编. 中学理科教学与实验[M]. 长春：东北师范大学出版社，1999.

4. 李政涛. 倾听着的教育[M]. 上海：华东师范大学出版社，2017.

5. [美]鲍里奇. 有效教学方法[M]. 易东平，译. 南京：江苏教育出版社，2002.

6. 俞红珍. 课程内容、教材内容、教学内容的术语之辨——以英语学科为例[J]. 课程·教材·教法，2005(8).

7. 余文森. 论教学中的预设与生成[J]. 课程·教材·教法，2007(5).

8. 刘恩山主编. 中学生物学教学论[M]. 第2版. 北京：高等教育出版社，2009.

9. 郑晓蕙，胡继飞主编. 生物课堂教学行为研究及案例[M]. 南昌：江西教育出版社，2009.

10. 查伟燕. 初中教师课堂有效调控行为研究[D]. 苏州：苏州大学，2010.

11. [瑞士]皮亚杰. 结构主义[M]. 倪连生，王琳，译. 北京：商务印书馆，2011.

12. 北京市教育技术设备中心. 实验技术与装备·高中生物[M]. 北京：北京师范大学出版，2013.

13. 李涛主编. 教师常用教学技能训练[M]. 北京：中国轻工业出版社，2014.

14. 贾亚东，李芸芸. 课堂调控研究文献综述[J]. 基础教育研究，2014(20).

15. 朱志平主编. 教学预设与生成关系论[M]. 北京：教育科学出版

社，2014.

16. 毕晓白，杨梅玲编著. 大学课堂教学技能[M]. 北京：清华大学出版社，2015.

17. 陈月茹主编. 课堂教学组织与管理[M]. 济南：山东人民出版社，2016.

18. 蒋立兵. 信息技术在中小学课堂教学中应用的有效性研究[D]. 武汉：华中师范大学，2016.

19. 石红艳，刘昊，杨丽红主编. 动物学野外实习手册[M]. 北京：科学出版社，2016.

20. 杨文斌. 化学教学互动理论与运用[M]. 上海：上海教育出版社，2017.

21. 罗明华主编. 植物学野外实习手册[M]. 北京：科学出版社，2013.

22. [美]格兰特·威金斯，杰伊·麦克泰格. 追求理解的教学设计[M]. 上海：华东师范大学出版社，2017.

23. 李高峰，刘杨编著. 互动教学能力实训[M]. 北京：高等教育出版社，2019.

24. 李春艳主编. 教师教学技能培养系列教程　中学地理[M]. 北京：中国轻工业出版社，2019.

25. 韩志坚，封昌权，徐建祥编著. 现代教育技术教程[M]. 北京：人民邮电出版社，2000.

26. 实验设计的基本原则[J]. 精神医学杂志，2013(6).

第三单元 教学评价

1. 理解生物学中核心素养所倡导的教学评价理念。

2. 能够依据教学目标和教学内容，制订可操作和可测量的过程性评价和结果性评价的量规。

3. 能基于教学目标、内容特点、学生情况合理选择教学评价的方法及策略，并灵活应用。

4. 掌握教学设计评价的基本原则，能够依据不同的课型、环境和学习阶段，设计有效的教学评价。

5. 基于案例的分析，理解教学评价对于教学反馈的价值和意义，反思和完善自己的教学评价量规的设计。

单元导读 ······▶

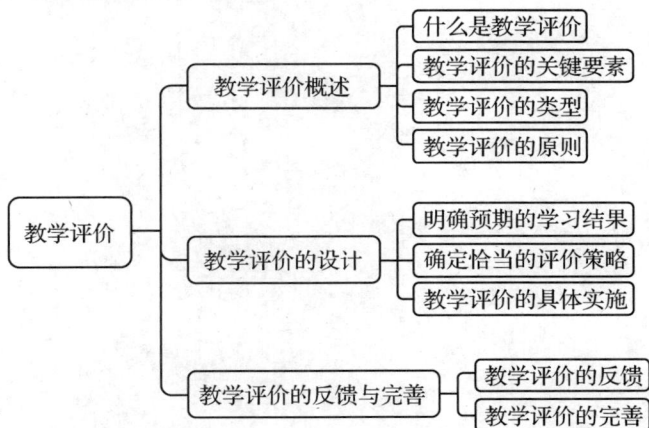

教学评价
- 教学评价概述
  - 什么是教学评价
  - 教学评价的关键要素
  - 教学评价的类型
  - 教学评价的原则
- 教学评价的设计
  - 明确预期的学习结果
  - 确定恰当的评价策略
  - 教学评价的具体实施
- 教学评价的反馈与完善
  - 教学评价的反馈
  - 教学评价的完善

在本单元的内容中，教师将进一步聚焦和探讨如何依据日常教学的预期结果，为学生不同阶段的学习提供合适的评估证据，并在日常的教学实践活动中，开展和实施与教学设计相互匹配的评估量规。同时，教师还将了解到如何依据不同的教学环境、课型和学生的发展阶段来组织和采取不同的教学评估方法。

评估和反馈在帮助人们学习方面有着至关重要的作用。学习和理解应遵循相互一致的评估原则，首先，其应该反映教师优秀的教学过程；其次，评估作为与教学伴随而生的过程，而不能干扰其教学的原本过程；此外，评估应同时提供与学生发展阶段相吻合的相关信息。

——［美］约翰·布兰思福特等，《人是如何学习的》

▶ 第八讲
教学评价概述

在教学的过程中，教师一直都扮演着"设计师"和"评估师"的双重角色。[①] 这使得教师需要通过持续不断地教学实践来诊断学生在日常学习过程中的实际获得。同时，教师评价的行为也能够有效地帮助自身进行自我反思和教学行为的再认识，实践持续性地教学改进。

案例 3-1

初中生物学　传染病

基于"UbD"理论背景下的教学评价的设计，就是教师在设计之初要明确基于学生"理解"的教学设计应包含六个维度；即解释、阐明、应用、洞察、移情和自知（如表 3-1 所示）。[②] 不同的维度之间具有一定的属性特征、功能及表现上的差异性，教师可根据学生"理解"维度上的表现性差异，作为判断学生实际问题解决能力是否提升的评估性依据。最终，帮助学生完成从学习理论理解到实践行为转化的过渡，从而搭建起自身的知识体系框架。具体案例如下。[③]

---

① ［美］格兰特·威金斯、杰伊·麦克泰格：《追求理解的教学设计》，13 页，上海，华东师范大学出版社，2017。

② ［美］格兰特·威金斯、杰伊·麦克泰格：《追求理解的教学设计》，17 页，上海，华东师范大学出版社，2017。

③ 郑国华、徐扬：《基于 UbD 逆向教学理论的"传染病"单元教学设计》，载《中学生物教学》，2020(1)。

表 3-1　基于"UbD"的逆向设计的"理解"维度框架("传染病"一课)

评价维度	引导性评价问题的设计	学生表现性评价
解释	什么是传染病和传染源？它们是如何传播的？为什么人们知晓大量传染病的相关信息，有时还是难以预防传染病？	能否说出预防疾病的基本措施和手段
阐明	通过观察传染病的传播过程，关注预防传染病的措施，养成良好的卫生习惯，增强社会责任感	活动结束后，讨论荧光剂模拟实验中所表现的传染病的传播途径
应用	对于传染病的预防，初中生(作为个体)能做些什么呢？	课堂上，实践新版的"七步洗手法"；课后，学生小组制作传染病预防宣传手册或开展主题演讲(可同班会活动结合)
洞察	以西班牙大流感为例，分析传染病传播的途径	运用批判性思维来审视历史进程中，传染病大规模传播的原因
移情	分析身边由于传染病感染而生活受到影响的实例。陈述"患病"和"携带者"、"传染源"与"病原体"的区别	从易感人群的角度出发，阐述你的生活受到了传染病传播的哪些影响？能够区别"病患"和"携带者"，以乙肝和狂犬病为例进行分析
自知	如何通过学习和宣传他人"传染病"的相关知识，重视健康，能够说出经验中(群体活动中)预防传染病的措施	反思：如何从自身做起，成为一名"预防传染病"宣传员？

问题聚焦

Q1：上面的教学案例中，教师如何设计教学评价？教学评价有哪些要素和不同的类型？

Q2：教师的教学评价的设计是否满足了本节课的教学实施要求？如何依据不同的教学需求实施教学评价的设计？

一、什么是教学评价

一直以来，基础教育阶段的教师对于评价及评价本身所具有的属性特征和价值存在一定的认知误区和理解偏差。一部分教师片面地将教学评价等同于教师对于学生日常作业的测评和考试结果的分析；也有部分教师过分地关注教学过程中的结果性评价（诸如考试成绩），而忽视了对于学生过程性学习评价的有效反馈。

我国基础教育领域一直非常重视教学评价体系构建的重要价值和作用。早在 2001 年，《基础教育课程改革纲要（试行）》中就曾指出：建立促进学生全面发展的评价体系；评价不仅要关注学生的学业成绩，而且要发现和发展学生多方面的潜能，了解学生发展中的需求，帮助学生认识自我，建立自信；发挥评价的教育功能，促进学生在原有水平上的发展；建立促进教师不断提高的评价体系；强调教师对自己教学行为的分析与反思，建立以教师自评为主，校长、教师、学生、家长共同参与的评价制度，使教师从多种渠道获得信息，不断提高教学水平；建立促进课程不断发展的评价体系；周期性地对学校课程执行的情况、课程实施中的问题进行分析评估，调整课程内容、改进教学管理，形成课程不断革新的机制。特别是在新时期我国课程改革力量的推动下，教学评价作为教学过程的重要组成部分，其所具有的价值和意义不可小觑。突出表现为，《高中生物学课标》中研制了学生的学业质量标准，也进一步明确了"学生完成本学科学习任务后，学科核心素养应该达到的水平，各水平的关键表现构成评价学业质量的标准"。由此可见，学生学业标准的制定也为教师进行学生学习效果的反馈及自身教学实践的改进提供了重要的参考依据。

因此，在基础教育改革蓬勃发展的背景下，如何重新认识和理解评价的含义与本质，是当代教育工作者共同关注的焦点。以往教育领域对于评价的认识可以分为宏观和微观两个维度：在宏观层面上，评价是指人类根据具体的评价标准，对于相关的人或事件进行持续性的监测和分析[①]；在微观层面上，评价是主体对于客体价值和现状的判断，并得出结论的过程，其实质在于实施主体通过所测定的评价结果，作为其不断改进活动行为和完善实施方案的重要依据，是主体在自身行为改进过程中自觉性与反思性的综合体现[②]。

就基础教育阶段的教学评价而言，我国学者普遍认同的理解是：教学评价是根据知识、能力、情感态度和价值观等现有的具体评价标准，对于教师的日常教学行为和学生的学习情况进行的综合性分析及价值判断[③]，其评价的内容既覆盖了教学目标、教学过程与实施策略，又涵盖了教师教学质量和学生学习状况的日常表现，并以学生的自评、互评和师评等多种形式加以呈现。

二、教学评价的关键要素

教学评价作为教学设计的重要组成部分，其有效性往往依赖于其内部三重要素之间的相互联系和相互作用，包括教学设计过程中的学生主体、教师教学的保障和前期教学目标的确定（如图 3-1 所示）。三者间存在着相互依存和相互影响的关系，并通过三者之间的顺利运转，推动教学过程持续而有效的开展。

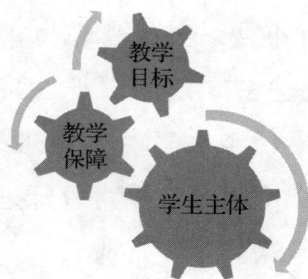

图 3-1　教学评价关键元素及其关系示意图

---

① 张华：《课程与教学论》，372 页，上海，上海教育出版社，2000。
② 王景英编著：《教育评价学》，3 页，长春，东北师范大学出版社，2005。
③ 朱小蔓主编：《中国教师新百科　小学教育卷》，516～534 页，北京，中国大百科全书出版社，2002。

首先，在教学活动中，学生作为教学的主体，是教师开展和实施一切教学行为的核心和基础。教师任何教学行为的核心目标都是让学生获得对于学科知识的认识和理解，最终形成知识的内化，并在新情境中不断迁移和应用的过程。因此，教师在教学过程中设计并实施的任何评价，都要对学生主体进行充分的认识和理解，提前熟悉学生在不同学习阶段中对于学习内容的前认知水平和理解程度。

其次，教师在教学评价的过程中，需要实现师生间不同角色和关系的转换，从而为教学评价的实现提供有效的保障。以往以讲授为主的课堂教学，教师更多的是以课堂主导者的身份参与到课堂实际的教学过程中的，这一教学模式的弊端在于教师难以对学生的课堂表现进行有效和实时的反馈。随着教育改革的进一步深化，更多的教师开始转变已有的教学模式，尝试以"教师为引导，以学生自主探究为主"的新型教学形式，教师可将不同类型的教学评价进行课堂教学的嵌入和整合，并通过系列问题引导，帮助学生逐层深入地理解和认识相关的教学内容。

此外，教学目标作为教学评价元素中的重要组成部分，不仅为教师进行课程的整体单元教学提供了规划和实施的依据，同时也为评估学生的学习结果和评价教师教学行为提供了重要的参考标准。教学目标能够让教师更合理地分配和利用教学资源，帮助教师集中精力在关键的教学点上，以及明确教师应该设置何种任务和证据来引导学生的学习。

三、教学评价的类型

教学评价渗透在教学过程的各个环节之中，贯穿教学的始终，并在教学的不同阶段提供实时的反馈信息，帮助教师分析影响教学效果的主要因素，进而做出科学的预判和学生学情的科学诊断。因此，依据评价在实际教学过程中的时间和目的性的差异，可以将教学评价划分为诊断性评价、形成性评价和总结性评价三种类别。[①]

---

① 胡玉华主编：《生物　学科知识与教学能力》，269页，北京，高等教育出版社，2011。

（一）诊断性评价

诊断性评价是指教师对学生已有的前概念知识、技能、智力、心理状况和情感等学习准备状态的分析而开展的一种评价。因此，诊断性评价的核心目标是：一方面，能够帮助教师了解学生在进行新章节学习或复习章节学习时已有的知识基础和基本技能水平，推测学生在下一个学习阶段过程中可能存在的学习难点和学习期待；另一方面，教师能够通过以上诊断性评价的结果，综合性地去考虑学生在学习过程中的兴趣、个性特征等相关学习因素，从而采取更为有效的教学策略，为进一步进行教学设计奠定一定的基础。

其诊断性评价应用的时间范围一般是在各学年、各学期、单元教学或者某一个教学阶段的结束，即教师在即将进入一个新教学阶段所进行的预测性和摸底性的评价。教师可依据学生前期学习过程中的学籍档案，或者其他任课教师、学生的访谈以及阶段性的测试题等多种测试结果进行诊断性的评价。

在诊断性评价内容的划分维度上，一般可以分为针对学生生物学基础知识的评价，实验观察技能、逻辑推理能力的评价，学会学习动机的评价以及学生学习困境的评价等。[①] 不同类别和有针对性的评价有利于教师根据自身教学特色的差异需求，动态地选择和调节不同教学评价的比例设置和安排，实现更好的评价效果。

（二）形成性评价

形成性评价又被称之为过程性评价。区别于诊断性评价，形成性评价更加注重学生在学习过程中的成果生成和学习行为的外在表现。一个好的形成性评价体现的内容不仅仅是学生在学习过程中的外在表现、课堂反应以及阶段性的学习成果，还应该包括教师在授课过程中与学生之间的互动和通过教师引导所形成的生成性阶段学习成果。例如，教师在授课过程中由系列"问题串"所引发的学生反馈，均可以被视为是课程教学过程中的形

---

① 胡玉华主编：《生物 学科知识与教学能力》，270页，北京，高等教育出版社，2011。

成性评价。此外，学生在学习过程中的学习档案记录也可以作为形成性评价的辅助性支撑证据，帮助教师进行学生学情分析。因此，依据形成性评价在不同课程实施过程中的具体方式，可划分为以下三种形式。[①]

1. 以独立课时为单位的即时性评价

在独立课时的教学中，教师依据教学目标的设定，设计逐层递进的问题、作业以及课堂的观察记录等，综合评价学生的问题反馈效果、举手情况、作业的完成质量以及作业中反馈出的学生对于所讲授知识的理解和认知水平。其目的在于，教师通过以上信息的汇总，从中捕捉到关键的反馈信号，对自身教学目标的设定、教学方法的实施以及教学进度的安排进行审视和反思，灵活和动态化地调整实际的教学策略。

2. 以单元教学、学科大概念为单位的系统性评价

新课程改革背景下，更多的教师开始尝试采用单元教学的模式来进行教学材料的重新组织和分配，这一现状也使得教师原有的评价模式发生了改变。教师需要以单元（教学体系）中的大概念为统摄，来进行一次或几次反馈性的评价。相比于独立课时的形成性评价方式，这种评价方式能够从中观维度下，帮助教师整体的评测学生对于某一类型问题或单元知识体系的认知和理解程度，明确单元教学中的不足，及时弥补和改进，也能够为下一个阶段的单元教学提供必要的支撑和方向性的指引。

3. 以学期为单位的阶段性评价

以学期为单位的形成性评价是指对于学科课程的某一个学期进行总结性的综合评价，往往以测试的方式实施。这种评价是指教师依据教学目标，进行与本学期教学能力和学科知识密切相关的问卷或问题的设计，并以此获取学生学习情况综合反馈的评价过程。这种评价方式便于教师总结和归纳学生在本学期学习过程中所暴露的学科教学问题，一方面能够帮助教师设计及时的补救措施；另一方面也能够为教师下一个学期的课程规划提供一定的建议，起到持续推动教学改进的作用。

[①] 胡玉华主编：《生物 学科知识与教学能力》，270页，北京，高等教育出版社，2011。

（三）总结性评价

总结性评价就评价的内容维度可以划分为以成果展示为主的结果性评价，以综合性考试和复杂性情境问题解决活动、以小组合作作品为产品的，以及以报告或论文为结果的总结性评价等形式。教师可依据学生具体的表现，制订与教学目标相匹配的总结性评价量规，综合、公正、多维度地评价学生在课程学习之后的具体表现。同时，教师也可以依据教学的具体目标进行有针对性的量规和问卷设计，综合评定学生在生物学中所展现的核心素养水平。

四、教学评价的原则

教学评价的变革在一定程度上决定了课程教学理念在实际教学中的转化成效。因此，新型的教学评价应站在学生学习的视角，促使评价在教学不同环节中都能够具有改善教师行为和促进学生发展的作用。同时，为保证教学评价有效地实施和开展，教学评价还应遵循以下一些原则。

（一）教学评价的多元化评价原则

教学评价要遵循多元化的原则。所谓多元化是评价主题多元化和评价内容维度多元化两者间的融合和统一。在传统教学中，课堂的主体是教师，客体则是被视为评价对象的学生群体。教师通过系列教学活动，实现主体对客体的整体考核和评价。由此可见，在传统教学中，这一评价模式是"单向"的，而非"双向"的，学生给予了教师教学行为上的反馈，但是教师并没有给予学生及时有效的对等反馈，进行教学行为上的改进和互动。新课程理念指导下的综合评价模式强调，教师的教学实践不应局限于传统教学模式中的讲授型教学，还可以通过教师辅助引导下的学生主动探究、积极参与、相互讨论等多种形式开展和实施教学。因此，与之相互匹配的评价模式也会随之发生一定的改变，最终形成"评价者"与"被评价者"之间双向互动式的动态评价过程。

（二）教学评价的系统性原则

教学评价的系统性不仅涵盖了学生在不同学习阶段连续性的评价历程，

而且包括了教师对学生综合性的评价过程。即评价不仅关注现阶段学生的成长，而且注重学生在学习过程中所表现出来的潜在能力和自身专长的发展。同时，在评价的过程中，教师认可学生在学习过程中的个体差异，明确评价的核心价值，促进学生在已有发展水平上不断前进，将以往评价学生的"过去"和"现在"，转变为评价学生的"将来"和持续性的"发展"。寻找学生在不同阶段的"最近发展区"，关注学习过程中学生在学习态度、与他人交流协作以及方法和技能等方面的提升，并将进步的结果及时反馈给学生，帮助学生树立学习的信心，促进学生在核心素养水平上的可持续发展。

（三）教学评价的目标导向原则

教学目标与教学评价的相互匹配是教学评价过程中最为重要的原则。两者间的相互匹配有助于学生清楚地了解教师所要讲授的内容和教学要求。学生通过不同的评价环节，比对教学目标所提出的阶段性要求，发现自身的进步与不足，并以此作为自身未来发展的方向。即使是同一节课程或同一个单元的教学设计，也会因教学内容的逐层深入，学生理解水平要求的不断提高，而呈现出与学生学习认知阶段相匹配的教学目标，教师可以依据目标的设定，进行教学评价的设计，促使教学目标能够有效地得到反馈和落实。同时，与教学目标相互匹配的教学评价应具有学生学情诊断的准确性和针对性，便于后期重点突破学生学习过程中的难点。

在实际的教学过程中，教师还可根据不同的教学目标和要求，遵循教学评价的设计原则，多元、系统和有针对性地进行教学评价的综合设计，从更为广阔的视角来审视教学评价在实际教学应用中的价值和意义。

▶第九讲
教学评价的设计

     教学评价合理、有效的设计能够帮助教师客观、准确地了解学生学习的全部行为过程、学习效果以及学习态度的动态变化情况，同时也能反馈教师在教学中存在的问题。因此，评价应贯穿于教学的各个环节，其设计还应考虑不同的适用环境、时间阶段及课程类型等复杂的影响因素，综合多重分析来判断应该采纳何种教学评价方法和策略。一套完整的学科教学评价体系的构建往往需要经历"明确评价的标准—确定实施的策略依据—评价的实施与反馈"三个环节，才能最终形成完整的教学评价体系。

✎| 案例 3-2 |

初中生物学　传染病

     教师通过设计多种形式的活动，进行综合性的评价体系的确立，并以此获得更为准确和全面的评价结果。在这一项教学案例中，教师选取了科学史部分的教学内容，设计了以下的教学评价量表（如表 3-2 所示）。

表 3-2　学生在"传染病"教学单元科学史部分表现性评估量表[1]

分值	自评	互评	师评	评定的标准
5				能够主动识别历史上人口数量锐减的现象同视频和图表中呈现的生物学研究对象之间的联系；基于生物学大概念或原理，在系统分析综合影响因素的前提下，阐明自己的个人观点，分析导致人口锐减的原因同传染病的传染源、传播途径之间的关系

---

[1]　郑国华、徐扬：《基于 UbD 逆向教学理论的"传染病"单元教学设计》，载《中学生物教学》，2020(1)。

续表

分值	自评	互评	师评	评定的标准
4				在教师引导下，能够从多个影响因素的角度分析情境中的生物学问题，提炼概念性的相关信息，并建立核心知识同实际情境以及图表之间的关联
2				在教师提示下，能够基于特定的情境，对于世界人口曲线变化、鼠疫漫画进行观察和描述，并关联已讲的部分核心知识，对于图表中单一的变量进行简单的判断和分析
0				不能说出世界人口曲线所表达的变化，无法同已讲的核心概念进行关联

问题聚焦

Q1：在上面的教学案例中，教师是如何进行教学评价标准设计的？教学评价的方式和策略有哪些？

Q2：教学标准的设定是否符合课程标准的要求？如何依据教学评价标准的反馈结果调整教学设计？

一、明确预期的学习结果

（一）明确课程标准的要求

许多教师在进行相关评价的过程中，往往只是依赖于容易判断和观察到的学生学习行为的表层现象，而忽视了最初的目标设定标准和课程本身的育人价值。这种评价的设计只是聚焦了学生问题反馈过程中的最终表述，却忽视了对于学生思维过程的评价。例如，美术教师对于一幅学生作品的判断不是基于主题和内涵的表达，而仅仅根据学生采用的色彩的丰富程度来进行判断，在一定程度上，这样的评价就背离了教师对于评价设计实施的初衷，也对学生未来的学习改进产生了一定的理解误区。

（二）注重"课程思政"在课程目标中的落实

教学评价设计的首要任务就是要体现学科的育人价值，塑造学生对于生命观念等学科中核心素养的深度理解。以往教师常常将教学的重点落实于学科知识层面，却忽视了课程标准对于教学目标确定和教学过程设计的指引。而"课程思政"在生物学学科教学的体现，能够有效地在实际教学情境中，帮助学生掌握知识内容的过程，理解和认知学科知识中所蕴含的生命观念、科学精神、社会责任和大国自信等内容。

此外，课程标准为教学的日常活动提供了非常具体的教学目标和确定依据，下面将通过一个具体的流程设计（如图 3-2 所示），详细介绍如何从课程标准进行教学评价标准的转化。

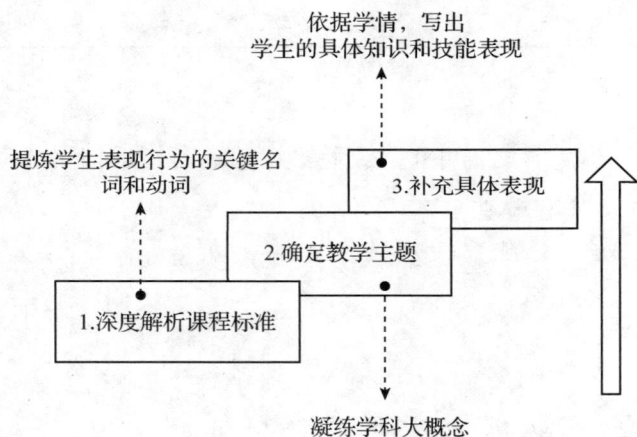

依据学情，写出
学生的具体知识和技能表现

提炼学生表现行为的关键名
词和动词

3.补充具体表现

2.确定教学主题

1.深度解析课程标准

凝练学科大概念

图 3-2　课程标准转化为教学评价标准的转化流程示意图

一般来说，课程标准是课程内容的高度凝练和学生成果达成的基本要求。因此，课程标准本质上也包含了学科的大概念和学生需要完成的具体任务，可以作为有效教学评价设计的依据。特别是针对高中生学业质量标准的提出，强调了学生在过程性学习和结果性学习中的质量标准，将以往学科核心素养具象化。但是，由于在进行授课的过程中，教师在进行单元教学或课时教学时经常忽视教学目标同课程标准之间的相互联系，从而造成了一定程度的匹配差异，使得教学效果未能达到预期的效果。因此，教师应对课程标准中的学业质量的具体要求进行认真的研读和分析，进一步明晰学业质量标准与核心素养内涵之间的关系，将以往对于学科知识的单一关注转变为对于学生学科"整体育人"功能的实现。[1] 实现学科对于学生德育等层面的教育价值，真正做到"立德树人"。

理论书签

逆向教学设计理论

该理论是在 1999 年，由美国课程与教学领域的专家格莱特·威金斯（Grant Wiggins）和杰伊·麦克泰（Jay McTighe）在反思传统教学设计不足的基础上，提出的一种新型教学设计模式。其过程主要由三个阶段组成：①明确预期的结果；②确定评价的证据；③安排学习和教学的活动。该理论强调要将课程作为达到既定学习目标的手段，聚焦教学的特定主题，使用特殊的资源，选择特殊的学习指导方法，以达到既定学习目标的过程。[2]

（三）分析学生学习的内容

教师在明晰预期评价标准的过程中，不仅需要对课程标准进行认真的研究、提炼和匹配，而且需要进一步了解和明确学生在学习过程中必须知道、理解和能够迁移的知识，从而进一步设计能够有效反馈学生学习效果和进程的引导性问题（包括事实性、概念性、方法性的问题等）。同时，依据学生的不同个体差异，设置个性化的评价标准，促使引导性的问题能够接近不同学生的"最近发展区"。在这个设计的环节中，以"孟德尔的豌豆杂交实验"课程的教学评价设计为例，教师可以设置以下三个问题。

Q1：学生需要思考的基本问题是什么？

●豌豆杂交的基本方法是什么？

●基因分离规律的实质是什么？

●基因型和表现性之间的关系是什么？

---

[1] 胡兴昌、张葳、李新国等：《把握学业质量标准，让学科核心素养落地》，载《生物学教学》，2018（8）。
[2] 叶海龙：《逆向教学设计简论》，载《当代教育科学》，2011（4）。

Q2：学生对于教学的预期理解是什么？

●认同科学从学说到定律的演变过程。

●科学来源于实践，形成共性规律，再演化为实践中的应用。

●形成内因与外因共同作用的辩证唯物主义世界观。

Q3：学生将获得哪些重要的知识和技能？

●归纳和和迁移的能力。

●运用基本的抽象符号来说明遗传规律。

●在新情境中尝试推导性状分离比的产生。

教师依据不同问题的引导，按照学生在不同阶段的认知和理解水平，进行与之匹配的"螺旋上升"的评价体系设计。例如，在课堂单元教学的进度安排上，可以设置不同的进阶梯度，即教师首先通过真实情境的设置，让学生对基本的事实性知识有所了解，这一过程中的评价应侧重于学生是否能够建立外在真实情境中的问题与学科之间的关联；在授课的提升阶段，教师可在学科探究的过程中进一步对学生思维的形成、科学方法的应用的学习和认知理解程度进行评价；在授课的阶段性总结阶段，教师还可设置新的情境，对于学生是否能够进行已有知识的迁移和深度内化程度进行评价。

（四）了解学生的前概念认知水平

我们在教育中怎样强调概念理解的重要性都不过分。也就是说，概念的含义具有通用价值，因为尽管有所不同，但它们的含义在各种不同情况下都是可以应用的……当我们陷入懵懂未知的境界时，它们是我们可以参考的已知……没有概念生成的过程，就不能获得任何知识的迁移，更不能对新体验产生更好的理解。

——［美］约翰·杜威，《我们如何思考》

以往教师在课堂教学中帮助学生进行新概念建构的前提是要对学生已有知识体系和前概念的理解程度有所了解。学生对于新讲授内容的原有认知中存在着某些误区和片面性的理解，这些可以为教师进行新授课设计提供一定的参考依据。这种诊断式评价，一方面能够帮助学生了解自我水平的认知，激发其对于未知学习内容的浓厚兴趣；另一方面，对于教师而言，前期学生学情数据的诊断也能够帮助教师更好地规划课程，提供更多课程设计的证据，从而实现教学过程中从"知道"到"理解"的过渡和转化。

随着新时期互联网学习媒体的发展和信息资源方式、方法的增多，学生获取信息的途径也不再单纯地依赖于教师的讲授。这些来源错综复杂的信息能够与学生原有的知识节点发生新的"化学反应"，造成了学生在前概念认知过程中的理解差异和认知水平差别。同时，学生对于前概念的认识和理解差异，对于教师评价标准的确立也具有一定的影响。因此，对于教师授课中的某些"新"概念，学生头脑中的潜在意识并不是一张空白的"白纸"，教师应设计更为详细而具体的多种测评方式，去了解学生已经具有的前概念认知水平。通常情况下，教师常用的方法还包括课前访谈、课堂前测、课前调查问卷、简答题和小活动等。通过前期测评数据的结果，教师对学生实施更有针对性的教学。特别是，以课堂学生活动的评价方式"能够"模糊"评价"痕迹，更易于被学生接纳。

以初中生物学"传染病"相关章节的单元教学为例，教师设计了一个游戏环节，让学生来体验"传染病传播过程"。学生在鼓声中，用左手传递涂抹有洗衣液的玩偶。鼓声停止后，用荧光检测笔先照射左手，看到荧光；再照射右手，发现无荧光，而玩具上却存在大量荧光，证明蓝色荧光来自玩具。然后，教师提出了两个问题：①同学们左手上或多或少都发出了蓝色荧光，而右手上则没有，玩具上检测到荧光，说明这种荧光物质是哪里传来的？②这种蓝色荧光是通过什么方式从一个同学"传染"到另一个同学的？

由此可见，教师在思考和设计这一教学环节的过程中，不仅是想通过轻松的体验活动来激发学生的学习兴趣，而且也隐含了教师对学生前概念的测评。[①] 此外，教师还可以通过具体测试的题目对于学生在复习课所具有的前概念认知水平和理解程度进行判断，以实现以下三个教学评价的目的：①学生已经具备了哪些概念性的知识和技能？②学生还需补充哪些概念性的知识和技能？③教师应该如何开发有效的教学过程？在以下案例中，教师以

---

① 郑国华、徐扬：《基于 UbD 逆向教学理论的"传染病"单元教学设计》，载《中学生物教学》，2020(1)。

人教版教材"种子植物""种子的萌发""开花和结果"的教学内容为主干（贯穿了玉米从种子萌发到成熟的一生），设计了"被子植物一生"的复习课（如表 3-3 所示），并以此来检测学生对于之前新授课中概念的认识水平和理解程度。

表 3-3　基于"被子植物一生"相关前概念的前测[①]

基础知识小测（节选）	新情境小测（节选）
果实是由[　]＿＿＿＿＿发育的。 	棉花是重要的纺织原材料。我们通常说的"棉花"并不是花，而是棉桃成熟开裂后绽出的棉纤维（如图 1、图 2 所示）。棉桃是由花的＿＿＿（结构名称）发育而成的。 图1 棉桃　　　图2 棉花种子

对于学生前概念数据结果的分析：教师发现，在传统基础知识维度的考查中，有 93％ 的学生能回答出"被子植物一生"相关的基础知识，但是，当教师将相同的知识维度放置于新情境，并再次进行测试时，却仅有 61％ 的学生能够回答正确。由此教师做出判断，该授课的学生群体虽然具备了一定的基本知识储备，但是却难以建立知识内容与实际生活情境之间的有效链接，特别是对于新情境中问题解决方面的能力仍然处于较低水平，难以形成有效的迁移和转化。因此，教师依据学生前概念的测试和判断结果，综合认为问题解决能力的提升仍然是本章节复习课亟待解决的问题，从而设计了具有完整性、连贯性的真实情境，最终帮助学生建立知识间的联系，形成问题解决的能力。[②] 这一个环节中，教师对于学生前概念的理解和认识

---

① 王璐、徐扬：《基于真实情境提升问题解决能力的初中生物复习课——以"被子植物一生"UbD 单元教学设计为例》，载《中学生物学》，2021(6)。

② 王璐、徐扬：《基于真实情境提升问题解决能力的初中生物复习课——以"被子植物一生"UbD 单元教学设计为例》，载《中学生物学》，2021(6)。

程度的判断，本质上是教师对于教学评价的一次"个性化"的定制过程，使得原有的评价标准更加符合学生实际需求，具有专属性。

（五）确定学生学习的预期结果

以上论述非常具体的介绍了一个教学评价设计形成的重要环节。值得强调的是，在现实教学的过程中，教师对于学生整体预期结果的判断不全是教师个体的独立行为，而往往是一个教研组、一个学校乃至一个区域内的整体驱动和集体思维的结晶。教师在进行教学评价设计方面往往存在以下一些误区。

1. 学生学习预期结果在评价设计方面存在的误区

（1）传统思想观念造成的设计误区。

部分教师在设计学生学习结果的过程中，往往将教学目标进行简单的修改，直接转变为学生学习预期结果的设定。这样的做法仅片面地关注了学生对于知识层面的认识和理解，并没有从核心素养"整体育人"的视角来综合看待学习预期结果对于学生学科核心素养的多层面要求。

（2）忽视了学生的能力、态度、创新思维等方面的发展情况。

《高中生物学课标》中进一步明确了各学科在引导教学的过程中，要更加关注育人的目的，注重学生核心素养的培养，强调要提高学生综合运用知识，解决实际问题的能力。由此可见，学生已经成为教学评价的中心，其一切活动评价的设计都应为学生的整体发展提供具体的反馈和指引。

（3）没有精准定位造成的设计误区。

以往教师在设计学生预期结果时普遍存在描述模糊、定位不精准的问题。具体表现在，教师没有采用非常明确的学生认知和理解的准确用语，对学生的学习行为进行引导。例如，有的教师将学生的预期学习结果表述为"了解……""懂得……"时，学生并不能够清楚的辨析这两者之间的差别；也有的教师表述为学生难以理解的抽象评价水平，如"形成深度的理解""具备解决问题的能力"。实际上，这些抽象的词汇描述并不能对学生的实际学习行为进行指导，也不利于教师后期教学评价的设计。

2. 学生学习预期结果评价设计应遵循的原则

(1)设计与教学活动相关的学生学习预期结果。

一直以来，教学评价强调"教、学、评"三者之间的协调统一，教师为学生学习目标的达成，设计了丰富的实践体验活动，但是活动的实际目的不仅仅在于学生的丰富体验，更重要的价值在于让学生参与到评价过程并深入学习。

(2)设计具有发展性、全面性的学生学习预期结果。

教学评价的根本价值在于促进学生"自我学习"和学生"自我理解"的发展。因此，学生学习的预期成果需要教师既要考虑学生现阶段可能具有的水平和能力，还要对学生未来的发展水平进行预测，使其预期结果的设定具有一定的"延展性"和"预测性"。

(3)设计灵活、可操作的学生学习预期结果。

学生个体及教师教学风格的差异使得学生学习的预期结果具有一定的灵活性和可操作性。学生学习的预期结果的确定要与课堂教学设计的动态变化保持一致。但由于教学过程是一个复杂的过程，并受到多种因素的影响，学生学习的预期结果具有一定的不确定性。预期学习结果要符合学生的能力范畴，为不同能力水平的学生设计不同层次的学习预期结果。因此，教师在进行学生预期成果最终确定的过程中也要依据教学目标的改变进行调整。同时，在学生认知能力的范围内，鼓励学生自主探索和发现。

✎ | 案例 3-3 |

初中生物学　生物多样性 [①]

第一阶段：教师首先对初中阶段生物多样性部分的相关内容进行了课标的解读，提炼出《初中生物学课标》中相关内容要求为。

(1)说明生物的不同分类等级及其相互关系，以及分析不同生物与人类的关系，初步形成生化进化的观点，认同保护生物资源的重要性。

(2)主动宣传生物多样性的重要意义，自觉遵守相关法律法规，保护生

---

① 崔鸿主编：《中学生物教学设计与案例研究》，45页，北京，科学出版社，2015。

物多样性。

第二阶段：分析学生在该教学环节中需要掌握的内容。

(1)保护生物多样性的意义和保护措施；

(2)人类选择可持续发展的原因。

第三阶段：了解学生的前概念认知水平。

(1)学生通过网络、视频等其他途径对于物种濒临灭绝有所了解；

(2)知晓一些灭绝的动物，对于物种灭绝的原因缺乏系统性的认识。

第四阶段：确定学生学习的预期结果。

在整体目标的基础上，对总目标进行目标拆解，分为不同的认知维度，包括知识、能力和情感相匹配的评价标准。教师可依据课程标准和教材中学生需要学习的相关内容，进行课程目标的设定，将其分为知识、能力和情感目标，并设计相匹配的评价标准，具体如表 3-4 所示。

表 3-4　教学评价量规的设计

维度	评价量规的依据	具体评价内容
知识	1. 举出一个例子说明生物多样性面临的威胁及原因	1. 据统计结果表明，进入 20 世纪以来，几乎每年至少一种鸟类或哺乳类动物会从地球上消失。造成物种濒临灭绝的主要原因是： A. 自然灾害 B. 天敌增多 C. 人类活动破坏生态系统 D. 外来物种入侵
	2. 至少说出五种我国稀有的珍稀动植物	2. 下列生物中，已经灭绝或在我国绝迹的是： A. 野马　B. 珙桐　C. 银杉　D. 大熊猫
能力	3. 观察和分析能力	3. 小组讨论：20 世纪末，广西崇左当地的农民和我国一种珍稀动物——白叶猴生活的区域极其接近，白叶猴以植物的嫩叶、枝条为食，农民靠砍伐的树木浇水、做饭和取暖。请同学们讨论是否应该建立自然保护区，以及如何促进人与自然的和谐共生。

续表

维度	评价量规的依据	具体评价内容
情感	4. 树立保护生物多样性的观念，增强保护动植物和保护人类赖以生存的环境的重要意识	4. 小组合作探究：三名同学一组在假期通过走访调查的方式，调查当地最近几年新迁入的物种和正在逐渐减少的物种，撰写相应的调查报告。

　　案例 3-3 是一个典型的生物学教学中从教学目标的确立到教学评价标准确立的形成过程。本案例经过改编后，按照前文中如何确定学生学习的预期成果的四个阶段进行了具体的阐释，并进行了逐层深入的方法设计。之所以选择这样的评价设计方法，是由生物学独特的学科属性决定的。教师讲授任务设计的过程与学生学习的过程是一个逆向设计的教学过程。教师需要先确定学生最终的预期学习结果，而学生需要经历一个从现象到本质的认识过程。本案例采用了四个相应的设计阶段，依次为：①解读课程标准，获取关键信息和核心词汇；②分析学生在该教学环节中需要掌握的内容；③了解学生的前概念认知水平，做出明确的教学难点和重点的判断；④确定学生学习的预期结果。上述四个阶段正是实践了教师如何以"学生为中心"进行学习预期成果设计的理念和原则。该案例在具体评价标准的确定上仍可以进一步细化，辅助教师进行学生课堂教学过程中表现性评价结果的分析。

　　当然，除此之外，一些新型教学方法的引入也为新时期教学评价的设计与改革增添了一定的活力，学科教学评价标准的设计除了依赖于课程标准之外，也可以依据学生对知识和概念体系的理解层次进行设计。以美国课程与教学专家格兰特·威金斯和杰伊·麦克泰格提出的一种以学生理解为前提的逆向教学设计理论为例，该评价在不同阶段都凸显了教师在课程实践过程中"设计师"和"评估员"的双重角色属性，旨在通过教学过程的巧妙设计，促进学生对教学内容的理解，让学生在授课前就清晰地了解课程评价的量规，促使学生更有目的性地去探索和经历学习的过程，在具体的教学实践中也取得了较好的教学效果。

在具体的教学环节中，如在 3-1 的案例中，UbD 逆向教学模式的评估设计更加聚焦于学生在课堂上的实际表现（区别于以往的形成性评价或总结性评价），便于动态调整教师的教学策略。教师采纳 UbD 理念设计的思想，在整体评价标准的设计中，同样遵循了前文中确定学生学习预期成果的四个阶段进行了具体的设计。虽然在整体的模式上同之前的评价维度在设置上具有一定的差异性，但是两者在核心思想的指导上具有一致性，都采用了逐层深入的方法进行评价部分的相关设计。依次是：①解读课程标准，获取关键信息和核心词汇；②分析学生在该教学环节中需要掌握的内容；③了解学生的前概念认知水平，做出明确的教学难点和重点的判断；④确定学生学习的预期结果。整体课例是教师通过设计的一列活动和隐藏在活动中的问题加以贯穿，实现了学生从表层现象到本质理解的转化，每一个认知和理解的层次都有相互匹配的具体的评价量规设计，且指向明确，便于教师在实际教学中的应用和转化。

理论书签

使用"理解六侧面"建立对于理解的评估[①]

真正理解的学生：

侧面1：能解释——显示出复杂的解释能力和洞察力。

侧面2：能阐明——提供有力的、有意义的诠释、转化或叙述。

侧面3：能应用——知晓在新的情境中如何运用已有的知识。

侧面4：能洞察——对于新情境中的事件具有自我的立场和辨识能力。

---

① ［美］格兰特·威金斯、杰伊·麦克泰格：《追求理解的教学设计》，182页，上海，华东师范大学出版社，2017。

侧面 5：能移情——能够对于他人提出的理论、观点和状况进行分析。

侧面 6：能自知——辩证、评估和进行自我调节。

二、确定恰当的评价策略

生物学作为一门研究生命现象与生命活动规律的学科，其核心目标是提高学生的生物学核心素养，使学生形成生命观念，让学生能够将所学的理论知识同日常的生活实践进行关联，解释和解决现实生活中遇到的问题。依据《初中生物学课标》的要求，评价应实现以评促学，以评促教，并具有多元化的特点，从生命观念、科学思维、探究实践，态度责任等方面对学生进行综合评价。同时，教师要关注学生回答问题、参与活动、讨论发言、实验操作等方面的表现。因此，评价的价值在于它能够对教师的实际教学过程提供具体的反馈，同时希望学生通过评价的体验过程，获得自身在思维意识上的提升。一个好的评价策略能够为有效地实现这一教学评价的核心目标提供更为有效的保障。

（一）不同教学课型下的教学评价策略

不同的课程类型对于教师进行合理有效的教学评价具有一定的影响。在这部分内容中，依据生物学学科中不同的课程类型进行了评价类别的区分，强调了不同的评价方式、侧重比例在不同的课程类型中的设计差异，论述了如何能够更为综合、细致地对评价类型进行准确的匹配，更加有效地促进不同的课程类型在"全面育人"过程中的价值。

1. 新授课教学评价的策略

以往人们将新授课的概念界定为教师通过系统的口头语言向学生传授新知识的课程，一般包括课程导入、课程组织和讲授、巩固小结以及检测反馈这四个组成部分。① 教师可以在不同的授课环节中设置不同的评价和测试内容。例如，教师可在导入环节中设置评价内容，便于教师对学生学情的了解。同时，根据教学设计之间的差异，课程在时间的分配、教学技能演练和授课模块等方面都与该阶段学生的具体表现相互联系，从而诊断学生的学习成效。

在这部分评价设计的环节中，教师应关注提问在评价设计中的应用、理解和综合分析，对于课程中的"问题串"要进行有效性的筛查，去除无效或不相关的问题，即教师在有效的课堂时间中设置的问题必须与学生核心素养的形成进行相互的关联。例如，一节有关"生物多样性"的初中生物学教学中，教师在开场环节中提问："同学们去过户外郊游吗？"同学回答："去过。"类似于这种类型的评价式的问题不能对教师的教学和学生的学习效果起到任何反馈的作用，将被视为无效的问题评价方式。

🔗 | 案例 3-4 |

高中生物学　细胞膜的结构与功能②

一、评价目标

1. 学生是否承担了用生物学知识来解决实际问题的社会责任。

2. 学生是否理解了"细胞是生物体结构与生命活动的基本单位"和"细胞的生存需要能量和营养物质"这两个大概念，以及"概述细胞都由质膜包裹，质膜将细胞与外界环境分开，能控制物质进出，并参与细胞间的信息交流"和"物质通过被动运输或主动运输的方式进出细胞，以维持细胞的正常代谢活动"这两个重要概念，并将其融会贯通。

3. 学生是否在生物学学科核心素养上有所发展。

① 崔鸿主编：《中学生物教学设计与案例研究》，216页，北京，科学出版社，2015。
② 罗红梅、徐扬、李小岑：《学科大概念指引下的高中生物学大单元教学设计——以"细胞膜的结构和功能"UbD单元教学设计为例》，载《生物学通报》，2021(5)。

二、评价内容

1. 学生的生命观念：学生是否形成了结构与功能观，学生能否运用这个观念来分析糖尿病的病因和治疗方法。

2. 学生科学思维的发展：学生能否运用归纳推理、批判性思维来逐渐构建细胞膜的流动镶嵌模型，并利用该模型解释物质进出细胞的方式；能否利用创造性思维设计出制备口服胰岛素的思路。

3. 学生科学探究的能力：学生能否根据研究的目的，设计实验方案，包括选择实验材料、试剂，设计实验步骤；进行实验预期；操作实验过程；分析实验结果；得出实验结论。

4. 社会责任：学生是否能够依据"结构与功能相适应的观点"来分析糖尿病的病因，并提出治疗糖尿病的思路，同时设计制备口服胰岛素的实验方案，从而承担用生物学知识来解决实际问题的社会责任。

三、评价方式

评价方式见表 3-5。

表 3-5　课堂行为观察：根据学生回答问题的情况来评价

评价工具	问题	5 分	3 分	1 分
出示相关透射电镜的成像原理及展示罗伯特森实验的结果	罗伯特森为什么推测膜两侧是蛋白质，中间是脂质？电镜中测出来的细胞膜厚度是多少？	能用准确的语言描述问题的答案，给出解释	能回答出部分问题的答案，但语言表述不完整	在教师的提示下，只能回答出其中一个问题

续表

评价工具	问题	5分	3分	1分
出示胰岛素的作用机理图	描述胰岛素作用机理，并说明细胞膜在此过程中的作用	学生能够从表面现象总结和归纳出细胞膜有信息交流和控制物质进出的功能	能够说出糖蛋白具有识别的功能；葡萄糖转运蛋白具有运输物质的功能	简单描述过程和外在形态
	哪些环节异常可能会导致糖尿病？如何预防糖尿病？	学生用结构与功能观来进行糖尿病病因分析，分析得出胰岛素不足、胰岛素受体数量不足或敏感性下降、葡萄糖转运蛋白含量不足三个原因	学生用结构与功能观来进行糖尿病病因分析，分析得出胰岛素不足、胰岛素受体数量不足、葡萄糖转运蛋白含量不足三个原因	学生用结构与功能观来进行糖尿病病因分析，分析得出胰岛素不足、胰岛素受体数量不足两个原因

　　案例 3-4 是一个针对新授课教学目标而设计的评价案例。教师以传递新的学习知识为主要任务，并通过教师的引导，从而形成学生自身的知识结构和概念体系，并最终转化为学生自身的生命观念。传统的讲授式教学并不利于教师对学生实际学习效果的检测。因此，在新授课中更适宜采用问答形式的授课和评价模式进行教学，通过"教师的提问—学生的思考—学生表述观点—教师反馈和答疑—教师设置练习—学生进行自评或他评"的形式，从而实现教师的教学活动和评价过程的完美结合。当采用这一方式进行教学时，教师需要注意提问式的评价设计要具有一定的目标导向性，而不是教师临时或突发性的问题引导。教师的评价设计要与教学目标、教学内容、学生学习难点具有一致性，让学生的回答恰好在一定程度上反映学生对于这部分内容的认知和理解程度，实现评价的价值。

2. 复习课教学评价的策略

一般常规化的复习课，往往是采用教师讲授与学生反复性练习相互结合的模式进行的。教师通过助力学生在习题训练中不断练习和反馈，达到让学生巩固知识的目的。又或者教师通过梳理、建构概念图或思维导图的方式进行的复习课程的设计，辅助学生搭建头脑中新的知识体系。但是，无论采用以上哪种方式来组织和实施教学，都造成了复习课的评价在很大程度上需要依赖于学生的阶段性评价或结果性评价的测试结果，本质上没有起到"以评促学"的教学目的。因此，根据社会建构主义理论的相关理念，学生在复习课中的学习任务应该是在学生已有的社会认知和社会经验的基础上，对学生已有的经验加以提炼和总结，并在新情境中不断加以迁移和应用的一个过程。

同时，依据课程标准和课程改革的要求，教师应该找到学生的最近发展区，帮助学生建构概念的知识体系，将原有"碎片化"的知识进行有机整合，结合学习进阶的理论观点，在复习课中设置新的问题和生活中的真情境，培养学生解决问题的能力。但是，由于复习课在实际教学中也具有一定的类型差异，此部分中涉及的复习课主要聚焦了学生在单元教学过程中的复习课和中考类别下两种复习课的评价策略。

首先，单元教学评价的设计往往更加注重临近学习章节之间的内在联系，同时对于本单元内部的章节进行整体的回顾和反馈，遵循"以学生为中心"的教学评价理念，通过丰富而形象的复习课活动，促进学生"以评促学"的过程。以教师采用的以问题为导向（Problem-based Learning，PBL）的教学模式为例，教师可以匹配相应的评价设置，建立一个新的问题情境，启发学生运用已经学习的知识内容对于本单元内的相关内容进行分析，从而解决问题。

在人教版 2017 版高一"细胞膜的结构和功能"的单元教学中，北京 161中学的李小岑老师对教材做了一定的章节调整，即把"第 3 章 细胞的基本结构"第 1 节"细胞膜的结构和功能"后置到"第 4 章 细胞的物质输入和输出"

前进行教学。具体的课时进行了如下设计，将单元教学内容分为四课时。第一课时：细胞膜功能的推理认知，细胞膜结构的探索。第二课时：认识渗透作用，探究植物细胞的失水与吸水。第三课时：被动运输。第四课时：主动运输与胞吞、胞吐，科研案例分析。在第四课时的教学设计中，教师为了对前三个课时内容进行单元教学的复习和评价，设计了一个以科学探究的实验作为检测学生的评价依据，同时这样的评价设计也实现了教师对于学生新的知识思维体系的构建。

◆ | 案例 3-5 |

高中生物学 "细胞"单元教学复习环节中的教学评价案例[①]

具体评价案例见表 3-6。

表 3-6　课堂行为观察：学生单元复习的评价设计

教师活动	学生活动	评价标准
科学家设计并实施了一个实验，验证了之前学生提出的假说。 补充介绍：细胞壁延展后，水分子迅速进入植物细胞，细胞伸长。	1. 聆听，思考。 2. 小组讨论，在"学案"上画示意图，小组代表发言：生长素作用于生长素受体，进而激活细胞膜上的 H^+ 泵，H^+ 大量进入细胞壁，细胞壁延展。	优秀(3分)： ①参与小组讨论，主导逻辑通路的完成过程； ②能够提出疑问，还能给予合理解释，洞察到"酸生长理论"以外其他作用途径的存在。 良好(2分)： ①参与小组讨论，参与实验分析、提出假设、设计方案、预期结果等过程；

[①] 李小岑、徐扬、罗红梅：《核心素养指引下的学生高阶思维能力的培养与评价——以高中生物学"细胞膜的结构与功能"大单元教学设计为例》，载《中学生物学》，2021(7)。

教师活动	学生活动	评价标准
补充素材： 学生认知"冲突"：进一步研究发现，在酸刺激和生长素刺激下的切段生长反应并不吻合。 图示介绍其他作用途径（基因活化学说等）。	生长素 ↓ H^+泵活性升高？假说 ↓ 细胞壁酸化 ↓ 某些酶活性升高 ↓ 细胞壁延展 ↓ 细胞伸长生长	②能适时质疑。 一般（1分）： ①基本不参与讨论； ②但理解小组其他成员主导的若干个分实验逐步揭示机制的过程。

案例 3-5 在针对复习课的教学评价的设计中，相比于单元部分的教学评价设计，更加全面和具体。教师在设计的过程中，不仅要考虑评价部分在不同学习章节之间的逻辑关系和知识体系中的位置，而且应建立不同单元教学内容之间的联系。教师通常可以采用形成性评价和结果性评价相结合的形式进行学生多方位的测评。下面以首都师范大学附属中学第一分校邵海霞老师在初中生物学阶段的生物技术专题进行的复习课的评价设计为例进行解析（见表 3-7）。

📎 | 案例 3-6 |

初中生物学 结业考试主题式课程评价案例①

表 3-7 结业考试主题式课程评价维度设计表

评价维度	问题引导	整合的能力点	具体评价内容
微生物的分类及各类群的主要特征	乳酸菌与图片中哪类生物更相似?与其他类群有何区别?	识图能力、分类比较能力	学生能够说出微生物基本分类,知晓微生物的多样性,以及其在生物圈中发挥的重要作用
细菌真菌培养的一般方法、细菌菌落与真菌菌落的区别	乳酸菌饮料中是否真的含有上百亿个活的乳酸菌?	科学探究能力	学生能够依据设置的对照实验,尝试设计实验过程,并通过控制单一变量、增加重复次数等方法来提高实验结果的可靠性
食品腐败的原因和食品保存的方法	如何保存乳酸菌饮品?	运用所学知识解决实际问题的能力	学生能够说明食品腐败的原因
生物与环境的关系,滥用抗生素的危害	乳酸菌与人体是什么关系?	知识迁移能力、综合分析能力	学生能够通过实验探究阐明生物的生存需要一定的条件,了解维持菌群平衡具有重要意义
发酵技术在食品制作中的应用	人类如何利用乳酸菌?	分析比较能力	学生能够根据案例分析生物技术对人类社会发展的重要意义和可能带来的其他影响

　　教师以乳酸菌为切入点通过区分比较复习微生物各类群的特征和各类群在生态系统中的作用,进一步区分寄生、腐生等易混淆概念。

　　依据以上评价维度中的第一部分和第二部分内容教师设计了相关的活

---

① 案例来源:邵海霞,首都师范大学附属中学第一分校。

动，匹配了相应的评价测试内容，具体如下。

提出问题：乳酸菌饮料中是否真的含有上百亿个活的乳酸菌？

通过问题引导学生思考：

1. 请你设计实验思路，写出培养乳酸菌的方法。

2. 菌落数与活菌数有什么关系？如何区分细菌菌落和真菌菌落？

3. 实验过程和数据分析：某研究小组对饮品中的乳酸菌进行了培养和计数，得到表 3-8 的数据。

表 3-8　每 100 毫升该饮品中含有的活性乳酸菌的数量

组别	饮品稀释倍数	接种的体积	菌落数/个
Ⅰ	100000 倍	0.1 毫升	124
Ⅱ	100000 倍	0.1 毫升	131
Ⅲ	100000 倍	0.1 毫升	129
Ⅳ	接种 0.1 毫升无菌水		0

(1) 设置第Ⅳ组的意义是什么？

(2) 虽然Ⅰ、Ⅱ、Ⅲ三组实验操作相同，但不能只保留一组，原因是什么？

(3) 根据上表数据计算，每 100 毫升该饮品中含有的活性乳酸菌的数量为多少？由此你能得出什么结论？

设计意图：提出真实情境下的问题引导学生利用所学知识解决问题；通过问题的逐层深入，引导学生形成思维体系，及时反馈学生在综合复习环节中存在的问题。这一过程培养学生的科学探究能力和问题解决能力，使学生体会实验研究过程的严谨性，达成预期的教学目标。

案例 3-6 这节复习课在《初中生物学课标》初中生物学教学"生物多样性"中的微生物以及跨学科实践部分都有所涉及，包括病毒细菌和真菌的相关内容。因此，教师结合教材和课标的要求，对微生物部分有关的知识进行了整合，特别是微生物各类群的特征、微生物的培养方法以及微生物在食品生产、医药工业等方面的作用。

第三单元整体评价采用了"一例到底"的真实情境设计，并通过层层推进的问题解决模式，在不同的评价维度下面，设立了彼此具有逻辑关联的评价测试题目，从而帮助学生在真实情境下，进一步综合性地加深了学生对于已有认知的理解，帮助学生建立了理论与实践之间的连接。

> **理论书签**
>
> ### 社会建构主义理论
>
> 社会建构主义理论的基础强调了将人类的行动的解释阵地转移至关系领域……社会建构主义从关系中追踪人类行动的来源，以及从公共交流理解"个体功能运作"。社会建构主义理论并没有否认学习过程是个体内部性地发生，但是这些过程的性质和它们的内容总是取决于社会领域中的关系。这种建构发生在个体之中，通过与周围世界的相遇以及预期的互动而产生。

3. 实验课教学的评价策略

生物学作为一门以实验为基础的学科，实验整体的思维设计及动手实践能力是实验考核中的重点和难点。依据替代性评价理论的观点，学生从认识到操作技巧的转化相比于单一化知识的掌握更为重要。即应加强学生的动手能力以及应用能力的锻炼，应用从教材中所获取和积累的信息来解决实际问题，建立理论知识和实际生活之间的联系。

以往理论课程中讲授的重要事项和科学观点，学生通过实验探究以及评价反馈，能够清楚地辨识这部分内容的核心思想，加深对于学习内容的理解。相比于其他课程形式，实验课程能够更直观地反馈学生科学探究的能力，激发学生对于学科科学探究的热情和兴趣，激发学生的主观能动性。因此，有效的实验教学评价不仅能够帮助学生进一步地理解之前理论讲授的内容，建立理论与实验之间的有效联接。同时，也能够通过实验体验提升学生在发现问题和解决问题方面的能力。以下面试题为例。

为了探究不同光照处理对植物光合作用的影响，科学家以生长状态相同的某种植物为材料设计了 A、B、C、D 四组实验。各组实验的温度、光照强度和 CO_2 浓度等条件相同、适宜且稳定，每组处理的总时间均为 135 s，处理结束时测定各组材料中光合作用产物的含量。处理方法和实验结果如下：

A 组：先光照后黑暗，时间各为 67.5 s；光合作用产物的相对含量为 50%。

B 组：先光照后黑暗，光照和黑暗交替处理，每次光照和黑暗时间各为 7.5 s；光合作用产物的相对含量为 70%。

C 组：先光照后黑暗，光照和黑暗交替处理，每次光照和黑暗时间各为 3.75 ms(毫秒)；光合作用产物的相对含量为 94%。

D 组(对照组)：光照时间为 135 s；光合作用产物的相对含量为 100%。

回答下列问题：

(1)单位光照时间内，C 组植物合成有机物的量_____(填"高于""等于"或"低于")D 组植物合成有机物的量，依据是_____
_____；C 组和 D 组的实验结果可表明光合作用中有些反应不需要_____，这些反应发生的部位是叶绿体的_____。

(2)A、B、C 三组处理相比，随着_____的增加，使光下产生的_____能够及时利用与及时再生，从而提高了光合作用中 CO_2 的同化量。

该类型实验考查的就是学生对实验课程及多学科探究能力的评价，主要探究了不同的光照处理方法对植物光合作用的影响。从测试题目的整体设计上，不同问题的设计分别指向了学生科研探究能力的不同侧面。其中，试题的第一部分是对不同分组数据的分析，重在考查学生分析两组自变量上的差异。教师在采用这样一个案例来进行教学时，需要对于学生进行阶段性教材和教学目标的回归，关注学生对原有教材中光照时间对植物光合作用的影响这部分内容的理解和认知程度；试题的第二部分提出了在其他条件和处理相同的情况下，对于 3 组实验采用光照交替频率改变的单一变量的实验操作。最终通过测试，评价学生对于光反应过程中的[H]和 ATP

能否及时利用和再生的相关内容进行关联，并用此来解释这一现象，从而得出光合作用的有些反应不需要光照的结论。[1]

此外，教师还可以从科学探究在课程具体落实中的六个层面来进行评价。涵盖了测评环节对于学生从"提出问题—做出假设—制订计划—实验计划—得出结论—表达与交流"的全部过程，特别是关注了学生对于变量的控制、对照实验的设计、实验现象的描述、实验结果的统计、实验证据和数据的分析、结论的总结和提炼等综合能力的评价。[2]

以北京市高级中等学校招生考试生物学试卷第19题为例：运动员的心理状况对运动成绩有一定的影响。研究者以唾液中唾液淀粉酶的含量作为检测指标，探究心理压力对运动员的影响（如表3-9所示）。

表3-9　实验设计表

实验处理	1号试管	2号试管
加入淀粉液	2 mL	2 mL
滴加碘液	2 滴	2 滴
加入唾液	?	施加心理压力后受试者的唾液2 mL
温度条件	37 ℃	?

(1)人体消化道内，淀粉的分解起始于_____，这是由于唾液中含有唾液淀粉酶。

(2)分别在施加心理压力前、后取受试者的唾液，进行如下实验。

①1号试管"?"处应加入_____。设置1号试管在本实验中起到_____作用。

②2号试管"?"处的温度条件应该是_____℃。

③观察、记录并比较1号和2号试管蓝色褪去时间，若结果为_____，则说明施加心理压力使受试者唾液淀粉酶的含量增加。

[1] 李秋石：《基于核心素养的高中生物学测评要点与解析》，载《生物学教学》，2017(7)。
[2] 安代红、乔文军：《2018年北京生物学中考对生物学总复习教学的启示》，载《生物学通报》，2019(2)。

对试题不同部分的内容考核，能够从不同的侧面反馈学生在实验教学环节中的具体行为表现，并通过学生的实际行为表现推测其思维意识的变化。在本试题中，第 2 题分别考查了学生选出控制变量和设置对照实验和学生描述实验现象、分析和解释实验现象和数据、推导出结论的能力。题目中反向给出了实验结论，让学生反向推测可能出现的实验现象，并在一定程度上增加对学生在实验操作领域综合能力的考查。

🔖 | 理论书签 |

替代性评价理论①

以往的评价方式非常重视学生对于知识的理解，但是，随着人们对于评价方式的认知和理解，一种新型的评价模式逐渐产生。美国自 20 世纪 90 年代起，一种新的思潮认为，学生从认识到操作技巧相比于知识的掌握则更为重要。它强调了学生的动手能力以及应用能力，主张学生能够学以致用，应用从教材中所获取和积累的信息来解决实际问题，建立理论知识和实际生活之间的联系。同时，该评价具有以下一些特征属性：①评价需要学生的动手操作及参与，并发挥学生的思维潜能；通过开展积极的教学活动来展现教学任务的完成过程；②教学活动要根据现实生活的实际情境而产生；③评价方式要丰富、多样和灵活，不能机械死板；④教师以一种全新的角色姿态参与到评价中来，学生与教师之间是"双向"促进的过程，而非单向性的。

---

4. 生物学活动课教学评价的策略

生物学活动课是以学生的各种活动（包括实地考察、设计实验、指导生产）为中心，基于学生的兴趣和需求，注重学生的亲身经历和实际体验，以培养学生操作能力为根本目的的一种新型的课程。② 同时，在进行课程的设

---

① 陈刚：《中学生物学课堂教学评价研究》，硕士学位论文，华中师范大学，2014。
② 崔鸿主编：《中学生物教学设计与案例研究》，278 页，北京，科学出版社，2015。

计过程中，活动课程相比于其他的常规课程更加注重对于学生学习过程的设计与评价，关注学生的实际获得，同时具有非常强的灵活性。学生通过系列活动类课程来掌握一定生物技术的基本流程，解释生活中的一些科学现象，解决一定的社会议题，从而在活动中完成"以评促学"的学习过程。

生物学活动类课程形式丰富多样，不仅能够对于学生参与实践的能力进行考核，而且可以对学生在学习过程中的态度、兴趣、参与程度、任务完成情况以及作品进行综合性的评估。同时，与之匹配的评价方式也更加多元化，涵盖了教师对于学生的评价、学生对于自身的评价以及学生之间的互相评价，使得评价的结果更加准确。

例如，人教版教材选择性必修2"生物与环境"中的重要概念4"人类活动对生态系统的影响"的相关内容，包含了五个次位概念。以次位概念2为例：要求学生在学习的过程中，关注全球气候变化、水资源短缺、臭氧层破坏、酸雨、荒漠化和环境污染等全球性生态环境问题对生态圈的稳态造成的威胁，同时也对人类的生存和可持续发展造成影响。教师可依据该模块教学目标的设计，提出了与之匹配的评价标准，具体如下。

①学生能够运用具体的实例讨论全球性生态环境问题对生物圈的稳态造成的威胁。

②学生能够从生物与环境的视角阐述生态环境问题对人类的可持续发展的影响。

本部分内容的评价准则以学生的表述和阐释为主。

因此，教师可以设计相应的教学活动环节及评价形式予以实施。其综合评价的方式可以通过学生对当地生态系统中的问题进行一项调查，采取小组考查和实验等多种形式的实践活动加以实现，也可以进行小组成员间的交流和讨论，同时设计相应的评价量表，针对学生撰写的报告和最终汇报的结果进行综合性的评价考查。例如，教师可以将学生的健康生活同生物学相关的内容进行整合，依据生物学的教学目标，扩展学生的知识层面，建立学习与生活之间的关联。依据教学目标，采用具体的活动评价策略，分别进行师评、自评和互评环节。

✎ | 案例 3-7 |

《北方冬季养蚕的难题破解》项目式学习活动评价案例①

项目成果目标：

(1)分析、解决北方冬季养蚕面临的环境问题，制作科学便捷的养蚕装置。

(2)分析北方冬季养蚕面临的食物问题，设计探究不同食物对家蚕影响的实验方案。

(3)结合探究结果设计北方养蚕最佳方案，并制成《创新实践手册》展示、推广。

评价设计：

子项目四评价量规

评价指标			结果			
维度	等级	具体要求	1 组	2 组	3 组	4 组
手册内容	高手	包含家蚕生长发育各阶段的注意事项	☐高手 ☐能手 ☐新手	☐高手 ☐能手 ☐新手	☐高手 ☐能手 ☐新手	☐高手 ☐能手 ☐新手
	能手	包含家蚕生长发育某 2~3 个阶段的注意事项				
	新手	包含家蚕一个阶段的注意事项				
美观性	高手	有图片、文字，图文美观且图文内容搭配恰当	☐高手 ☐能手 ☐新手	☐高手 ☐能手 ☐新手	☐高手 ☐能手 ☐新手	☐高手 ☐能手 ☐新手
	能手	有图片、文字，图文较美观且图文内容搭配比较恰当				
	新手	只有图片或文字形式呈现				
创新性	高手	手册设计有特色，具体本组特点	☐高手 ☐新手	☐高手 ☐新手	☐高手 ☐新手	☐高手 ☐新手
	新手	手册设计无特色，与其他组大致相同				

---

① 案例来源：王佳慧，北京市怀柔区第五中学；于娜然，北京市怀柔区第二中学。

续表

评价指标			结果			
维度	等级	具体要求	1组	2组	3组	4组
汇报展示	高手	翔实的汇报手册内容，语言简洁流畅，声音洪亮，得体大方	☐高手 ☐能手 ☐新手	☐高手 ☐能手 ☐新手	☐高手 ☐能手 ☐新手	☐高手 ☐能手 ☐新手
	能手	基本准确的汇报手册内容，语言较为简洁，声音清晰，声音较小				
	新手	不能准确地汇报实验方案				
倾听	高手	能认真听汇报，并对汇报组进行客观、准确的评价	☐高手 ☐能手 ☐新手	☐高手 ☐能手 ☐新手	☐高手 ☐能手 ☐新手	☐高手 ☐能手 ☐新手
	能手	能认真听汇报				
	新手	不难认真听汇报				

在活动课程部分的评价设计中，依据《高中生物学课标》，可以借助学校丰富的自然环境资源，将评价融入单元教学中的每一个教学模块，着眼于学生的兴趣爱好，因地制宜开展丰富多彩的校园文化活动，让学生养成关注身边事物的习惯，激发学生在生活中学科学、用科学的兴趣。校园动植物分类内容可以包括调查校园动植物资源，动植物分类的过程与一般方法，学会使用动植物分类表，学习编制简单的检索表，介绍校园动植物有关的科、属、种的特征及识别方法，动植物标本采集及制作，建立校园动植物资源管理数据库以及了解动植物与环境的适应关系等。

在具体实施的方式和方法上，其评价要结合具体的课程标准的实施方式，使其匹配的评价方式也更加多元化，而不局限于某一种形式。依据《高中生物学课标》，教学中教师应根据本地的地理特点，充分利用校园动植物资源，拉近学生与真实自然环境之间的距离。教学可以通过各种不同形式的活动展开。例如，以小组为单位制订寻找、观察校园动植物的计划；交流认识校园里的动植物的学习经验；以科技为主导，以校园为依托，开发利用校园动植物资源；广泛收集教学需要的文字、声音、图片、动画等素材，建立校园动植物资源库等，实现教学与校园动植物资源的有效整合。激发学生的学习兴趣，培养学生的自然观察能力，提升学生的综合素养。

同时，评价的设计还可以结合当地有利的外部资源条件，包括学校的

图书馆、社区生活环境中的图书馆、博物馆、展览馆、植物园、少年宫、科技馆等，利用这种可观察、与学生实际生活实际紧密相关的元素进行评价的设计。例如，教师可以依据动物博物馆的相关资源提前设置实践任务，每一项任务都与学生在本项活动中应该具备的能力相互对应，使这种无形的教育资源转变为学生课外学习活动中的一部分，同时将这种"以评促学"的活动融入学生的生活实践之中。

（二）课堂环境下的教学评价

生物学课程内容是教师具体实施教学的重要载体，课程标准是生物学教学的重要依据，同时也是课程评价的重要依据。课堂作为教学主战场的功能不可小觑。因此，教师教学工作的本质和核心是要提高学生终身发展所需的生物学核心素养，因此评价的核心内容应与课程目标、课程内容和学生的学业质量相互联系。首先，生物学课程评价的本质不仅是对学生一定学习阶段学习成果的检测，更是学生在学习过程中成长和变化历程的见证，是一个动态变化的过程。其次，课程的评价应该遵循"立德树人"的思想理念，关注学生情感、态度和价值观方面的发展和变化过程，综合性考查学生对于生物学大概念的深度理解，指向生物学核心素养中生命观念、科学思维、科学探究和社会责任四个层面。生物学学科在初中和高中不同阶段，在课程评价内容上的差异性一定程度上决定了课堂教学对于学生能力的具体要求具有差异性和进阶性，如表 3-10 所示。

表 3-10　初中生物学与高中生物学在内容上的比较分析（以科学探究为例）

学段	评价依据	评价内容
初中	初中课程标准	能够从生物学现象中发现和提出问题，收集和分析证据，得出结论，综合运用生物学和其他学科的知识、方法和实验操作技能，采用工程技术手段，通过设计、制作和改进形成物化成果，将解决问题的想法和创意付诸实践，逐步形成团队合作意识，坚持不懈的探索精神、实践创新意识、审美意识和创新实现能力。

续表

学段	评价依据	评价内容
高中	高中课程标准	(1)是否具备了观察能力、发现问题的能力、设计能力。 (2)是否具备了实施探究方案以及探究结果的分析、交流等能力。

下面通过一个具体的案例，从高中阶段的学生学科核心素养培养和发展的视角，展示教师应该如何进行课堂教学评价的设计，从而实现学生核心素养在教学实践中的具体落实。教师在这一节课程教学中，将科学探究进一步具体化为观察能力、设计和实施探究方案、小组合作、分析与交流四个层面进行考查。同时，对于每一个具体的能力匹配了详细地评定标准，这些标准不仅对学生的不同课堂表现进行了分级划分，而且具体而详细地描述了学生在不同学习水平中应该具有的学科探究能力。同时，当学生达到一定的学习水平和阶段时，他们能够非常明确地知晓自身如何通过不断努力可以达到的下一个认知和理解水平，帮助教师和学生对于未来的学习进阶层次和"最近发展区"做出预期的判断。

🔗 | **案例 3-8** |

教学活动三的评价：探究鸟类适于飞行生活的特点[①]

活动内容：围绕鸟类的体形、翼、骨骼、肌肉、呼吸系统和消化系统等内容，教师提供大量的探究材料，由小组学生共同选择具体材料、设计探究方案、完成探究活动。教师提供的探究材料包括活的家鸽、尖头及平头纸飞机、羽毛、放大镜、测量尺、家鸽胸肌图片、家鸽骨骼标本、鱼骨、鸡翅、鸟类消化系统图片、鸟类呼吸系统图片、鸟类双重呼吸视频等。同时，教师为检测是否达到了相应的教学目标，依据生物学核心素养的四个层面，进行了表 3-11 所示评价设计，这里仅以科学探究为例，进行相应的案例介绍。

---

① 杨玲：《生物学核心素养表现性量表评价与应用举例》，载《生物学教学》，2018(2)。

表 3-11　探究鸟类适于飞行生活的特点评价量表(以科学探究为例)

核心素养	评价维度	评价标准与评价规则	素养水平	学生自评	小组互评	教师评价
科学探究	观察能力	能够恰当选用并熟练运用工具展开观察	四			
		能够熟练运用工具展开观察	三			
		能够正确使用工具进行观察	二			
		能够使用简单的实验器具	一			
	设计和实施探究方案	基于对相关资料的查阅,设计并实施恰当可行的方案	四			
		基于给定的条件,设计并实施探究实验方案	三			
		在给出的多个方案中选取恰当的方案并实施	二			
		基于给定的实验方案完成简单的实验,记录相关数据	一			
	合作探究	能够在团队中起组织和引领作用,很好地同小组成员合作,并积极思考、认真完成所分配的探究任务	四			
		在小组学习中能主动合作,及时完成探究任务	三			
		能与他人合作完成探究,及时完成部分探究任务	二			
		能与个别小组成员合作,承担部分探究任务	一			
	分析和交流结果	运用多种方法如实记录、分析实验结果;运用科学术语精确阐明实验结果,并展开交流	四			

续表

核心素养	评价维度	评价标准与评价规则	素养水平	学生自评	小组互评	教师评价
科学探究	分析和交流结果	如实记录和分析实验结果，运用科学术语报告实验结果	三			
		如实记录分析实验结果，以口头或书面的形式与他人展开交流	二			
		能以书面的形式将实验结果记录下来	一			

因为教师在课堂中对于学生行为的评价更多的是一种表现性评价。下面将针对教师如何在课堂中开展表现性评价进行相关介绍。相对于这部分研究领域的内容，美国斯坦福评价、学习与公平中心（ Stanford Center for Assessment，Learning and Equity，SCALE)开展了学生表现性评价的专题研究，通过表现性评价量表及相关项目式学习的综合课程来验证学生表现性评价系统（如图 3-3 所示）的有效性和可靠性。

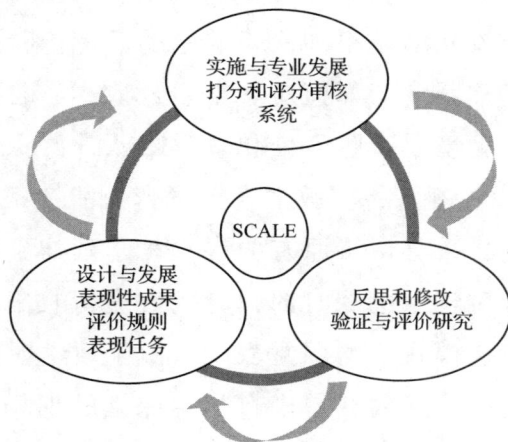

图 3-3 学生表现性评价系统

> ### 🔖 | 理论书签 |
>
> #### 表现性评价理论①
>
> 　　表现性评价（Performance Assessment）是指对学生完成任务的表现（操作、表演、展示、写作等）做出的评价，而这里的任务通常是复杂的真实性任务。例如，设计一个单元的表现性任务，学生与教师之间是"双向"促进的过程，而非单向性的。完成此任务的过程也是学生学习本单元相关知识的过程。同时，教师根据任务的完成情况对学生进行评估，即开展表现性评价。

（三）网络环境下的教学评价

　　自 19 世纪末计算机技术的兴起，网络媒体开始走进人们的生活，并逐渐对人们的生活产生了深远的影响，也带来了现代教育的变革。区别于传统课堂教学评价形式，网络环境下的教学评价是教师在一种开放、分布式的教学环境中，对于学生的学习行为进行评价的过程。网络教学环境下，教师不仅需要对学生的学习效果进行数据收集，而且需要了解学生对学习资源的理解程度、交流互动频率和网络课堂的氛围。特别是在这种虚拟教学的环境中，教师经常困惑于如何对于学生分散式、自主学习式的任务进行评价。为解决这一困境，一些学校和教学团队开始探索新的网络评价方式。例如，清华大学的"雨课堂"教学直播平台，能够帮助教师对学生课前预习环节中的数据进行采集，将原有的课堂教学延伸到课前预习和课后测试环节中。教师可以对学生上课时的弹幕次数进行收集和统计，实时共享学生的优质问答。传统模式下的课堂教学，由于教学时间的限制，教师仅能对部分学生进行提问，从而获得来自学生课堂的现场反馈。但是，网络教学环境中，教师可在同样的时间范围内获得更多的学生反馈数据，增强了学生与教师之间的互动。

---

① 徐玲玲、刘徽：《表现性评价导向下的课程设计——来自斯坦福评价、学习与公平中心的探索》，载《上海教育》，2019(11)。

此外，网络教学的模式打破了原有教学时间和空间的范畴，使得教师的评价无处不在。但是，线上的教学模式并不是将课堂简单地从线下搬到线上，其评价的设计原则也区别于以往的课堂教学。

网络教学评价应遵循以下原则。

1. 以学生为中心的原则

网络教学评价应该以学生为中心，充分发挥学生的主动性，教师的评价过程要遵循学生学习和认知的规律。

2. 情境性原则

网络教学可以借助一些多媒体手段，通过云上参观和网络虚拟实验的方式，获取学生在网络参观过程和网络实验环节中的问题，为线下的实验教学积累一定的课前测试数据。通过了解学生原有认知结构中的有关经验，为进一步链接新知识，奠定一定的基础。通过问题的引导和设计，使学生建构完整的知识体系，帮助他们解决现实中的复杂问题。

3. 协作性原则

网络教学评价同样应该注重学生之间交流与写作的评价，综合考查学生在不同时间和空间范围内的交流和互动过程。通过成果讲述和分享的形式开展和实施评价过程，以评价的形式促进学生以小组的形式，进行生生之间、师生之间的讨论、交流。

案例 3-9

基于在线学习平台的教学评价[①]

本案例中的教学内容是必修模块"细胞是生物体结构与生命活动的基本单位"概念中细胞内各部分的结构与功能。利用 Moodle 平台，通过在线学习与课堂教学的结合，学生能构建并使用细胞模型，阐明主要细胞器的结构特点及功能，各结构间分工与合作、相互协调的关系；学生能够运用网络资源，探究细胞模型中"未知"的细胞器，并关注细胞相关研究的进展及应用（如表 3-12 所示）。

---

① 案例来源：《普通高中生物学课程标准（2017 年版）》中的案例 8。

教学准备

1. 登录 Moodle 平台，建立"细胞结构与功能"课程，内容包括有声教案 PPT；辅助教学视频，如细胞 3D 漫游、黑藻的胞质环流等；拓展内容及相关网址等；辅助学习资料，如学案、习题等。

2. 借助 Moodle 平台的电子习题系统设置在线评价测验，并提前一周向学生说明和布置在线学习任务。

3. 准备动物和植物细胞模型(可拆分为细胞质基质、细胞器、细胞壁、细胞核等)及配套课堂实验指导，每组学生 1 套，每小组 4~6 人。

4. 就知识重难点设计问题本，以发现学生在线学习的问题。

在线学习

1. 在网络环境中，学生利用电脑、手机等终端，登录 Moodle 平台进入"细胞结构与功能"课程。

2. 学生在线或下载相关课程资料学习，按要求听完有声教案 PPT，填写相应的学案(如下表，表中画线部分由学生填写)。学案以列表方式整理线粒体、叶绿体、内质网、高尔基体、核糖体等细胞器的形态、结构和功能。

细胞器	形态识别	自己画图	结构特点	功能	动植物
线粒体			外膜/内膜(嵴)双层膜	有氧呼吸提供能量	都有

3. 使用电脑、手机等终端完成在线作业和评价测验，学生自主检测在线学习成果并获得反馈，纠正错误。

表 3-12　课堂教学过程中教师和学生的行为表现

内容	教师活动	学生活动
回忆主要细胞器的结构和功能，发现学生在线学习中的问题	展示细胞器图片和所设计的问题，如双层膜细胞器有哪些、叶绿体究竟有几层膜等	思考、回答问题，就重难点问题与教师一起讨论

续表

内容	教师活动	学生活动
布置课堂实验任务，发放实验指导	向学生说明细胞亚显微结构模型的拼装目的、方法	听清要求
学生完成细胞模型的拼装，并发现"未知"的细胞结构	发放动植物细胞模型零件，引导学生根据实验指导，拼装和观察细胞模型	拼装模型，对照学案，识别细胞器，发现不认识的细胞结构
引导学生对模型中的过氧化物酶体、细胞骨架等进行资料检索	揭示学生查找说明书或通过网络查询获取未知细胞器的资料	通过网络，对不认识的细胞结构进行知识检索和信息整理
总结、点评、讨论	听学生汇报和讨论检索到的资料，就过氧化物酶体的功能、细胞骨架与生物膜系统的关系等进行点评和补充	汇报和讨论检索到的资料，提出其他相关问题

案例 3-9 是一个典型的生物学网络教学的案例。教师将具体的教学过程分为了课前、课中和课后三个部分，帮助学生实现了从现象到本质的认识和理解过程。教师充分地发挥了网络多媒体资源的优势，通过辅助教学视频，如细胞 3D 漫游、黑藻的胞质环流等开展了有效的教学，同时使用电脑、手机等终端以在线方式完成了在线作业和评价的测验，让学生自主检测在线学习成果并获得反馈，纠正错误。相比于传统的课堂教学模式，网络教学能够为学生提供更为丰富的教学素材，将学生原有的学习时间和空间进行了延伸。教师通过网络媒体的便捷方式，随时对学生学习情况进行数据收集、统计和分析，及时进行反馈，并通过教学过程的巧妙设计，促使学生更有目的性地去探索和经历学习的过程。在具体的教学实践中，教师也可以以课堂教学为主，网络教学为辅的方式，增加师生之间的沟通、互动与交流。

（四）案例分析

案例 3-10

复习课的"激励性分层评价"设计案例[①]

①分层评价

在小组集体得分的基础上，凸显个体差异性。例如，上课回答问题，只要思路大体正确，奖励 3 分；如果能清晰明确地表述思路，讲清过程，全班的学生大多数能听懂，则加 5 分。为了保证每个人的参与度，我们又制订了以下规则：一节课内，小组内每人都发过言，每人都再加 1 分。学生们真正融入了课堂，他们认真倾听同学们说的每句话、每个字，见缝插针发表自己的见解，述说自己的想法，真正实现了"课堂我主宰，个个展风采"。

②每天一评，每月小结

每天课后，我们会花时间来总结各小组的得分情况，得分最多的为"最佳小组"，第二为"先进小组"，第三为"优秀小组"。被评为最佳、先进与优秀的小组可在后面的"榜上有名"上加上一颗★，这样每天有 1/3 的小组可以加分，能很好地调动学生学习的积极性，激发他们的竞争意识。这样一天天下来，各组的★数交替上升。后来，我们又按照满 5 颗★换 1 个月亮，满 5 个月亮换 1 个太阳的规则，这样每个小组都在竞争着，争星星，换月亮，盼太阳。各小组因此更有凝聚力，整体在不断进步，为了更多地鼓励后进生，帮助他们建立自信，我要求自己每天下课时表扬本节课中表现突出的后进生，让他们体验成功的快乐，激发他们渴望成功的斗志。

在小组得分栏的旁边，我们又加了"今天我最棒"栏目。每节课得分最多的五名学生可得 1 颗星，后面的完全仿照小组得分机制进行，这样有助于学生在集体进步的同时也注重自身的发展。每月下来，我们会拿出一节课来总结，根据得分情况评出本月的最佳与优秀（分为小组与个人），会准

---

① 何建：《生物教学中"激励性分层评价"的尝试》，载《中学课程辅导（江苏教师）》，2011(4)。

备一份奖状以及小奖品，请获奖学生谈谈获奖感言。这看似简单的累积与颁奖，让我们的评价机制得以顺利进行，并不断发展优化。

实施了新的评价机制后，我发现班上的后进生们像换了个人似的，在小组交流时不再独坐，主动向其他基础好的学生请教。

为了教师能够更加深刻地理解评价在不同的课程类型和场景中是如何实现的，本单元介绍了非常丰富的应用案例。但是，不可忽视的是，教学评价的核心目的是以评价的形式和途径促进教师对于学生的激励，从而进一步帮助学生有更好的学习体验，优化学生的学习过程。以案例 3-10 为例，教师为调动学生的学习积极性，采用积分激励的方式，并且成功地提高了学生在小组合作教学环节中的参与度，达到了理想的教学效果。因此，在教学实践中，教师不仅要考虑教学评价所采用的形式和方法，而且要考虑到学生在实际学习过程中的情绪和情感变化。

三、教学评价的具体实施

在教学评价的具体实施中，教师应依据评价内容和对象的不同，采用多元的评价方式和方法，综合考虑评价目标、评价内容、评价对象和评价现场等实际情况，进行与学生认知匹配的学生自评、互评、小组评和师评等环节。

（一）教学评价的方法

一般情况下，依据评价内容的差异可将评价的方法划分为以下四种类别，包括评定学生知识习得的方法、评定学生能力的方法、评定学生认知过程与认知结构的方法、评定学生非认知因素发展的方法。[①]

因实际教学场景的复杂性，教师对于学生教学评价方法的选择往往依赖于教学内容和教学需求的选择性应用和组合。其中，当教师需要对学生的程序性知识进行考查时，可以采用纸笔测试的方法。但是，对于学生能力层面的测试，因其具有一定的复杂性，可以通过设置真实情境，采用问

---

① 崔鸿主编：《中学生物教学设计与案例研究》，311 页，北京，科学出版社，2015。

题引导的方式，结合学生的过程性评价进行综合性的判断。例如，教师可采用学生的档案袋等辅助材料，作为衡量学习态度和能力的依据之一。同时，教师也可以依据学生的课堂行为观察数据，如师生互动、自主学习、同伴合作中的行为表现等。此外，教师还可以依据学生的作业、练习测验、实践与应用检测，根据学生实际情况，利用课余时间，以小组为单位，自拟研究题目，进行实践活动；采取阶段性纸笔检测，如单元、学期考试等也可以作为评定学生认知过程和学生非认知因素发展水平的评价依据。

（二）教学评价工具的设计

教学评价工具是指教师为搜集学生的信息、对于学生进行价值判断时所采用的一些器具和手段。以往教师在实际的教学中常常对于测量、评价、测验和考试这几个词汇的理解有一定的偏差。本质上，这几个概念之间既有交叉又有联系。格兰朗德将其理解为，一个完整的评价应该包括测量（定量的描述）、非测量（定性的描述）以及对于学生价值的判断。[①] 从这个意义上来说，教师对于学生完整的教学评价既包括教师采用问卷、考试等形式开展的定量测量，同时又包括教师采用课堂观察和访谈等形式了解学生的学习和情绪变化情况。特别是新课程改革的背景下，教师还应该关注学生在实际学习结束后的个体价值观和学科素养的形成情况。

依据教师采用的课堂评价技术的差异而言，可以将评价工具进行以下分类，包括社会测量图示（sociogram）、兴趣调查表（interest inventories）、等级量表（rating scales）、非干扰性依据（non-intrusive）。[②] 以上不同类型的评价工具可以进一步具体化为以下七种常用的评价工具。[③]

1. 教师制订的客观测试（如填空、完形、判断、选择等）

教师制订的客观测试是指教师为检测学生对于知识层面的理解程度，通过一定题目和情境问题的设置，对于学生的知识进行考核的一种测评方法。该方法的优势在于操作简单，编制方便，同时与教师实时的教学目标

① ［美］N. E. 格朗兰德：《教学测量与评价》，郑军等编译，4 页，石家庄，河北教育出版社，1991。
② 李雁冰：《课程评价论》，190～201 页，上海，上海教育出版社，2002。
③ 胡玉华主编：《生物 学科知识与教学能力》，271 页，北京，高等教育出版社，2011。

和教学需求能够相互匹配，便于动态考查学生现阶段的学习情况。例如，教师在授课环节中，以某一类植物的"一生"进行讲授，在课程小结的环节中，教师给予学生一个新的问题情境，让学生对于教师给出的情境进行分析和解释，并应用教师所讲授的相关知识解决复杂问题。可见，这种测试方式对于学生的学习兴趣、学习态度等方面的反馈效果，相比于客观填空类的方式表现得更加有效。

2. 学生行动观察记录

学生行动观察记录是指教师在教学评价的过程中，对于学生内在心理活动和外在的行为表现进行有计划、有目的的观察，并通过一定的记录工具，制订相关的记录考核表，将观察的结果进行记录，并作为后期教学结果评定依据的一种测评方法。

这种教学评价的方式能够在一定程度上弥补客观测试对于学生行为表现等定性数据采集的不足，更全面地反映学生的实际学习情况，便于教师对于学生主观情绪的变化进行深度地了解。例如，教师对于班级的某位学生的课堂表现进行观察，并设计了如表 3-13 所示的观察表格，以此观察学生在一个星期内的课堂行为变化。教师可依据具体课程教学的实际需求进行以下目标的细化，也可以针对某一个关注的维度进行观察表格的设计。依据评价观察记录表的结果，教师可进一步挖掘学生在某方面上的学习潜力。

表 3-13　学生课堂表现记录观察表

	星期一	星期二	星期三	星期四	星期五
课前准备					
课堂笔记					
举手发言频率					
课堂测试反馈					
作业完成情况					
得分					
本周总结	总分：　　　　　平均分：　　　　　建议：				

3. 调查问卷

调查问卷作为一种非常广泛的书面调查工具，教师可以通过设置各种书面问题，聚焦学生学业质量和学生学习态度的测量，从而获取某些信息，进行教学影响因素对学生学习成效的相关性量化分析。特别是针对学生学习态度的问题，一般没有非常明确的指标和评定标准，相对难以测量，就可以采用这种方式。例如，一位教师想测试学生对于自己教学效果的满意程度，教师设置了以下问题：

①你是否满意生物教师的教学效果？

A. 很满意　　B 满意　　C. 一般　　D. 不满意　　E. 很不满意

此外，问卷中也可以设置一定数量的主观形式的问答题，能够在一定程度上帮助教师进一步深度挖掘选择题中无法捕捉的具体评价信息。教师可以针对学生提出的具体问题进行进一步解析，了解学生对于这部分内容的认知和理解程度。

②在本节课中，你认为我们学习的相关内容对于我们生活的指导意义是什么？

随着近年来互联网信息技术的发展，一些网络平台的互动工具也可以帮助教师进行相关问卷数据采集的相关工作。例如，教师可以应用"问卷星""UMU"等平台工具进行学生数据的采集，并初步分析和统计结果，反馈学生的学习效果。

4. 访谈

访谈是通过与被访者进行面对面的沟通或通过电话访谈等形式，进行交流，来获取研究对象的访谈互动资料的一种方法。通常，教师需要在访谈前设定一些具体的访谈提纲，一般分为结构化访谈和非结构化访谈两种类别。[1] 前者需要进行详细的过程化设计和培训参与访谈的人员。

5. 学生学习档案袋

档案袋是一种可以作为学校日常检测学生学习质量执行效果的教学评

---

[1]　刘恩山主编：《生物学教育研究方法与案例》，55 页，北京，高等教育出版社，2004。

价工具，可以更好地展示学生的学习和变化进程，将具有说服力的学生作品和作业进行汇总，并提供给教师进行综合性评价的一种工具。

6. 创作成果分析

创作成品分析是指教师通过学生对于教学相关作品的制作和展示过程，从而判断学生对于学科知识、相关技能的掌握程度，全方位了解学生的一种测评方式。例如，教师可以通过让学生在课堂中利用彩泥制作并讲解"细胞的模型"，从而对学生在这一制作过程中的表现行为进行评价，综合了解学生的想象力、思维能力以及动手操作的实践能力。

7. 个案研究

个案研究是指对于具有典型性、代表性的学生进行综合的评价分析，从而形成一定的案例分析，对他人的教学实践产生一定的影响，具有一定的启发价值的一种测评方式。本质上，个案研究需要运用多种测评工具和方法。

（三）教学评价工具的实用及信效度分析

由于教学评价工具的多样性，教师如何选择适合于日常教学的工具还有待于教师根据具体的教学情境进行选择，一般遵循以下三项基本原则：实用原则、效度原则、信度原则。教师应在实际的教学评价环节中有选择性的应用。

1. 实用原则

实用原则是指教师在教学过程中编制的问卷或测试的题目要简单、易于操作、省时，便于解释日常的教学现象，对于学生的教学行为能够进行及时的反馈。

2. 效度原则

效度原则本质上要求教师所使用的测评工具在最大程度上能够从真实的层面反馈学生的实际学习效果。因此，教师所使用的测评工具是否对要检测的目标具有一定匹配性，即评价工具是否准确测量了它所要测定的事物。例如，对于学生心理测试的问卷在测定学生体质方面的状况时往往是一个无效的测量过程。此外，测验的效度也具有多种类型，一般分为内容效度、构想效度和预测效度。依据教师测试的不同需求，可以进行多种效度的分析和比较。通常这样的过程还需要进一步借助 SPSS 等统计分析工具进行测试问卷的效度分析。

📎 | **理论书签** |

效度的主要类型[1]

内容效度：是指从测验的教材中提取样本的适当程度。内容效度的高低取决于测验题目的代表性，审查备选的题目是否包含了所进行测试内容范围的主要方面，并使各方面题目比例适当。

构想效度：是指测验能够测量理论上或内在心理特性的程度。例如，某智力所依据的理论的一些假设相互吻合。构想效度对于心理测试的意义重大，但是对于成绩测试则无关紧要。

预测效度：是指测验能够预测学生未来某种特定行为或表现的程度。预测得越准，效度就越高。

---

3. 信度原则

信度原则强调了问卷调查结果的稳定性和一致性。稳定性高是指教师在使用问卷进行测试的过程中，同一批的学生在不同时空范畴内接受相同问卷调查时，如果彼此之间的差异性很小，则表示此套问卷有较好的信度。一致性则表示这一类学生群体在接受性质相同、题型相同、测试目标相同的题目时，各测试结果显示出显著的正相关性。[2]

📎 | **案例 3-11** |

初中生物学　传染病[3]

教师采用实验测试的方法，对于有无情境的教学进行了实验，其数据

---

① 胡玉华主编：《初中生物课堂教学设计》，105 页，北京，同心出版社，2007。
② 刘恩山主编：《生物学教育研究方法与案例》，51 页，北京，高等教育出版社，2004。
③ 案例来源：张放，北京市和平街第一中学。

选择了不同问题情境下 5 道小题为一组的选择题进行测评，依据正确率的平均值对于学生的学习情况进行检测。

前测题目：

1. 下列不属于传染病特点的是（　　）

A. 在人与人之间传播

B. 在人与动物之间传播

C. 具有传染性和流行性

D. 由营养不良引起（正确答案）

2. 烟草花叶病，是由烟草花叶病毒引起的，从传染病来讲烟草花叶病毒属于（　　）

A. 病原体（正确答案）

B. 动物病毒

C. 传染源

D. 传染病

3. 某资料中提到要"对灾区进行大范围消毒"，该措施的主要目的是（　　）

A. 控制传染源

B. 切断传播途径（正确答案）

C. 保护易感人群

D. 增强人体的免疫力

4. 对刚出生的婴儿接种卡介苗，可以预防结核病，接种的目的主要是（　　）

A. 控制传染源

B. 切断传播途径

C. 保护易感人群（正确答案）

D. 消灭病原体

5. 2019 年年初在宁夏永宁县望远镇发生的非洲猪瘟疫情是由非洲猪瘟病毒感染家猪和各种野猪引起的一种急性、出血性、烈性传染病，该病是我国重点防范的一类动物疫情。防疫人员将病猪集体杀死并无害化处理，

这属于传染病预防的哪项措施（　　　）

　　A．切断传播途径

　　B．控制传染源（正确答案）

　　C．保护易感人群

　　D．消灭病原体

后测题目：

1．下列属于传染源的是（　　　）

　　A．患麻疹病的人（正确答案）

　　B．禽流感病毒

　　C．甲肝病人用过的餐具

　　D．艾滋病病人的血液

2．患者打喷嚏如果不用手帕捂住口鼻就增加了传播疾病的机会，养成文明行为习惯对避免疾病传播有利。流感病人的飞沫属于（　　　）

　　A．传播途径（正确答案）

　　B．传染源

　　C．病原体

　　D．易感人群

3．蚊子吸食了甲的血液后，又吸食乙的血液。甲的血液中含有登革热病毒，乙被蚊子叮咬后也患上了该病。在此过程中传染源和传播途径分别是（　　　）

　　A．蚊子和血液

　　B．甲和登革热病毒

　　C．甲和蚊子（正确答案）

　　D．登革热病毒和蚊子

4．流感、流感病毒、流感患者、空气和飞沫、对流感患者缺乏免疫能力的人分别属于（　　　）

　　A．病原体、传染源、传播途径、易感人群、传染病

　　B．传染源、传播途径、易感人群、传染病、病原体

　　C．病原体、传染源、传播途径、传染病、易感人群

D. 传染病、病原体、传染源、传播途径、易感人群（正确答案）

5. 积极参加各项体育活动提高身体素质，从预防传染病的角度讲，属于（　　）

A. 控制传染源

B. 切断传播途径

C. 保护易感者（正确答案）

D. 消灭病原体

以下是数据分析结果：

实验对照	1组		2组	
	情境班	无情境班	情境班	无情境班
人数	32	33	20	24
前测	0.7934	0.7947	0.6328	0.6112
后测	0.9364	0.8984	0.8269	0.7919

教师通过以上两组平行班的调查数据的比较分析结果发现，无论是真实情境班级还是无明显主情境和单端设计的课，学生均能够对已学知识进行一定程度的回顾和复习，这对于知识重现是有利的。但是，相比较两组学生的表现而言，以真实情境贯穿单元复习模式组中的学生所表现出来的问题解决能力的分值显著高于无情境组学生的分值。

▶第十讲
教学评价的反馈与完善

一般教学过程中，教师可利用评语、谈话等形式对学生的学习情况及时反馈。应注重发现和发展学生的潜能，激发学生学习的积极性和主动性，促进学生生物学核心素养的养成，从而达到"教—学—评"三者之间的有机统一，达到"以评促学"的目的。

📎 | **案例 3-12** |

教学评价促进学生学习改进的实例

将课外作业分为多个作业难度等级（A 为难度稍高的作业级别，目的在于寻找到学生发展的"最近发展区"，鼓励学习能力较强的学生在完成作业的过程中进行学习；B 为难度稍低的作业级别，让自主学习能力相对薄弱的学生去完成）。学生可根据自己的实际情况分级别选做。在实操过程中，学生依据自身实际学习情况，对于自身前期的学习效果进行评价，认为自己水平较高的学生群体可以选做 A 等级的作业，认为自己水平相对一般的学生可以选做 B 等级的作业。这样个性化的作业设计，能够让学习能力相对薄弱的学生也能完成课外作业，保护学生学习的积极性，同时让能力较高的学生具有发挥的空间。同时设立加分项目，鼓励学生之间的相互合作与交流，实现学习互助。以学习小组评价为例，对学生进行分组，对于自身的表现行为及小组成员的表现行为进行评价。在作业的讲评过程中，教师会提供作业答案及评价标准，同时提供灵活的思考空间，特别是对于开放性问题的评价，一定要尊重学生的思考成果。每次评价过程，要求学生互相批改的次序具有一定的规划和设计，可以采用顺时针方向互改、逆时针方向互改和交叉互改三种方式。每次批改次序由教师随机决定，避免学生因知道固定批改次序而作弊。修改后，标注批改者的姓名，以备教师检查时知道是哪位学生批改的。

问题聚焦

Q1：上面的教学案例中采用了哪种教学评价方式？教学评价如何反馈课堂教学和作业布置？

Q2：上述案例中的评价方式和您日常教学中的评价有相似之处吗？如何依据评价结果反馈和改进评价量规的设计？

一、教学评价的反馈

课程标准中有明确关于评价结果的科学分析和及时反馈内容部分的界

定。教师要根据教学目的，参照相关标准，对评价结果进行合理的解释。

（一）教学评价对课堂教学的反馈

课堂教学中，教师不仅是课堂教学的输出者，同时也是课程的设计者。教师对学生在课堂中的反馈要及时做出评价和回应，形成二次反馈。教师通过师生间系列互动问答的结果、情境问题解决、学生报告的阐述等多种表现性的评价结果，从而进行课程设计的动态调整。例如，某位教师在课堂教学时发现学生对本章节抽象教学情境中问题的理解存在一定的难度。基于以上课堂反馈，教师在之后的教学中改进了以往的教学方式，在课前让学生适当提前预习教学素材，以补充资源的形式提供给学生，在课堂中增加了一些便于学生理解的多媒体教学资源，从而达到增强学生对这部分知识内容理解和认知的目的。

（二）教学评价对作业布置的反馈

作业作为教师课堂教学的延伸，能够在一定程度上反映教师的教学水平和学生的学习情况。一方面，评价反馈能够让教师依据学生的实际作答情况，进行作业的动态调整；另一方面，评价反馈能够让学生参与到评价的过程之中，通过评价的形式进行课后的学习和巩固，拓展认识和理解的范畴。此外，教师也可以采用多元评价（如表 3-14 所示）进行自主实践作业的设计。该自主实践多元评价量表设置了不同的等级：A. 优秀、B. 良好、C. 有进步空间、D. 仍需努力。

表 3-14　生物学自主实践作业多元评价量表[①]

评价一级维度	多维评价指标	自评	组评	家评	师评
作业过程	结果表述是否正确				
	记录是否客观				
	是否讨论交流				
	是否积极表达				

---

① 颜丽华：《初中生物自主实践作业的设计、实施与评价方法研究》，硕士学位论文，湖南师范大学，2019.

续表

评价一级维度	多维评价指标	自评	组评	家评	师评
参与态度	是否提出问题				
	是否帮助他人				
	是否分工合作				
	是否记录完整				
作业质量	是否符合要求				
	是否书写规范				
教师评语					
学生反思					

二、教学评价的完善

教师评价量规的设计并不是静态的，本质上需要教师通过学生的实际表现来进行评价量规的动态修订。其中，教师可以依据教学目标的改变进行量规的调整，也可以依据学生学习成果和学习效率进行难度梯度和任务评价指标的改变。

（一）依据学习目标完善评价量规

以往教师仅仅将学生的学习目标视为教学过程设计的重要依据，却忽略了学习目标在评价量规的修订和完善方面的作用。本质上，一个优质量规的生成是一个反复修订的过程。教师通过教学实践，发现学生存在的学习难点，适当地补充过渡性的教学环节，匹配相应的教学评价量规，最终形成完整、有效的量规。但是，由于学生自身个体的差异，在不同学生群体及不同班级的使用过程中，还应该注重量规评价体系与测试学生群体之间的匹配度，从而有效地改善教师的教学行为。

（二）依据教学结果完善评价量规

对于教学评价设计的优化能够有利于教师对于从日常教学过程中收集的观察记录、课后作业、学生作品以及学习结果等材料进行整理和分类，并依据综合采集的结果进行学生学习成果评定标准不断完善和修订，从而增加评价体系的设计与学生教学评价结果之间的匹配程度。

（三）案例分析

案例 3-12 是一个典型的教师依据学生具体情况进行教学评价量规调整的实例。教师依据学生的不同水平差异，首先进行了作业的分级设置，让学生在作业难度的层次上进行主观的选择，在一定程度上对于教师的课堂教学效果进行了间接性的反馈。一方面，教师能够通过学生选择的情况，初步了解班级学生对教学过程知识点的认知和理解情况。另一方面，教师可以依据学生作业的结果反馈，开展和实施下一个阶段的题目设置，形成阶梯式的评价体系。同时，在这个案例中，教师不仅让学生参与作业的完成过程，而且让学生参与作业的评价过程，让学生以"学习者"和"评价者"的双重身份参与学习的全过程。此外，教师也可以通过不同类型的作业成果进行反馈数据的收集，如实物或模型、照片、PPT 课件、微视频、展板、实验报告等多种形式，最终更好地改进评价的量规及标准。

单元小结 ······▶

教学评价是以逆向教学的评价理论为依据，通过不同的教学情境、不同的评价策略来反馈教师教学的实际效果，从而不断优化和完善教学评价量规的过程。教师进行教学评价设计的根本任务是通过评价的设计，达到"以评促学"的目的，最终发现、分析和解决教学中的实际问题，帮助学生更有效地进行课堂学习。

本单元依据课程标准，着眼于新教师中学生物学课堂教学评价过程的设计。以大量的生物学教学评价案例为依托，一方面着力解决中学生物新教师在教学评价方面遇到的问题；另一方面立足于中学生物新教师综合评价能力的提高。

本单元涵盖了教学评价的设计原则、评价设计的流程、评价策略、教学评价过程和评价资源等内容。希望通过本单元的学习，能够帮助广大中学生物新教师加深对教学评价的理解，进行自我教学评价实践的反思，进一步优化和完善教学评价的过程设计，培养教学中的问题意识和理性思维。

单元练习 ……▶

请教师阅读以下转基因三文鱼上市的情境案例，运用之前论述的从目标到评价的四个环节的设计法，考查学生对于减数分裂、有性生殖、基因工程以及生物多样性保护等相关内容的认知和理解水平，综合评价学生的科学思维和社会责任。

每年 7 月至 10 月，在加拿大、美国阿拉斯加和挪威等地可观赏到三文鱼洄游的奇观。临近产卵期的三文鱼浩浩荡荡地逆流而上，跃过小瀑布和小堤坝，历经艰辛回到出生地产卵，随即结束自己的生命。孵出的小鱼苗将顺流而下回到海洋，通常 3～5 年长大成熟。据统计，野生三文鱼数量在过去 30 年内已减少 2/3。仅在 1994—1999 年，北美河流的三文鱼年穿行量就从大约 20 万尾下降到 8 万尾。自 20 世纪 60 年代开始的肆无忌惮的商业捕捞是三文鱼濒临生存警戒线的根本原因。

2015 年 11 月，美国食品药品监督管理局在经过 5 年食用安全性和 3 年环境安全性的评估后，批准了转基因三文鱼上市。该转基因三文鱼是在大西洋三文鱼的基因组中导入了两个基因，其中一个是奇努克三文鱼的生长激素基因，从而改变了大西洋三文鱼原有的生长激素调节方式。这些转基因三文鱼经进一步实验处理成为三倍体雌鱼。经过基因修饰后的大西洋三文鱼生长迅速，仅需 18 个月便能生长到成年体型。

问：

（1）三文鱼是深受人们喜爱的鱼类，其极尽生命产卵的景象辉煌而悲壮。人类可以采取哪些措施保护野生三文鱼资源？

（2）对转基因生物释放到自然界中的担忧之一是：转基因生物中含有的目的基因会通过有性生殖扩散到野生种群的基因库中，从而对遗传多样性造成影响。你认为本例中的转基因三文鱼是否会发生此种情况？为什么？

（3）你认为培育转基因三文鱼的优势是什么？

阅读链接 ……▶

1.［美］格兰特·威金斯，杰伊·麦克泰格. 追求理解的教学设计［M］. 上海：华东师范大学出版社，2017.（该书是逆向教学设计研究领域的专著，详细地介绍了如何利用逆向教学设计的思维实施从目标到结果的教学，论述了量规设计的基本原则，并用案例对教学评价设计的理论、策略等进行了解析。）

2. 崔鸿主编．中学生物教学设计与案例研究［M］．北京：科学出版社，2015.（该书结合多个生物学的教学案例，论述了教学问题预设与生成理论的基础、原则、实践效果评价，同时增加了对于案例的点评，便于教师的认知和理解。）

参考文献 ·····▶

1. 胡玉华主编．初中生物课堂教学设计［M］．北京：同心出版社，2007.

2. 胡玉华主编．生物　学科知识与教学能力［M］．北京：高等教育出版社，2011.

3. 刘恩山主编．生物学教育研究方法与案例［M］．北京：高等教育出版社，2004.

4. 崔鸿主编．中学生物教学设计与案例研究［M］．北京：科学出版社，2015.

5. ［美］格兰特·威金斯，杰伊·麦克泰格：追求理解的教学设计［M］．上海：华东师范大学出版社，2018.

6. 张华．课程与教学论［M］．上海：上海教育出版社，2000.

7. 王景英编著．教育评价学［M］．长春：东北师范大学出版社，2005.

8. 李雁冰．课程评价论［M］．上海：上海教育出版社，2002.

9. 郑国华，徐扬．基于 UbD 逆向教学理论的"传染病"单元教学设计［J］．中学生物教学，2020(1).

10. 朱小蔓主编．中国教师新百科 小学教育卷［M］．北京：中国大百科全书出版社，2002.

11. 胡兴昌，张葳，李新国等．把握学业质量标准，让学科核心素养落地［J］．生物学教学，2018(8).

12. 叶海龙．逆向教学设计简论［J］．当代教育科学，2011(4).

13. 王璐，徐扬．基于真实情境提升问题解决能力的初中生物复习课——以"被子植物一生"UbD 单元教学设计为例[J]．中学生物学，2021（6）．

14. 罗红梅，徐扬，李小岑．学科大概念指引下的高中生物学大单元教学设计——以"细胞膜的结构和功能"UbD 单元教学设计为例[J]．生物学通报，2021（5）．

16. 李小岑，徐扬，罗红梅．核心素养指引下的学生高阶思维能力的培养与评价——以高中生物学"细胞膜的结构与功能"大单元教学设计为例[J]．中学生物学，2021（7）．

17. 李秋石．基于核心素养的高中生物学测评要点与解析[J]．生物学教学，2017（7）．

18. 安代红，乔文军．2018 年北京生物学中考对生物学总复习教学的启示[J]．生物学通报，2019（2）．

19. 陈刚．中学生物学课堂教学评价研究[D]．华中师范大学硕士学位论文，2014．

20. 杨玲．生物学核心素养表现性量表评价与应用举例[J]．生物学教学，2018（2）．

21. 徐玲玲，刘徽．表现性评价导向下的课程设计——来自斯坦福评价、学习与公平中心的探索[J]．上海教育，2019（11）．

22. 何建．生物教学中"激励性分层评价"的尝试．中学课程辅导（江苏教师），2011（4）．

23. [美]N.E.格朗兰德著，郑军等编译．教学测量与评价．石家庄：河北教育出版社，1991．

24. 颜丽华．初中生物自主实践作业的设计、实施与评价方法研究[D]．湖南师范大学硕士学位论文，2019．

第四单元　教学反思

单元学习目标 ·······▶

1. 描述说课的内容和操作要点，并基于此进行说课。

2. 描述观课时观察点的选择和记录，并基于此进行课堂观察。

3. 阐述反思的结构层次，并运用常见的反思方法对课堂教学进行反思。

单元导读 ·······▶

```
                                        ┌─ 内涵
                          ┌─ 说课 ──────┼─ 内容与准备
                          │             └─ 操作要点
                          │
                          │             ┌─ 内容与意义
                          │             ├─ 观测点选择
        教学反思 ─────────┼─ 观课 ──────┤
                          │             ├─ 观察工具
                          │             └─ 信息记录
                          │
                          │             ┌─ 界定
                          └─ 反思 ──────┼─ 方法
                                        └─ 过程
```

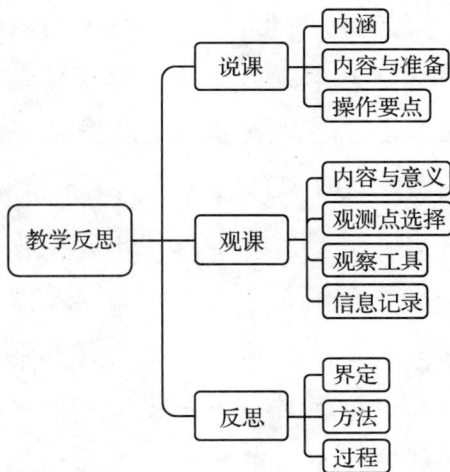

　　教学反思是教师除教学设计、教学实施、教学评价以外的另一项重要能力，是教师教学的一个重要组成部分。它可指向教学过程的各个环节，旨在使教师思考教学设计、教学实施和教学评价中存在的问题，找到相应的解决方法，以逐渐提升教育教学质量，促进学生的学习效果。教学反思可通过不同形式的活动、在不同场合下进行。本单元将介绍说课、观课和反思三种教学反思样态。

▶第十一讲
说课

说课是一种普遍的，可体现教学反思过程的一种教师交流活动。作为新教师，了解说课，具备说课能力，对改善自身的教学过程，提升教学效果格外重要。本讲将通过说课的内涵、内容和操作要点等几个维度介绍说课这一教学反思形式。

📎 | 案例 4-1 |

高中生物学 "细胞的分化"说课①

首先是背景分析："细胞的分化"这一节位于高中人教版生物学教材必修第六章第二节。课程标准对本节的相关内容要求是说明在个体发育过程中，细胞在形态、结构和功能等方面发生特异性的分化，形成了复杂的多细胞生物。学业要求是：举例说明细胞的分化这一生命现象。

细胞的分化在教材中有着承上启下的作用。一方面，多细胞生物体是由受精卵通过分裂和分化得到的，分化是生物体生长发育的基础，与分裂共同完成生物的个体发育，细胞在增殖过程中往往伴随着细胞分化，细胞的分化是对之前内容的拓展和延伸；另一方面，高度分化的细胞终将走向衰老和凋亡，体现了细胞在完整的结构和有序的代谢的基础上表现出的发展变化，有助于学生进一步认识细胞的结构与功能相适应的生物学观点，为后面的学习奠定基础。本节教材内容包括细胞分化的定义、特点、意义、原因以及细胞的全能性、干细胞等知识，其中细胞分化是核心内容，细胞的全能性、干细胞都是细胞分化内容的拓展。

学情分析：授课对象是高一学生，通过前面的学习，学生已经知道蛋

---

① 案例来源：郁佳，北京四中顺义分校。

白质是生命活动的主要承担者，基因与遗传有关，能控制生物的性状，但是对基因、DNA、蛋白质、性状之间的关系不清晰；学生明白有丝分裂前后，亲子代细胞中的遗传物质相同，但是利用已有知识分析推理问题能力待发展，如不能利用已有知识分析推理细胞分化的原因；学生对结构和功能相适应的观点也有了一定的认识，但是利用生物学观点分析问题的能力还有待提高，如缺乏对白血病病因及解决措施的分析能力。

基于以上分析，将教学目标和教学重难点设定如下。教学目标：①通过比较不同细胞在形态、结构和功能方面发生的特异性变化，认同结构和功能相适应的观点，同时概括细胞分化的概念；②通过对资料的分析，说出细胞分化的特点及意义；③能够基于逻辑和证据，进行分析和推理，概括细胞分化的原因，说明细胞的全能性；④利用所学概念探讨有关疾病治疗的问题，提出合理的方案，认同生物学发展对人类的重大贡献。本节课教学重点：细胞分化的概念、特点、意义、原因，细胞全能性以及干细胞的应用。教学难点：细胞分化的原因、细胞全能性以及干细胞的应用。

本节课的教学设计思路：通过创设情境，导入新课，"从受精卵形成完整个体，细胞发生了哪些重要变化？"以此为切入点过渡到新课；通过设置问题链，引导学生归纳概括细胞分化的概念、特点、意义。在这一过程中，教师着眼于学生的最近发展区，搭建教学支架，从诸多生物学事实开始，引导学生逐步建构起"细胞分化"的概念，分析细胞分化的特点、意义，从而突出教学重点。细胞分化的实质比较抽象，教材中也未做过多说明，在这里补充学生熟悉的克隆羊多莉的实验，通过分析既能帮助学生认识细胞分化的原因，又能理解细胞的全能性；增加果蝇卵漏实验，进一步体会细胞分化是受到严密调控的，一旦分化不能轻易改变和逆转，从而突破教学难点。

最后在学生认识了细胞分化、细胞全能性、干细胞的基础上，进一步创设情境，小组合作讨论解决新情境下的问题，从而加深对重要概念的理解。

下面我们来看一下具体的教学流程。通过照片导入新课，从而提示每名学生都是由受精卵发育而来的，进而提出问题：从受精卵发育成完整个体，细胞发生了哪些重要变化？寻找切入点，自然过渡到新课。

出示人体中不同类型的细胞，分析细胞在形态、结构、功能方面的差异，引导学生从来源和结果两个方面归纳、总结细胞分化的概念。

接着设计问题链，帮助学生归纳得出细胞分化具有普遍性、不可逆性的特点。那么细胞分化对于生物体而言有什么重要意义呢？出示胚胎发育的图片，及社会职业分工图，帮助学生理解细胞分化是生物体个体发育的基础，同时使得细胞趋向专门化，有利于提高生物体各种生理功能的效率。

知道了细胞分化具有如此重要的意义，那么学生一定特别想知道细胞分化的原因，因此教师提供多种素材和实例，引导学生深入分析并理解细胞分化的原因及细胞的全能性。

出示表1：先让学生推测肌细胞和皮肤表皮细胞蛋白质的存在情况，再出示结果。引导学生分析得出两种细胞在形态、结构、功能等方面不同的原因是细胞中所含有的蛋白质种类不完全相同。

那么，为什么不同细胞中蛋白质不完全相同？结合模式图指出，控制蛋白质合成的一段 DNA 是一个基因，基因控制相应蛋白质的合成，这个过程叫作基因的表达，帮助学生理解基因表达的概念。

学生从基因的角度尝试解释，为什么不同种类细胞的蛋白质不完全相同：一是与受精卵相比，分化后的细胞有些基因丢失；二是分化后的细胞基因并没有发生变化，只是有些基因未表达。

出示表2肌细胞和皮肤表皮细胞的基因和蛋白质的存在情况，学生理解不同细胞所含有的基因是相同的，基因并没有丢失。进一步出示克隆羊多莉培育实验，分析多莉的遗传物质来自甲羊已经分化了的乳腺细胞的细胞核，但是克隆羊体内也含有血红蛋白等其他特定细胞所能合成的蛋白质，证明乳腺细胞虽然分化，却仍含有控制小羊生长发育的全套遗传物质。综合以上分析得出，和受精卵相比，已经分化的细胞其基因并没有改变，而是有些基因没有表达。总结基因选择性表达的概念。得出细胞分化的根本原因是基因的选择性表达。通过该实验，顺势得出一个已经分化的细胞仍具有发育成完整个体的潜能，即细胞具有全能性。但是细胞在生物体中并未表现出全能性，而是进行了基因的选择性表达，那么影响基因选择性表达的因素是什么呢？再次回顾克隆羊多莉的实验。明确重组细胞与乳腺细胞的区别是细胞核所处环境不同，说明基因的表达可能受细胞质内的物质调控。这时出示果蝇卵漏实验，可以看到，当受精卵的头部注入了尾部的细胞质后，发育成双尾端的幼虫，证明了细胞质中的物质确实可以影响细胞中基因的表达情况。那么，究竟是什么物质在起作用呢？继续出示细胞信号转导图。由图可以看出，细胞受到内外一系列信息分子的精细调控，导致了基因的选择性表达。

细胞基因选择性表达过程是在严密的调控下进行的，受到内、外多种因素的调控，是稳定的、不可逆的。所以分化的细胞在体内是不能表现出全能性的。如果需要某细胞表现出全能性，应如何处理？学生会想到需要离体，即脱离原有的调控。教师补充：此外还要加入调控物质，改变基因的表达情况。

动物细胞具有全能性，那么植物细胞是否具有全能性呢？回顾植物组织培养技术分析植物细胞也具有全能性。并体会目前动、植物细胞在全能性所表现出的区别。

最后是干细胞的相关内容：介绍干细胞的概念、种类，引导学生分析不同干细胞实现全能性的难易程度以及分化程度。

那么研究干细胞有什么意义呢？给出白血病相关资料，请小组同学结合所学尝试分析病因并提出一定的治疗方案。学生明确病因是细胞分化出现问题，提出骨髓捐献、患者自身脐带血干细胞移植。但是患者自身没有脐带血干细胞怎么办？通过数据分析可以看出，配型成功的概率很低，需要更多人伸出援助之手，增大配型成功的概率。小组讨论两分钟，请根据所学提出解决配型难这一问题的方法。

学生结合所学提出，通过对患者自身细胞诱导，使其转变为造血干细胞。对学生的思路给予肯定，并出示科学家们研究过程的相关资料：2012年诺贝尔奖获得者山中伸弥将小鼠皮肤成纤维细胞诱导为 IPS 细胞；2013

年，我国科学家研究更上一层楼，不仅诱导皮肤细胞转变为小鼠全能干细胞，还将其培育为小鼠个体。

同时指出，尽管这一技术还存在多种问题，但是利用患者体细胞诱导全能干细胞并克隆器官很有前景，能为很多患者带来福音。学生体会到科学方案的提出虽然简单，但是最终变为现实需要付出长期艰苦的努力，体会到科学研究之不易。

教学反思：

本节课亮点：①增加学生熟悉的实验素材，将细胞全能性得以实现的实例作为证明细胞分化过程中遗传物质并未改变的证据，从反面证明了细胞分化的原因是基因的选择性表达；②教学素材丰富，培养了学生分析、归纳、推理的科学思维；③教学知识迁移应用实际生活，体会生物学发展对人类的重大贡献。本节课不足之处：课堂容纳量太大，课堂中无法做题反馈，对学生评价方式过于单一，后续可将教材中未使用到的素材整理成课后习题小测，使评价方式多元化。

问题聚焦

Q1：什么是说课？

Q2：说课有哪些特点？

Q3：说课时应该"说"些什么？

Q4：应该如何说课？

一、说课的内涵

（一）说课的界定

说课发源于 20 世纪 80 年代的河南省，经过 30 余年的积累与发展，已被全国各地的教育机构所熟悉、接受并应用，是进行教学交流与研究的一种常见形式。说课是教师在备课的基础上，在规定的时间内，针对具体课题，采用讲述为主的方式，对同行、专家或领导系统地分析教材和学生等情况，并阐述自己的教学理论依据及教学程序设想，然后由同行评议，最终达到互相交流、共同提高的目的的一种教研活动。[①] 可见，通过说课前的细致思考，说课过程中的准确表达和说课过程后的思维碰撞，教师可以将对该课的思考展现出来，并多角度、多层次的反思自己的教学，促进自身对教学理论与实践的理解，发展教师的教育教学能力。

根据说课的定义可知，说课由若干要素构成，包括主体、客体、受众、媒介、方式和依据（表 4-1）[②]。

表 4-1　说课的构成要素

要素	含义
主体	教师
客体	授课内容、方法、价值
受众	教师、教研人员、领导等
媒介	语言、文字、图片、形体、实物等
方式	个人阐述、演示、研讨
依据	课程标准、教育理论

（二）说课的类型

在教学实践中，说课这类活动可用于不同的目的，因而可将说课分为如下几个类型。

1. 调研型说课

当教研员、领导等专业人士需要了解教师的备课情况、教学状态以及对教学的反思成效时，他们可能会请教师通过说课的形式进行展示。通过说课，领导可以快速掌握教师对课程标准的理解程度、对教材的熟悉程度、对学生情况的了解程度、对教学方法和过程的思考深度等方面，并做出相应的判断。

2. 示范型说课

示范课是学校、行政区教研部门面向全体教师开展的一项教学研究活

---

① 丁昌田主编：《核心素养导向的说课》，2 页，天津，天津教育出版社，2018。
② 方贤忠编著：《如何说课》，1 页，上海，华东师范大学出版社，2008。

动。其目的是展示教学榜样，供教师学习与借鉴。示范课后往往会进行说课，通过说课，观摩教师可以快速了解说课教师关于该课的设计依据、实施过程等方面的信息。说课教师也会在说课过程中以及从听众的反馈中对该课进行更加深入的反思。可见，在这种模式下，观摩教师和说课教师都会对所说的课进行思考。

3. 研究型说课

研究型说课是为了探究某一个教学问题，以某课时的教学内容为载体，通过一位教师的说课展示解决方案，多位教师共同参与讨论，以对解决方案达成共识的活动。

4. 评价型说课

说课可作为评判教师教学能力的一种手段。通过对某个课的说课，教师展示对该课的理解和设计思路。另外，说课也常作为在教学比赛的一个环节。

（三）说课的特征

1. 反思性

说课以教学设计为基础，即先有教学设计，再生成说课。而且，说课是对教学设计的审视。说课的关键是说出"为什么要这样教"[1]，而不仅仅是"教什么"和"怎样教"，即通过说课过程深化对教学设计思路的理解，厘清教学方法与教学内容的关系及必要性。因此，说课是对教学设计回顾与再思考的过程。

2. 交流性

从说课的构成要素看，除了说课教师外，还有包括教师、教研人员和领导等人员参与，这导致说课活动具有交流的属性。当说课教师说课完毕后，听众往往会就说课过程中的一些环节与说课教师进行交流，如教学背景、教学过程、教学策略等环节。

---

① 方贤忠编著：《教师专业发展的4项基本技能：备课、说课、观课、评课》，75页，上海，华东师范大学出版社，2013。

3. 研究性

华东师范大学钟启泉教授认为："说课是应用研究的中国模式。"这种思想体现了说课具有研究性的特点。在准备说课的过程中，教师不得不对教学设计进行深入的思考与打磨，对其中每一个环节内的逻辑关系进行琢磨，也对各环节之间的衔接与进阶进行推敲。另外，通过说课，教师与听众之间的思想碰撞也会促使其对教学中的一些问题进行审视与探究。

4. 灵活性

说课活动不受时间、地点等因素的限制，可在参加人员的有空余时间随时随地开始。这使得说课活动的开展易于操作且方便。另外，对于参加人数来说，只要多于1人即可，即至少包含1名听众，活动就可进行。

5. 局限性

说课是教学设计与课堂教学之间的思考，将书面的设计通过语言表达出来，在一定程度上使教学设计"活"了起来。然而，将课"说"出来，说出的仅仅是思路、想法、预设，与实际教学的方式与过程并不对应。因此，通过说课，不能判断教师在课堂上的表现。

6. 丰富性

说课的构成要素中包括媒介与客体。媒介表现为语言、文字、图片、形体、实物等，所以说课过程的表现形式较为丰富。另外，说课是要说出教学内容，以及教学内容的价值等信息，因此，说课的内容也十分丰富。

（四）说课的意义

1. 有利于教师核心能力的提升

教师的核心能力指教师在接受和参与教师教育、从事教育教学以及投身教研等活动中形成和发展的，能够适应社会发展、教师职业要求和促进自身专业发展带有统帅作用的能力，包括教育教学能力、学习创新能力和沟通合作能力三个方面。[①] 根据说课的内涵与特征，说课无疑是教师提升这几项能力的一个有效渠道。

---

① 王光明、张永健、吴立宝：《教师核心能力的内涵、构成要素及其培养》，载《教育科学》，2018(4)。

首先，通过说课，教师能够对自己的教学设计进行反思，审视其内容、方法等方面的内在联系，有利于教师教育教学能力的加强。其次，在准备说课的过程中，教师需要回答"为什么这样教"等一系列深层次的问题，会使教师发现自身的不足，促使教师查阅资料填补空白，充实自身知识储备。最后，说课后，听众会就说课内容与教师交换意见，听众的想法促进教师的思考，在提问—理答—追问—理答的过程中，加强了沟通，产生了思想碰撞，提升了教师的合作能力。

2. 有利于对教师的评价

由于说课具有灵活性的特点，所以通过说课对教师的评价过程可以不受时间和空间的制约，更加简便地进行。又由于说课具有丰富性的特点，所以在说课过程中，教师可以从姿态、语言、表情等多方面展示自身对教学的理解，对教材的理解，对学生情况的理解，对教学方法的理解，对教学过程各个环节之间逻辑关系的理解等。这使得参与评价者能够生动鲜活地捕捉教师的特点，掌握教师的思路和理念，体验教师的表达和交流技能等。对于新教师而言，说课不仅是向教研组内外的同行教师展示自身对教育教学理解的重要途径之一，更是同行间进行评价的主要形式之一。

二、说课的内容与准备过程

（一）说课的内容

一般情况下，说课包括以下几方面内容：说教材、说教学目标、说学情、说教学方法以及说教学程序。这些内容彼此关联，形成一个整体，共同支撑着教师的教学与学生的学习。

1. 说教材

教材是以课程标准中的核心概念为主干，符合课程标准中的教材编写建议的教学用书。教材不仅是学生进行课程学习的主要参考资料，而且是教师教育教学的重要载体。可见，教材是联结教师的"教"与学生的"学"的桥梁。

教师在说课时说教材，是要说出对教材中对应章节内容等方面的理解，即从教材的地位、使用等几方面进行分析。

①教材的地位。教材的地位即待讲单元、课时的内容在整个学段学科知识结构中的位置。换言之，在这部分内容之前学生已经学习过什么内容？之后又将学习什么内容？该内容与之前和之后的内容的关系是什么？可见，说教材的地位时，要说清待讲内容与前后内容的上下位关系，以及延伸、铺垫等平行关系，表明其在知识体系中的位置，又应点明该内容与重要概念的关系。

②教材的使用。"用教材教，而不是教教材"是教学领域经常提及的一句话，也是课改的理念之一。这句话表明，教材是供教师教学使用的材料，提供的是教学素材与框架。因此，教师需要认真思考如何合理地使用教材中提供的内容，如何使教材中的素材为本节课或本单元教学内容服务，教材中的内容如何支持重要概念的建构等问题。这也正是说课过程中需要说清楚的环节之一。

另一方面，使用教材时也需将教材中的内容与学生的实际情况结合起来，对教材进行分析。根据学生已有的知识结构和心理认知特点，找到学生不容易理解的内容，确定本节课的教学难点。在说课过程中，教师需从学生的角度出发，说清怎样根据学情和教材来确定教学难点。

2. 说教学目标

教学目标是一节课中要使学生达到的结果。课程标准中，每个大概念下都列出了重要概念，对这些概念再进行拆解即能得到更加具体的下位概念，在这些下位概念前加上适当的动词，即可构成教学目标中的一项。诚然，教学目标是否需进一步细化，以及具体如何分配在每节课中，需由教师以及备课组共同商量后决定。

说课时，需说清教学目标的由来。当然，这也是与上一部分的教材分析及下述各个内容息息相关的，即教学目标的确定不仅与各层级的概念有关，而且与教材地位、学情等方面紧密联系。

3. 说学情

学情即学生情况。分析学情是确定教学难点的基础。因此，在说课过程中，要说清学生的基础状态。

①学生的生活经验。学生的生活经验即学生在日常生活中积累的对现实世界的感性认识。学生的生活经验某种程度上是进行教学的出发点，由生活出发，创设适当的真实情境，使学生在情境中发现问题，并通过课堂上的学习，解决该问题，从而在建构概念的过程中提高学生解决问题的能力。

②学生的知识基础。学生的知识基础是学生已有的知识储备。学习应是有意义的，因此，应该在学生原有的知识基础上建构新的概念，使新输入的知识内容与原有基础有机整合，形成更加完整的知识结构。因此，在说课时，应说清学生的原有知识基础，并说清如何根据原有基础，设计教学环节，发展学生的核心素养。

③学生的认知特点。每个年级的学生的心理发展程度不尽相同，因而对知识的接受能力存在差异。因此，在说课时，应分析学生的认知特点，并说明如何采用合适的教学策略来适应学生的认知，促进他们的有效学习。

4. 说教学方法

教学方法是教师为了达到教学目的而采用的方法，对达成教学目标举足轻重。在说课时，教师应介绍采用什么教学方法，以及选择这种（些）教学方法的原因。

①突出重点与突破难点的方法。突出重点与突破难点是一节课的关键，而选择正确的方法是关键中的关键。因此，在说课时，应首先介绍选择了什么方法，以及方法对重点和难点的作用。上述案例中用到的方法（实验法）就是突出重点与突破难点的一种方法。

②教学方法的选择依据。选择教学方法要以学生的情况为出发点，以帮助学生建构概念、发展思维为宗旨，突出启发性和思维训练。

5. 说教学程序

教学程序又称为教学过程，是教学活动的展开过程，是教师的教与学生的学的集合。说教学程序是说课的重点内容。

①教学环节。教学过程分为若干个环节，每个环节之间的逻辑关系决定整个教学过程是否紧凑，学生的认知是否能够发展。因此，在说教学过程时，应说清教学环节的结构。

②教学活动安排。对于学生而言，教学活动会促使其进行主动思考，能够促进思维的发展，利于概念的建构。因此，在说教学过程时，教师应介绍活动的起因、组织策略、学生参与、预期效果等方面。

③归纳与总结。首先，教师应准确区分归纳与总结的差异。在说课时，要说清通过教学过程归纳形成的概念是什么，形成的概念与本课的教学目标之间的关系是怎样的等问题。其次，找出并汇总本节课的亮点与不足。

④板书设计。板书是一堂课中留给学生的文字性资料，其设计应具有层次，而非单纯的罗列知识点。所以，在说课时，要说清板书的结构。

（二）说课的准备过程

1. 课题选择

根据说课的类型和特点，说课的课题有时可由教师自选，有时则是指定的课题。另一方面，说课的时间一般在 5～20 分钟不等。根据说课课题的由来和时间，教师可在说课内容上有所侧重，也可对内容进行有机整合。

2. 准备工作

如前所述，说课的基础是教学设计。所以，在准备说课前，应先撰写教学设计并进行修改。

3. 撰写说课稿

依据教学设计，以及说课的内容，教师应准备说课稿，这样不仅能在撰写的过程中发现潜在的瑕疵，更能发挥说课的反思性特征。说课稿可以提纲的形式书写，也可细致完整地撰写。不论采用哪种形式，说课稿中要重点突出教学过程设计的依据、教学环节间的关系等方面，即为什么这样

进行教学。切忌在说课时对教学过程讲解过细，甚至将说课过程变为上课。

三、说课的操作要点

（一）明确指导思想和课程育人价值

自 2016 年《中国学生发展核心素养》发布，以及 2017 版普通高中和 2022 版义务教育课程标准颁布以来，教育教学工作的目标指向十分明确，即发展学生的核心素养。对生物学学科而言，学生的核心素养包括四个方面，即生命观念、科学思维、科学探究（义务教育阶段为探究实践）和社会责任（义务教育阶段为态度责任）。因此，生物学教学中各个环节的设计与实施均为培养这四个方面的核心素养服务，继而体现生物学科的育人价值。可见，如何通过生物学的日常教学工作使学生逐渐形成核心素养，发挥学科育人价值是教师应回答的首要问题。对这个问题的思考、想法、解决等也应体现在与教学有关的各个方面。这其中当然包括说课这一教学活动。在说课中，应说清本节课的育人价值体现在何处，如何发挥本节课的育人价值。

教学中应以建构概念和发展科学思维为核心，彰显教学内容的层级关系。这其中涉及多个理论，如建构主义、有意义的学习以及科学内容知识等。在说课过程中，应根据相应理论的内涵，说出教学设计的依据，体现理论与实践相结合的理念。

（二）凸显设计意图

说课的过程着重要体现的是采用某种教学方法教授教学内容的原因，即设计的意图。"为什么这样教"是一个看似简单，但是值得深思的问题。只有教师在思考清楚该问题时，才能避免机械地教学，从而避免学生被动地学习。说课过程中可使用下列模板着重体现教学的设计意图。[①]

本节课包含"创设情境，引入新课"等七个教学环节。下面将从每个环节所教授的内容、方法和这样教的原因三个方面加以说明：①创设情境，引入新课。设计意图是/这样设计是因为/这样设计的原因是……②……③……。

---

① 丁昌田主编：《核心素养导向的说课》，82 页，天津，天津教育出版，2018。

（三）明确各环节间的逻辑关系

教学过程包含多个环节，如"创设情境，引入新课""讨论交流，探索新知""归纳概括""深入探究，理解新知""应用知识，解决问题""随堂练习，巩固知识""小结反思，布置作业"等。这些环节之间都应有清晰的逻辑关系。例如，导入的内容与之后的教学内容是否相关，是否秉承从宏观现象到微观本质的逻辑，等等。在说课时，应突出体现各环节之间的逻辑关系。

四、案例分析

案例 4-1 是一则详细的说课稿，包括教学背景、教材分析、学情分析、教学目标、教学重难点和教学过程等部分。第一，基于课标要求和学业水平要求，明确了本节课的理论依据。第二，详细分析了该部分内容在教材中的位置与地位，为概念建构奠定了基础。第三，通过将学生已有经验、知识等方面与课标要求进行对比，找到了学生的差距，为突破难点找准了方向。第四，教学思路巧妙，逻辑清晰，环环相扣。通过创设情境，让学生思考从受精卵到完整个体，细胞发生的重要变化，以此为切入点过渡到新课。通过设置问题接力，着眼于学生的最近发展区，从诸多生物学事实开始，引导学生逐步建构起"细胞分化"的概念，分析细胞分化的特点、意义，从而突出教学重点。通过克隆羊多莉的实验，帮助学生认识细胞分化的原因，理解细胞的全能性。通过果蝇卵漏实验，学生进一步体会细胞分化的严密调控，一旦分化就不能轻易改变和逆转，从而突破教学难点。第五，说课时点出了设计的亮点和不足，体现了说课的反思性特点。

🖇 | 实践操练 |

请按照本讲所介绍的说课的内容和操作要点，选择中学生物学某一课时的教学内容进行说课。

在完成上述任务的过程中，请同步思考以下问题：

1. 说课与教学设计之间的关系？
2. 说课与上课的区别？
3. 说课时怎样体现生物学学科的育人价值？

▶ 第十二讲
观课

🖇 | 案例 4-2 |

初中生物学 细胞的吸水和失水[①]

课题	细胞的吸水和失水
教材	北京课改版 七年级上册 第四章第一节
授课班级	七年级
教学过程	

---

① 案例来源：高婷婷，北京市顺义区第八中学。

教学环节	教师行为	学生行为	设计意图
导入	展示凉拌黄瓜放盐前和放盐后的状态 设疑1：凉拌黄瓜在没放盐和放盐后有什么区别？ 设疑2：放盐的黄瓜水是从哪里来的？黄瓜又是由什么组成的？ 引导学生知道水来自细胞液 设疑3：水是从细胞的什么结构中跑出来的？ 设疑4：如果将有点萎蔫的黄瓜泡在清水中又变硬挺了，水从哪里到哪里了？水进入细胞的什么结构里了？	学生仔细观察 回答："放盐后有水溢出，黄瓜变软。" 回答："黄瓜失水了，水应是从液泡中的细胞液中流出。" 回答："黄瓜吸水了，水进入了细胞的液泡中。"	通过观察，联系生活实际，激发学生学习兴趣，并通过引导，使学生思考旧知
科学探究植物细胞吸水失水——提出问题	设疑5：类似植物细胞的吸水和失水的例子还有哪些？ 设疑6：在细胞吸水和失水的例子中你想弄清楚什么问题？ 设疑7：黄瓜放盐前和放盐后的主要区别是什么？ 讲解溶液浓度 探究问题：植物细胞吸水和失水与外界溶液浓度的关系	学生举例说明 学生提出探究问题	让学生发现生活中的现象，并基于现象，大胆尝试提出问题 帮助学生理解外界溶液的浓度与细胞吸水或失水的关系
科学探究植物细胞吸水失水——做出假设	利用我们所学的细胞学知识，结合细胞吸水或失水的现象，组内同学进行讨论，提出对这个问题的假设 假设1：当外界溶液浓度较高时，细胞失水；当外界溶液浓度较低时，细胞吸水 设疑8：在盐水中，黄瓜的细胞会一直失水吗？ 假设2：当细胞液的浓度大于周围溶液的浓度时，细胞吸水；反之，细胞失水	学生小组内讨论、交流，提出假设	培养学生提出假设的能力 培养学生分析、归纳的思维能力 引导学生做出科学、合理的假设

续表

教学环节	教师行为	学生行为	设计意图
科学探究植物细胞吸水失水——设计并完成实验	一、设计实验 （一）小组讨论，设计实验 提示： 1. 实验材料的选择、实验仪器的使用 2. 控制单一变量，对照组的设置、如何进行检测 3. 对实验结果的预设 （二）汇报实验设计 请学生代表汇报实验设计 组织学生讨论实验设计有没有不合理的地方，如何进一步改进完善 （三）完善实验设计 设疑：细胞在盐水中一定会失水吗？ 归纳，设置浓度梯度分别为 5%、10%、15% 二、完成实验 组内同学讨论，最终确定实验步骤，进行操作 明确注意事项： 1. 量筒的使用和读数 2. 明确分工，通力合作 组织学生进行实验 在等待实验结果时，讨论以下问题： 1. 为什么选取萝卜作实验材料？ 2. 为什么用同一个打孔器取实验材料？减少误差的方法还有哪些？ 3. 观察实验结果时是否应取出萝卜条？ 4. 我们可以用外界溶液体积的变化来表明细胞的吸水与失水，还可以用什么方法表明细胞吸水与失水了？ 5. 如果假设成立，用曲线的方式表示实验结果，将会是怎样的走势？ 展示：学生的预期结果曲线 三、记录数据 组织全班同学记录数据，绘制实验结果曲线图	学生四人一组讨论设计实验 学生代表汇报实验设计 学生认真聆听仪器的使用，并合力完成实验操作 学生思考并回答 每组代表汇报实验结果	以小组讨论的学习方式，学生依据教师的提示，自主进行实验的设计，一方面可以培养学生设计实验的能力；另一方面可以让学生在设计过程中回顾设计实验的原则 通过教师讲解量筒的使用和读数等注意事项，培养学生严谨的实验精神 通过问题串的设置，以问题为引领，带领学生思考实验过程中的注意事项，让学生将实验设计的原则贯穿于实验始终

续表

教学环节	教师行为	学生行为	设计意图
科学探究 植物细胞吸 水失水—— 分析实验 现象与 数据	利用 Excel 表格统计全班的实验结果并生成实验结果曲线图 1. 曲线与横坐标的交叉点说明什么？ 2. 交叉点下面这部分曲线说明什么？（清水时） 3. 交叉点上面这部分曲线说明什么？ 没有出现结果的组，分析误差原因 提出改进措施 提问：随着盐水浓度的增加，细胞失水还能保持这样的走势吗？（随着盐水浓度的增加，细胞失水会越来越多吗？）	汇报实验结果 思考、回答	引导学生说出细胞吸水与失水取决于细胞液浓度与外界溶液液浓度的差
科学探究 植物细胞吸 水失水—— 得出结论	当细胞液的浓度大于周围溶液的浓度时，细胞吸水；反之，细胞失水 假设成立 结论：植物细胞的吸水与失水，取决于细胞液浓度与周围溶液浓度的差 没有出现结果的组，分析误差原因 提出改进措施	学生通过实验现象和数据尝试总结实验结论	通过实验现象和实验数据的分析，让学生进行归纳总结得出结论，提升学生的归纳能力
微观观察	提问： 1. 萝卜条的变化能直接证明植物细胞的吸水和失水吗？ 2. 如何直接证明植物细胞的吸水和失水？ 展示洋葱鳞片叶外表皮细胞在显微镜下的图片	学生思考回答 学生回顾过往观察植物细胞	通过展示洋葱鳞片叶外表皮细胞的吸水和失水，让学生微观直接感受到细胞的吸水和失水，同时又能进行知识的回顾

续表

教学环节	教师行为	学生行为	设计意图
测评	提问： 1. 腌制萝卜条时，萝卜条为什么会变软变小，盘子里的液体增多？ 2. 农作物一次施肥过多，往往造成"烧苗"，为什么？解决办法是什么？ 3. 盐碱地不经改良，为什么不宜种植作物？如何改良？	学生思考、回答	利用所学知识解释生活中的现象并提出解决的方法，回归生物学教学本质，同时提升学生的社会责任感

板书设计
细胞的吸水和失水 提出问题： 做出假设： 设计完成实验： 分析实验数据： 得出结论： 细胞液浓度 $\overset{吸水}{\underset{失水}{\overset{>}{<}}}$ 周围溶液浓度

问题聚焦

Q1：如果你当时就在这节课的教学现场，应重点观察教学过程的哪些方面？

Q2：观摩一节课后，可在哪些方面有收获？对教学工作有什么帮助？

一、观课的内涵与意义

（一）什么是观课

观课又称为课堂观察，是教师或学校管理者在课堂或其他学习环境中（如电脑屏幕前）对教学过程进行的正式或非正式观察。课堂观察通常由其他教师、管理者或教学专家参与，用于向授课教师提供建设性的反馈，以改进他们的课堂管理和教学技巧。学校管理者也会定期进行课堂观察来评估教师的教学情况。

对于新教师而言，观课是司空见惯的一类活动。新教师既会被观课，也会更多地去观察他人的课堂。但是，新教师最经常听到的对这类活动的描述，不是观课，而是听课。二者既有联系，又有区别。联系是指它们都需要有授课教师、学生和"听众"参与，都旨在通过同行间的学习，教学相长。观课与听课的区别是，观课强调的是通过多感官来汇集课堂信息，而听课更多的是强调听。然而，现阶段一般所说的听课其实指的就是观课，因为这类活动不是发生在现场，就是以视频的形式在电脑上播放，"听众"除了听，也在实实在在地观察课堂上的一举一动。

（二）观课的意义

对于新教师而言，观课是入职后经常会参与的活动。比如，参加市、区和校级的观摩课活动等，通过观察优秀教师的课堂来提升自身教育教学能力。

1. 在准备观课时提升

新教师在参加观课活动前，要根据展示课的题目，查找其在课标中的位置与地位，熟悉教材中的相关内容，并思考自己在讲授该课时的教学策略和方法。

2. 在观课过程中提升

通过课堂上细致地观察，记录教师教学过程中的提问、过渡等重要信息，注意学生的反应，思考教师各种处理、操作的优势与不足。

3. 在观后的反思中提升

在课堂观察结束后，新教师应及时思考观课现场授课教师对各环节的处理的背后原因，该处理方式是否有效，是否可以改进，各环节之间的关系等问题。

二、观察点的选择

观课时，新教师应该观察哪些内容？这些内容中又包含了哪些具体的观察点？对于这两个问题，可以从课堂的构成要素——学生、教师、课程性质和课堂文化——来进行思考。

（一）观察内容

1. 观察学生

学生是学习的主体。学生在课堂上的学习方式和效果是观察学生的两个重点。可从准备、倾听、互动、自主和达成五个角度来对学生的学习进行观察，每个角度都包含了若干个具体观察点。

2. 观察教师

教师是课堂教学的组织者。教师在课堂上的教学方式，以及行为的适配性是观察教师的两个重点。可从环节、呈现、对话、指导和机智五个角度对教师的教学进行观察，每个角度都包含了若干个具体观察点。

3. 观察课程性质

课程性质指的是教与学的内容，即"这是堂什么课？学科性体现在哪?"。课程性质联结了学生学习与教师教学。可从目标、内容、实施、评价和资源五个角度对课程性质进行观察，每个角度都包含了若干个具体观察点。

4. 观察课堂文化

学生学习、教师教学和课程性质三者在交互中形成了课堂文化，可从思考、民主、创新、关爱和特质五个角度对课堂文化进行观察，每个角度都包含了若干个具体观察点。

观课内容及观察点示例见表 4-2。

表 4-2　观课内容及观察点示例①

维度	观察角度	观察点示例
学生	准备	课前准备了什么？有多少学生做了准备？ 学生是怎样准备的？ 学优生、学困生的准备习惯分别是什么？ 任务完成得怎么样？
	倾听	有多少学生倾听教师的讲课？倾听多长时间？ 有多少学生倾听同学的发言？能复述或用自己的话表达同学的发言吗？ 倾听时，学生有哪些辅助行为？有多少学生进行这些行为？
	互动	有哪些互动行为？有哪些行为直接针对目标的达成？ 参与提问、回答的人数、时间、对象、过程、结果怎么样？ 参与小组讨论的人数、时间、对象、过程、结果怎么样？ 参与课堂活动的人数、时间、对象、过程、结果怎么样？ 互动、合作习惯怎么样？出现了怎样的情感行为？
	自主	自主学习的时间有多长？有多少人参与？学困生的参与情况怎样？ 自主学习形式有哪些？各有多少人？ 自主学习有序吗？学优生、学困生情况怎么样？
	达成	学生清楚这节课的学习目标吗？多少人清楚？ 课中哪些证据证明目标的达成？ 课后抽测有多少人达成目标？发现了那些问题？
教师	环节	教学环节怎样构成？ 教学环节是怎样围绕目标展是开的？怎样促进学生的学习？ 那些证据证明该教学设计是有特色的？
	呈现	讲解效度怎么样？有哪些辅助行为？ 板书呈现了什么？怎样促进学生的学习？ 媒体呈现了什么？怎样呈现的？是否合适？ 动作呈现了什么？怎样呈现的？体现了哪些规范？

---

① 任重、孙世军编著：《备课　上课　观课　议课》，185~187 页，北京，北京理工大学出版社，2018。

维度	观察角度	观察点示例
教师	对话	提问的时机、对象、次数和问题的类型、结构、认知难度怎么样？ 候答时间多长？理答方式、内容怎么样？有哪些辅助方式？ 有哪些话题？话题与学习目标的关系怎么样？
	指导	怎样指导学生自主学习？结果怎么样？ 怎样指导学生合作学习？结果怎么样？ 怎样指导学生探究学习？结果怎么样？
	机智	教学设计有哪些调整？结果怎么样？ 如何处理来自学生或情境的突发事件？结果怎么样？ 呈现哪些非语言行为？结果怎么样？
课程性质	目标	预设的学习目标是什么？学习目标的表达是否规范和清晰？ 目标是根据什么预设的？是否符合该班学生学情？ 在课堂中是否生成新的学习目标？是否合理？
	内容	教材是如何处理的？是否合理？ 课堂中生成了哪些内容？怎样处理？ 是否凸显了本学科特点、思想、核心技能及逻辑关系？ 容量是否适合该班学生？如何满足不同学生的需求？
	实施	预设哪些方法？与学习目标是否适度？ 是否体现了本学科特点？有没有关注学习方法的指导？ 创设了什么样的情境？是否有效？
	评价	检测学习目标所采用的主要评价方式是什么？是否有效？ 是否关注在教学过程中获取相关的评价信息？ 如何利用所获得的评价信息？
	资源	预设了哪些资源？ 预设资源的利用是否有助于学习目标的达成？ 生成了哪些资源？与学习目标达成是什么关系？ 向学生推荐了哪些课外资源？可得到的程度如何？

续表

维度	观察角度	观察点示例
课堂文化	思考	学习目标是否关注高级认知技能？ 教学是否由问题驱动？ 问题链与学生认知水平、知识结构的关系如何？ 怎样指导学生开展独立思考？怎样对开或处理学生思考中的错误？ 学生思考的人数、时间、水平怎么样？思考氛围怎么样？
	民主	课堂话语是怎么样的？ 学生参与课堂教学活动的人数、时间怎么样？课堂气氛怎么样？ 师生行为如何？学生之间的关系如何？
	创新	教学设计、情境创设与资源利用有何新意？ 教学设计、课堂气氛是否有助于学生表达自己的奇思妙想？ 课堂生成了哪些目标？资源教师是如何处理的？
	关爱	学习目标是否面向全体学生？ 是否关注不同学生的需求？特殊学生的学习是否得到关注？ 座位是否安排得当？ 课堂话语、行为如何？
	特质	该课体现了教师的哪些优势？ 课堂设计是否有特色？ 学生对该教师教学特色的评价如何？

（二）确定课堂观察点

在上述 4 个观察内容维度下，共列出了 68 个观察点。可见，课堂是非常复杂和富有变化的场合。显然，在一堂课的时间内将 68 个点都进行细致观察并不现实，这就需要新教师根据观察目的在观课前将观察点确定下来。

作为新教师，观课的目的是通过观察优秀教师的课堂，汲取营养，正视不足，以提升自身的教育教学能力。这使得观课时需要着重观察以下几个方面：①观察教学目标的落实；②观察教材内容的处理；③观察内容知识的结构；④观察教学方法的运用；⑤观察学生课堂的反应。基于此，新教师需选择合适的方面（观察点）进行观课。

三、课堂观察的工具

（一）什么是课堂观察工具

课堂是复杂与变化的。对这样一种环境进行观察，借助观察工具是十分必要的。观察工具可分为核心工具和辅助工具两种。其中，核心工具是观课教师自身的多个感官，而辅助工具有录像、录音设备和观课量表。观课量表是重要的课堂观察工具[1]，体现了观察者关于观察点的研究思路，是解决所研究问题的思维框架[2]。可见，选择和开发观课量表依赖于观察者一定的理论素养和实践经验，取决于观察者对观察点的遴选以及对观课主题的理解。

（二）观课量表选择的方法

课堂观察作为研究教师教学等方面的手段之一，经过多年的发展，已经积累了丰富的观察量表，观察者可根据需要从中选择。一般说来，观察者会根据观察点的不同，选择使用不同的观课量表。如果观察者计划观察教师候答时间的长短，或者对于学生的目光分配次数，那么应选择定量的有关这些方面的量表（表 4-3）。如果观察者计划观察"哪些证据证明概念的达成"或教师讲解的效果这类观察点，那么应选择相应的定性观课量表（表4-4）。

表 4-3　教师对学生目光分配量表

序号	教师目光停留位置	次数	百分比
1	前排学生		
2	后排学生		
3	回答问题学生		
4	上台学生		
5	散漫学生		

---

① 高宏主编：《核心素养导向的观课议课》，112 页，天津，天津教育出版社，2018。
② 任重、孙世军编著：《备课　上课　观课　议课》，193 页，北京，北京理工大学出版社，2018。

表 4-4　概念形成定性观课量表

序号	事实	思维	形成
具体概念 1			
具体概念 2			

（三）观课量表的开发方式

受到年代、学科与观察者自身等诸多因素的影响，观课量表也可能需要重新开发，以更加有效地应用于课堂观察中，继而满足新教师对教学能力提升的需要。新观课量表的开发主要包括两个阶段。

一是分析设计。观察者应对观察内容进行思考，从不同角度对该内容进行分析，以设计开发出符合实际情况的新观课量表。

二是试用完善。将新观课量表应用在课堂观察中，通过实践发现其中的不足之处，并加以改进，形成完善的新观课量表。

四、观察信息的记录

观课时，需要关注多个方面。因此，十分有必要做记录，即观课记录。观课记录是指教师进入课堂后对所需信息进行收集的过程，它可以协助观课教师将观课时的所见所思呈现在纸面上，以备之后的分析使用。那么，在观课时，教师需要记录哪些内容呢？

（一）观察信息记录的要点

在观课的过程中，教师可着重记录以下要点：①教学环节之间的过渡；②教学内容；③课堂提问；④学生活动；⑤课堂反馈；⑥语言。

之所以需要对以上几个方面进行记录，目的就是能够在接下来的分析过程中，体悟授课教师在落实教学目标、处理教材内容、进行概念教学、运用恰当教学方法和提升学生学习效果几个方面的先进之处。

（二）观察信息的记录方法

1. 详略得当

一堂课中包含的信息很多，全部记录在案并不现实。因此，在做观课记录时，要做到详略得当。新教师在观课时，主要记录与教学目标落实、教材内容处理、内容知识结构、教学方法和学生反应有关的内容，包括提问、实验等具体环节。而对于教师在授课过程中的重复话语，与突出重点、突破难点等无关的地方，应简略记录。

2. 运用符号

教师在记录过程中，也可运用一些自定义的符号来代替经常出现的语句。例如，"这个环节我没有理解意图，需要在课后咨询授课教师""这个地方教师出现了重复的话语""巡视学生时未解答问题"等，可用圆圈、三角、五角星等符号代替。

五、分析观察信息

在观课结束后，教师面对字字珠玑的观课记录，一定要进行分析，而不能仅仅把其当作完成任务的证据。对观课记录进行分析，一般需要经过分类整理和结果分析两个步骤。

（一）观察信息的分类整理

首先，观课信息需要进行分类。新教师将记录的信息按照落实教学目标、处理教材内容、进行概念教学、运用恰当教学方法和提升学生学习效果这几个方面进行分类。

（二）观察信息的结果分析

对于新教师，观课的首要目的是通过课例学习优秀教师的设计思路，对教学技能的把握和以学生为中心理念的实践。因此，新教师在对观课记录进行整理、分类后，需要将每一类信息中的优点和疑问做总结，以备学习之用。

1. 分析优点与问题出现的原因

每堂接受现场观摩的课往往都经过多次打磨，教学重点突出、教学策略得当、教学方法有效。所以，观课记录中可能包含了这些优点在课堂上的具体表现。除此之外，记录中可能还包含其他优点，如环节间的过渡流畅等，需要教师通过认真分析，学习这些优点。

另一方面，观课记录中可能也包含了观课过程中的一些疑问。课后，需要对这些问题进行分析，包含问题出现时的具体情境，可能的原因和解决方案。

2. 分析育人价值的达成

前已提及，课程需体现其育人价值，即通过本课的学习过程，学生能够锻炼哪些学科能力，体悟哪些情怀，构建哪个概念等。根据课堂观察的记录，教师应着重对本课的育人价值以及价值体现过程进行分析与思考。比如，思考本课体现了什么育人价值，是通过哪些教学活动实现的，育人价值的体现程度如何，等等。

六、案例分析

在案例 4-2 中，教师通过不断地提出思维程度逐渐递进的问题，引导学生不断地思考，并通过学生的动手实验及观察，给学生以直观的感受，逐步达成本课的目标。在内容知识结构方面，教师从直观现象入手，与学生已有的经验建立了联系，并以此为基础，逐步建构新的概念。在教学过程中，教师应用讨论法使学生充分交流意见。在讨论的过程中，学生的思维得到了外显与输出，并能够有机会听取同学的想法，对意见的修正与统一起到了积极的作用。而实验法的运用，使现象真切地展现在学生的面前，极大地帮助学生建立新的概念，从而突破本节的难点。在课堂上，学生表现为积极参与讨论，对实验显现出极大的兴趣，这都体现了学生参与度较高的事实。而学生参与度高，则更有可能促进他们思维的发展与概念的建构。

🖇 | 实践操练 |

请按照本讲所介绍的观课的内容和记录要点，选择观摩一位中学优秀教师某一课时的教学。

在完成上述任务的过程中，请同步思考以下问题：

1. 观课与听课之间的关系？

2. 观课时，知识结构如何帮助培养核心素养？

3. 本课的育人价值体现在哪些方面？

▶第十三讲
反思

📎 | 案例 4-3 |

高中生物学 "主动运输与胞吞、胞吐"教学反思[①]

1. 教学设计

本次教学设计主线为"阅读资料—获取信息—得出结论"。存在的主要问题为：①资料处理不完善，需要根据学生的知识掌握程度和理解能力再次修改；②问题之间缺乏过渡，如胞吞和胞吐的引出环节；③新概念"ATP"出现时未做解释，学生无法顺利得出结论；④对于物质运输的核心概念把握不够准确，没有站在生命活动的角度阐明。以后进行教学设计时，首先要对教学内容进行多方面、多层次的分析。多从学生角度考虑，问题从易到难，有梯度地进行设置。必要的背景知识提前进行铺垫，让学生逐步接受。

2. 课前准备

在讲课之前，本节课内容在我任教的其余两个班都进行过试讲。A班反应较好，学生能够主动思考，积极回答问题。B班初中未选生物学的学生较多，因此主要以带着学生阅读为主，资料没有充分使用。本次讲课的学生群体是C班，在课前虽然再三叮嘱，还是有部分同学到达教室时间较晚。下次需要提前带学生到录课室适应环境。在本节课之前做的是质壁分离实验，学生对于理论知识掌握不够扎实，也没有提前布置预习任务，学生没有充分准备，课堂气氛不够活跃。

---

① 案例来源：刘欣蕊，北京市怀柔区第一中学。

3. 教学过程

整体教学过程较为流畅，主要问题为：①主动运输的意义没有讲，直接跳到胞吞、胞吐的内容上；②语言重复、啰唆；③学生回答问题次数少，没有关注全体学生；④给学生思考的时间短。在平时的教学过程中，同一个问题要叫多名学生回答，寻找共性，总结答案。目光注视全体学生，关注其余学生的表现，有异议及时察觉。遇到难以回答的问题让学生进行小组讨论。调动学生的积极性，发挥主体作用。

问题聚焦

Q1：什么是教学反思？

Q2：在上面的案例中，教师从哪些方面进行了教学反思？

Q3：教学反思有哪些方法？

Q4：教学反思对生物学学科育人价值有什么贡献？

一、教学反思的界定

许多教师常常思考其教学，并与同事就某个问题进行讨论，潜台词是"我感觉课上得挺顺利""我的学生好像没懂"，或者"我班学生今天表现得很糟糕"。然而，如果不花更多时间去关注或研究已经发生的事情，可能导致教师对事情发生的原因草率下结论。因此，教学反思意味着一个系统的过程，即收集、记录和分析教师、学生的想法，以及观察结果，然后进行改进。如果一节课进行得很顺畅，教师可以回忆和总结成功的做法。如果学生没有反应表明他们没有理解某一个概念，教师就需要思考课上的教学环节存在什么问题。

（一）教学反思的内涵

反思是一种思考的形式，教师在教学后进行的反思被称为教学反思，是指教师对教学行为、教学意向、教学设计三者及其之间关系的调节型思考。[①] 教学反思是一个自我观察和自我评价的过程，意味着教师通过收集、

---

① 衣新发编著：《教学反思能力实训》，4页，北京，高等教育出版社，2019。

分析和评估课堂上的信息，审视自己在课堂上的实践，思考自己当时为什么要做，以及这样做是否有效等问题，最终引起教学的改进。因此，教学反思是源于课堂的一种教师专业发展手段。

（二）教学反思的类型

教学反思根据发生的时间的不同可分为教学中反思和教学后反思两类。教学中反思是指在教学的过程中发生的对教学进行改善的过程。例如，当教师的预设与实际发生产生偏差时，教师可在学生活动时通过短暂的时间进行思考，并将变更的想法付诸行动。教学后反思包含回顾、研究和再理论化三类[①]，这三类反思的程度逐渐加深。其中，回顾是教师在日常工作中经常使用的一类反思，旨在对教学环节、教学活动效果、课堂管理等方面进行改进。例如，教师在结束一堂课后，回想课上的那些未被预设的生成，找到出现这些情况的原因，然后修改预设并在平行班中进行尝试。对于新教师而言，能够做到每课时后都进行回顾式的反思，然后应用改良版教学设计进行教学是十分不易的，但也是十分重要与必要的。回顾式反思与研究式、再理论化式反思之间的主要区别是，反思中观察与分析这两个环节的程度不同。研究式与再理论化式反思对观察与分析的要求逐渐严格，所需时间也明显增加，这也对教师的实践能力提出了更高的要求。

（三）教学反思的结构

1. 教学反思的内容

教学反思的内容需要从教学的构成要素来分析。教学是多种要素参与的多边活动。教学由学生、教师、教学过程和环境构成，可以说明参与教学活动的核心要素。[②] 所以，教学反思的内容有四个维度，分别是学生、教师、教学过程和环境。

另外，应格外注重对学科育人价值方面的反思。例如，在教学过程中是否突出了学科的育人价值，使用的教学策略和方法是否有助于实现育人价值，等等。

[①] 赵明仁：《教学反思与教师专业发展》，59 页，北京，北京师范大学出版社，2009。
[②] 赵明仁：《教学反思与教师专业发展》，46 页，北京，北京师范大学出版社，2009。

在上述的反思案例中，虽然表面上是从设计、过程和准备三个方面入手进行反思，但实际上反思中包含了学生、教师、教学过程和环境四个角度的审视。例如，学生的主体性体现、教师对核心概念的把握、环节之间的过渡、课堂氛围与新教师所处的环境，以及课程的育人价值等。

2. 教学反思的层次[①]

教学反思可划分为三种层次，分别是技术性反思、理解性反思和批判性反思。技术性反思针对教学行为和课堂管理，其目的是选择到合适的教学手段，以有效达到教学目标。理解性反思是对教师价值观、课堂背景，以及学生全面发展的反思过程，重视理论与实践的结合。批判性反思旨在强化教师在反思中的主体作用。这三种层次的反思对教学和实践都十分重要，它们之间没有优劣之分，各有各的优势与局限。

二、几种常用的教学反思方法

（一）教学日志法

教学日志法是教师通过书写日志，记录发生在课堂、校园等场合的教育事件的一种教学反思方法。这是开始进行教学反思的一种相对简单的方法。采用教学日志法不依赖于他人与环境，是纯粹的个人行为。教师可根据自身的情况，自由安排时间撰写教学日志。例如，在每节课结束后，教师可把课堂上发生的事情记录在笔记本上，并描述自己的感受。同时，将观察到的学生的反应也记录在案。

开始书写教学日志前，教师不妨先思考以下几类一般性问题。

1. 课程目标类

①学生们是否理解教师在课上做的事情？

②我做的事情是太容易了还是太难了？

③学生有什么问题（如果有的话）？

④学生是否有明显的学习效果？

[①] 赵明仁：《教学反思与教师专业发展》，51 页，北京：北京师范大学出版社，2009。

⑤他们在课上学习或练习了什么？这些对他们有用吗？

2. 活动和材料类

①我使用了哪些不同的材料和活动？

②材料和活动是否使学生感兴趣？

③我是否可以用不同的方式完成课程的所有环节？

3. 学生类

①所有学生是否都在执行任务（即做他们应该做的事）？

②如果没有，这种情况是什么时候发生的？为什么会发生？

③学生们可能最喜欢课程的哪部分？最不喜欢哪部分？

4. 课堂管理类

①活动持续时间是否合适？

②课程节奏是否正确？

③我是否使用了全班任务、分组任务、结对任务或个人任务？

④我安排学生做了什么任务？有用吗？

⑤学生们是否了解在课堂上要做什么？

⑥我的讲解是否清楚？

⑦我是否为所有学生提供了参与的机会？

⑧我是否了解所有学生的进步情况？

最后，如果我再上一次课，我会有什么不同的做法？

案例 4-4[①]

　　面对新的授课方式，如何确保学生上课的积极性？如何了解学生听课的状态？如何提高网络授课的效率？如何做到"目中无人"但"心中有人"？下面我想总结一下近段时间来自己的一些经验。在教学过程中积极与学生互动、沟通策略：课前积极签到；课中引导学生思考、积极发言，每一个小组利用微信群及时展开讨论，并将结果和不能解决的问题上传至小组微

---

① 案例来源：郁佳，北京四中顺义分校。

信群中；利用云端课堂多种发言模式，提高学生学习的兴趣，让学生有更多的参与感；课后作业、课堂笔记及时提交到每日交作业的微信小程序当中，这里就解决了一开始在批改作业方面遇到的难题。学生可利用该平台自行批改作业。同时，教师根据平台的作业反馈和在线测验掌握每名学生的作业及检测的情况。

依据学生的水平，教师对学生进行分组，建立线上小组合作学习机制，便于师生之间的沟通与交流。针对学生存在迟到或者早退的现象，教师要及时利用云端课堂平台的签到和不定时点名功能及时对学生进行监督，从而让学生对网络课堂有更多的参与感。

在上述案例中，教师在从课堂教学到在线直播教学的环境转变中，提出了对学生听课状态的关注与思考，并在课前、课中和课后不同的时间区间内，根据实践经验，列出了 7 种具有针对性的方法。对这些方法及时的总结，会提高教师在课堂上应对教学突发情况的反应速度，即为课堂机智提供技术支持，为教师教学能力的快速提升奠定基础。

案例 4-5

高三适应性测试生物学分析①

本次高三适应性测试是实行新高考后的第一次模考，也是第一次进行"云"开考。作为新教师，此次考试我们可以了解新高考试卷结构及题型，调整教学方式与侧重点，规划未来成长方向。

对于生物学而言，测试整体难度不大，考查的知识点没有太大变动。选择题注重基础知识，大题考查综合能力。

选择题前几道重点考查必修一，可以给学生做练习。3 题、6 题、9 题测试学生的读图分析能力。在平时的教学当中，我也很注意这些方面的训练，遇到读图题会展示在 PPT 上，请学生上台使用画笔演示，讲清自己的解题思路。对于 8 题、10 题、11 题这类考查逻辑思维方面的题型，我会将

---

① 案例来源：刘欣蕊，北京市怀柔区第一中学。

文字转为流程图，厘清其中的关系。选择题中也提供了重要的命题方向，注重生物技术与生产生活之间的联系。15 题发酵食品体现了传统文化与生物学原理的结合，也是未来考查的热点。因此，我要加强自己平时的积累，多关注生活中的生物学，在课堂上联系、渗透，让学生能够在生活情境中学习生物学，培养兴趣。

大题加大了阅读和文字书写量，并且在不同题目中呈现了多样的任务形式。值得注意的是 19 题新题型阅读题，类似语文学科的说明文，根据所给的信息回答问题，对学生的能力要求较高。题材是生态文明建设，体现社会主义核心价值观。历史学科可能还会有学生自己出题、编教材等方式，这都是我们需要注意的。我们学校的"海量阅读"计划对于训练学生阅读能力有很大的帮助。在教学过程中，我经常会给学生推送微信公众号文章，学生基本每周都会阅读 2 篇生物学相关材料。在此基础上，我需要进一步筛选符合高考命题方向的文章，从大学教材、社会新闻、生物学研究进展等方面拓展。同时，给有想法的学生提供平台，自己搜集资料，编写生物学文章，在班级内做汇报。也可以将阅读材料制作成小报贴在班级墙上，大题每道题的最后一空都是考查学生的表达能力的。主要有阐释作用机理、评价思路优劣、解决问题措施等。高考试题中还会出现获得实验材料的方式、提出深入思考的问题等。学生的表达能力训练是生物学教学中的难点。这也是我一直在思考并且想要突破的地方。首先就是在课堂上给学生表达的空间，尽量让学生说，答出完整的一段话。其次，学生在课下落实的时候经常会不做大题，见到很长的空就会空着。实际上，这才是高考考查的重点。因此，要有意的在平时训练学生落在笔头上的能力。此外，学生在答题过程中往往会答出一大段话，没有重点，不能准确把握。问题出在没有理解题意，不能从出题人的角度思考。也可能是平时基础知识掌握不牢固，不能落在考查点上。这次的测试中还出现了"未提及"的概念和"未使用"的术语，让学生列举出来，反向考查。学生要把考题中的概念所在的大知识框架搞清楚，在大范围里将题目出现过的知识点摘出来，再找出剩下的知识点。这需要学生采用知识链、概念图、思维导图的形式对基础知识进行归纳。我虽然让学生尝试过，但是效果不是很理想。可能是学生处于高一阶段，对知识的理解不是很透彻，也不能完整地把握知识框架。在以后我需要进一步培养学生这方面的能力。

总体来讲，我在以后的教学过程中要多关注高考的新动向，注重培养学生的生物学核心素养。落实基础知识，增加阅读量，训练语言表达能力。在进行教学设计时，联系实际，让学生学以致用，将生物学知识生活化、价值化。渗透生物学新进展，将能力培养体现在教学的方方面面。

在上述案例中，教师对一次测试进行了分析。通过分析，教师除了了解了高考的知识点、题型和结构外，还对今后的教学重点和方法进行了思考。例如，通过让学生阅读更多的相关文章，促进学生的科普文阅读能力等。总之，教学日志法是一种简便易行的教学反思方法，可以通过自身的思考，对遇到的问题进行分析，找到可能的解决方法，为之后的实践奠定一定的基础。

（二）同伴观察法

同伴观察法是教师之间组成学习共同体后，在同伴之间开展交流，讨论教学中出现的困惑，共同探讨解决方案的一种教学反思方法。同伴观察法，顾名思义，需要有与教师自身所处环境类似的人员参与，如同一教研组的教师，或来自其他学校有相同目标的教师，抑或是正在共同完成一个研究课题的成员等。在同伴的参与下，以一定的频率开展课堂观察等研究活动，并根据课堂记录，在课后进行思维碰撞、头脑风暴，解决教师的疑问，促进教师的教学能力，助力教师的专业发展。当然，在同伴进行观察前，可能需要和同伴商讨观察点，即教师将要进行反思的方面。例如，关注是否体现了本学科的特点，学生合作学习的效果如何，等等。

📎 | 案例 4-6[①] |

X 老师：在观摩了两位老师的课以后，我认为这两位老师最大的亮点

---

① 案例来源：北京教育学院"启航计划"新教师培训项目——北京市顺义区教育研究和教师研修中心联合教研活动（2019 年 11 月，北京市顺义区杨镇二中）。

就在于他们的实验符合本学科的特点，因为生物学是以实验为基础的。A老师以结论导向的方式来验证光合作用的反应式，每个实验的实验现象都非常容易观察，且方便学生操作，效果明显。B老师以萝卜条的吸水和失水的宏观现象，让学生感知到微观上细胞的吸水和失水，然后进入洋葱鳞片叶外表皮的装片观察，让学生观察到现象，进而总结细胞吸水和失水的原理，解决生活中的实际问题。吸水与失水实验采用不同浓度的盐溶液，因为一般我们做实验都是使用清水和盐水，她这里设置了一个梯度，还以图表的形式更加直观地呈现出浓度，以及细胞吸水与失水的量，这些都是值得我们借鉴和学习的。还有细节方面，如B老师自己找的铁丝制成的环，但是铁丝比较粗，如果用解剖针可能会更好。今天向两位老师学到了很多东西。

S老师：A老师的课的亮点在于实验，呈现知识的过程是一个说理的过程，如何把理说清，这就需要给学生看实验现象，让学生观察数据，让数据说话，让现象说话，这一点，在A老师的整个实验过程中，都是亮点。这堂课充分利用了实验的资源，这节课对仪器的使用量是很大的。在此基础上，再做进一步改进的话，对科学史的呈现需要再细致一些，也就是科学史的目的是让学生能够体会新事物的发现过程和思维过程。这一点在课上体现的不是很充分。

在这个案例中，有两位教师参与了观课。在观课结束后，这两位教师发表了自己对这节课的看法。这其中，既包括了两节课中值得肯定的地方和亮点，又包括了不足。两位教师的看法，其本身就是在观课过程中产生的思考。将这些思考呈现出来给授课教师，会引发授课教师的反思，最终达到提升教学的目的。可见，同伴观察法的运用是一个双向输出的过程，对于授课教师而言，听到的内容显然是有一定深度的，而在此基础上进行的反思，无疑起点更高，意义更加深远，对自身教学的帮助也更大。

（三）案例式反思法

案例式反思法是教师根据自己或他人的课堂教学，依据教学反思的方法，从提出问题、描述情境、分析解释到付诸行动，以改进自身教学效果的一种教学反思方法。以案例为依托和抓手，使教师在一个特定的情境下对问题进行分析、诠释，有助于教师厘清问题出现的原因，方便教师找到解决问题的方法。对于新教师而言，如果将案例式反思法与同伴观察法有机结合，吸纳二者的优点，便能够更加有效地找到问题的症结。

对于案例式反思，课堂的录像或录音可能是必要的，因为这些资料可以为反思提供非常有用的信息。比如，教师可能会发现原来在课堂上自己会出现这样或那样的举止，或者原来自己没有发现一位一直在举手的学生，等等。

三、教学反思的过程——以案例式反思为例

一般情况下，教师在教学中遇到困惑时，如常见的预设与生成不一致的情况，才会开始进行反思。但是，困惑并不等于问题的全部。问题与出现问题的情境是紧密联系的，只有在清晰地描述了问题情境时，才能够明确问题的位置与内涵。[①]可见，发现了教学过程中的困惑后，需要先将问题情境进行清楚地描述，使得问题浮出水面。接下来，教师需要着手分析问题，这也是教学反思过程的主要环节。分析过后，再到实践中进行检验。当然，教学反思是一个循环往复的过程，在付诸行动后，可能会发现问题还有进一步的改进空间，抑或又遇到了新的问题，需要再次开始分析。可见，开启一次教学反思的过程是为了回应某个教学或班级管理的特定问题（例如，如何处理学生在实验课上活跃异常的现象，或者如何鼓励学生在课堂上积极发言）；或者作为一种更多了解与审视自身教学的方法。教学反思的过程可总结如下：发现问题—描述问题情境—多角度诠释—付诸实践。

案例 4-7

案例式教学反思

教学特色

①情境创设贴合学生生活，能够吸引学生注意力，激发其学习的兴趣，

---

① 赵明仁：《教学反思与教师专业发展》，55 页，北京，北京师范大学出版社，2009。

使学生在感兴趣的话题中体会科学探究的过程。教学中的素材选自科学杂志的论文，在注重科学性的基础上，也有效开阔了学生的眼界。

②教学设计从情境创设到科学探究，再到生活实际，注重了内容的衔接。课堂的互动性和引导性较强，以问题链的形式引导学生一步一步进行思考，从而制订实验计划、选择合理的实验方案、分析实验结果、得出实验结论，并且引导学生对实验提出质疑和评价、改进实验的不足，尝试培养学生的科学探究和科学思维两项核心素养。

③渗透心理健康教育，积极引导学生面对常见问题，使学生在学习的过程中逐渐了解情绪问题的起因，以缓解当下的压力。

存在的问题

第一是科学探究过程不完整。即在教学设计及实施过程中，设计对照实验和通过控制实验条件获得数据两个方面未充分体现。

二是缺少了学生自主进行实验设计的环节。

问题情境描述

通过任务驱动，学生按照科学探究的步骤对抑郁症药物的使用进行了探究，包括提出问题、做出假设、制订计划、实施计划、得出结论和表达交流。每一步都由若干问题或实验组成。在"制订计划"时，通过引入"理毛行为""强迫游泳"和"悬尾实验"三个实验，表现科学家参考的行为指标。在"得出结论"过程，学生通过分析"悬尾实验"的实验数据，得出该实验的结论，并对结论的严谨性做出评价与反思。

原因分析

上述过程着重介绍的是这些实验的过程，即实验是如何进行的。忽视了对实验设计的讲解。对学生而言，学生并未真正参与到依托实验解决问题的过程中，而更加关注实验的故事性。

主要原因之一是没有深入理解科学探究的内涵，仅停留在对其六个步骤的认识上。科学探究可从以下几个技能来加深理解。

探究实验的基本技能

①观察现象、提出问题；

②做出合理的假设；

③选择恰当的实验材料；

④设计对照实验；

⑤通过实验条件的控制获得可靠的实验数据；

⑥分析实验数据，做出推理和判断，得出结论。

改进措施

①学生以"悬尾实验"为例对药物是否有效进行科学探究过程，包括提出问题、做出假设、制订计划等方面；

②展示科学家的实验过程与数据，并与学生的设计进行对比；

③对数据进行分析并得出完整的结论；

④通过表达交流环节，对实验设计进行反思。

四、案例分析

在案例 4-3 中，教师是在一堂课后对课上的教学与学生学习进行了回顾，属回顾式反思。在反思过程中，教师回顾了教学设计、教学过程和课前准备三个方面存在的问题，也尝试为这些问题寻找了解决方案。另外，案例内容既包含了技术性反思，也体现了理解性和批判性反思。即在问题之间的过渡层面做了技术性反思，对有意义的学习——在学生原有认知结构上构建新概念——进行了理解性反思，在对学生的了解程度方面进行了批判性反思。

在育人价值方面，案例体现出科学探究等高中生物学的重要素养，为学生进一步形成相应的学科大概念打下根基。通过探究学习，该案例也注重培养了学生的分析、归纳和演绎等思维能力，为生物学核心素养的形成添砖加瓦。

✎ | **实践操练** |

请按照本讲介绍的案例式教学反思的方法，选择中学生物学中某一课时的教学内容进行教学反思，并与反思前的教学进行比较，有哪些改进。

在完成上述任务的过程中，请同步思考以下问题：

1. 问题所处的情境如何影响问题本身？
2. 如何应对教学反思后的实践中改进有限的情况？
3. 如何通过教学更加有效地体现生物学的育人价值？

单元小结 ┈┈▶

本单元所介绍的教学反思是与教学设计、教学实施和教学评价同等重要的教师专业发展内容。对新教师而言，教育反思的作用不言而喻。它能够帮助新教师在较短时间内熟悉教材，熟悉课程标准，熟悉学生的基本情况，熟悉课程结构，熟悉课堂教学环境，等等，而不单单是完成了每班每周2至5节的课时教学任务，批改了数以百计的作业。对上述各方面的熟悉和掌握程度越高，越有助于教师教育教学能力的提升，也越有助于学生的学习成效。

本单元包括说课、观课和反思三部分内容。分别介绍了说课的内涵、内容和操作要点，观课的内涵、观察内容和信息记录，以及反思的内涵、方法和过程等方面。新教师通过对这些内容的学习可以了解有关教学反思的基础知识，为自身的专业成长添砖加瓦。

单元练习 ⋯⋯▶

1. 以"尿液的形成"或"基因的本质"的教学设计为基础，撰写说课稿，并向你的同伴进行说课展示。另外，对说课过程中的问题进行分析。

2. 邀请同伴观摩由你授课的上述课程，观摩前确定好观察点，并对课上出现的问题进行案例式反思。

阅读链接 ⋯⋯▶

[美]詹姆斯·M. 库珀主编. 如何成为反思型教师：课堂教学必备技能（第九版）[M]. 赵萍，郑丹丹，译. 北京：中国人民大学出版社，2018.（该书旨在帮助新教师将理论与实践相结合。）

参考文献 ⋯⋯▶

1. 方贤忠编著. 如何说课[M]. 上海：华东师范大学出版社，2008.

2. 丁昌田主编. 核心素养导向的说课[M]. 天津：天津教育出版社，2018.

3. 方贤忠编著. 教师专业发展的4项基本技能：备课、说课、观课、评课[M]. 上海：华东师范大学出版社，2013.

4. 高宏主编. 核心素养导向的观课议课[M]. 天津：天津教育出版社，2018.

5. 任重，孙世军编著. 备课 上课 观课 议课[M]. 北京：北京理工大学出版社，2018.

6. 赵明仁. 教学反思与教师专业发展[M]. 北京：北京师范大学出版社，2009.

7. 衣新发编著. 教学反思能力实训[M]. 北京：高等教育出版社，2019.

8. 王光明，张永健，吴立宝. 教师核心能力的内涵、构成要素及其培养[J]. 教育科学，2018(4).